Burcu Dogramaci / Friederike Weimar (Hg.)

SIE STARBEN JUNG! KÜNSTLER UND DICHTER, IDEEN UND IDEALE VOR DEM ERSTEN WELTKRIEG

GORCH FOCK (1880–1916)

FRANZ MARC (1880–1916)

WILHELM MORGNER (1891–1917)

FRANZ NÖLKEN (1884–1918)

ERNST STADLER (1883–1914)

HERMANN STENNER (1891–1914)

AUGUST STRAMM (1874–1915)

GEORG TRAKL (1887–1914)

BURCU DOGRAMACI/FRIEDERIKE WEIMAR (HG.)

SIE STARBEN JUNG!

KÜNSTLER UND DICHTER, IDEEN UND IDEALE VOR DEM ERSTEN WELTKRIEG

GORCH FOCK
FRANZ MARC
WILHELM MORGNER
FRANZ NÖLKEN
ERNST STADLER
HERMANN STENNER
AUGUST STRAMM
GEORG TRAKL

GEBR. MANN VERLAG · BERLIN

GEDRUCKT MIT FREUNDLICHER UNTERSTÜTZUNG DER
ERNST VON SIEMENS KUNSTSTIFTUNG UND DER
HANS BRÖKEL STIFTUNG FÜR WISSENSCHAFT UND KULTUR

Bibliografische Information der Deutschen Nationalbibliothek
Die Deutsche Nationalbibliothek verzeichnet diese Publikation in der Deutschen Nationalbibliografie; detaillierte bibliografische Daten sind im Internet über http://dnb.d-nb.de abrufbar.

Gedruckt auf säurefreiem Papier, das die US-ANSI-NORM über Haltbarkeit erfüllt.

Lektorat: Stephanie Oruzgani · Hamburg
Personenregister: Amelie Kleiner, Carmen Nitsche
Gestaltung: hawemannundmosch · Berlin
Umschlaggestaltung unter Verwendung der Abbildung von Franz Marc: Liegende Hyäne (Liegender Wolf), 1913, Aquarell auf Papier, 20,1 × 12,4 cm, Franz Marc Museum, Kochel am See, Stiftung Etta und Otto Stangl, Foto: Bayer & Mitko, München
Druck und Verarbeitung: druckhaus köthen GmbH & Co. KG · Köthen

Printed in Germany · ISBN 978-3-7861-2704-8

INHALTSVERZEICHNIS

EINLEITUNG

BURCU DOGRAMACI UND FRIEDERIKE WEIMAR

In den kunstwissenschaftlichen Forschungen zum Ersten Weltkrieg wird das Jahr seines Ausbruchs 1914 häufig als logischer Endpunkt einer Abfolge von Katastrophen und Beinahe-Katastrophen skizziert: So beginnt Matthias Eberle sein Buch »Der Weltkrieg und die Künstler der Weimarer Republik« (1989) mit dem Untergang der Titanic 1912.[1] Diese große Tragödie der Seefahrt ist neben der Sichtung des Halleyschen Kometen 1910 ein zentrales Ereignis für jene Autoren, die die Kunstproduktion der 1910er-Jahre als teleologische Entwicklung hin zum Ersten Weltkrieg deuten. In diese visionäre Kunst jener Jahre werden oftmals beispielsweise die apokalyptischen Landschaften des expressionistischen Malers und Grafikers Ludwig Meidner eingeordnet (siehe Abb. S. 20). Auch das vorliegende Buch kann sich von einer gewissen teleologischen Perspektive nicht frei machen, da es den Ersten Weltkrieg und frühen Tod von acht Literaten und bildenden Künstlern auf dessen Schlachtfeldern zum Ausgangspunkt für eine Rückschau auf die Jahre *vor* 1914 zum Thema hat. Dennoch werden die enthaltenen Essays nicht das vermeintlich Seherische oder Prophetische in den Werken ausarbeiten, sondern vielmehr reflektieren, welche gesellschaftliche, politische, philosophische oder ästhetische Haltung das Wirken dieser hoffnungsvollen Talente bestimmte und viele von ihnen in die Kriegsbejahung führte.

Exemplarische Fallstudien untersuchen die unvollendeten Karrieren von Schriftstellern und bildenden Künstlern vor dem Ersten Weltkrieg und perspektivieren jene Denkfiguren und Ideenhorizonte, die ihr Verhältnis zum Krieg erklärbarer machen. In der Konzeption dieses Buches sind zwei Vorstellungen zusammengeführt: Das isolierte Fallbeispiel kann für sich stehen, soll aber im übergreifenden Kontext in eine Reihe ähnlicher Erscheinungen gestellt werden – ähnlich wie es Peter Walther in seinem Buch »Endzeit Europa«[2], einem kollektiven Tagebuch deutschsprachiger Intellektueller während des Ersten Weltkrieges, erprobte. Indem Schnittstellen in den ästhetischen, gesellschaftspolitischen wie selbst beschreibenden Konzepten gesucht werden, kann das Spezifische etwas über das Allgemeine aussagen. Zugleich, und dies soll diese Einführung zumindest in Andeutungen vermitteln, können auch öffentliche Diskurse oder kunstästhetische Debatten ebenso wie alltagskulturelle Ereignisse eine bestimmte Zeit sichtbar machen und Geschichte in ihrer Gleichzeitigkeit des Alltäglichen repräsentieren, ganz so wie es Hans Ulrich Gumbrecht in seinem Buch »1926« verhandelte.[3]

DIE VORKRIEGSJAHRE – EINE COLLAGE

Unter dem Thema »Nation und Nationalität« trafen sich im Oktober 1912 die Vertreter der Deutschen Soziologie zu ihrem zweiten Soziologentag in Berlin. Angesichts dessen, dass sich dieses Fach mit der empirischen und theoretischen Erforschung des sozialen Verhaltens befasst und damit das Zusammenleben von Menschen in den Blick nimmt, lässt sich von den Fragestellungen der Vorträge einiges über die damalige deutsche Gesellschaft ableiten: Im Bewusstsein einer gemeinsamen Nation und Nationalität erkannte der Philosoph Paul Barth die Bande, die eine Gesellschaft zusammenhalten.[4] Über »Die historische Entwicklung des Vaterlandsgedankens«[5] reflektierte auf demselben Kongress Robert Michels, und es ist durchaus bemerkenswert, dass Max Weber in einer der folgenden Diskussionsrunden allgemein etablierte Begriffe wie »Kulturgemeinschaft« infrage stellte: »Es gibt keinen soziologisch eindeutigen genetischen Begriff von Nation und Nationalität, der an den Begriff ›Kultur‹ anknüpft«[6], so Weber. In den Vorträgen und Debatten des Soziologentages wird deutlich, dass um Grenzen und Abgrenzungen des Eigenen gegen das Andere und damit um eine Definition von Heimat und Heimatgefühl, Identität und Gemeinschaft gerungen wurde. Doch ist das Jahr 1912 nicht auf einen prophetisch anmutenden Soziologenkongress zu beschränken. In der Literaturwissenschaft steht das Jahr 1912 spätestens seit der Zuschreibung durch Hans Robert Jauß als Kristallisationspunkt einer literarischen Moderne, als »annus mirabilis«, also als Wunderjahr, für die deutsche Dichtung, in dem Rilke seine »Duineser Elegien« begann und Kafkas Romanfragment »Amerika« entstand.[7]

Im selben Jahr 1912 eröffnete die Berliner Galerie »Der Sturm«, in der Herwarth Walden zeitgenössischen Kunstströmungen wie dem Expressionismus und dem Futurismus sowie kleinen Gruppierungen wie den »Pathetikern« ein Forum bot. Die Pathetiker, Jakob Steinhardt (Abb. 1), Ludwig Meidner und Richard Janthur (Abb. 2), waren Meister der Druckgrafik und arbeiteten unter dem Einfluss der Wiederentdeckung des griechisch-spanischen Künstlers El Greco. In Auseinandersetzung mit El Greco, dessen Werke durch eine 1911 erschienene deutschsprachige Monografie[8] sowie Erwerbungen der Staatlichen Galerien in München und Ausstellungen in der Alten Pinakothek wie der Kunsthalle Düsseldorf in der Zeit 1910 bis 1912 große Popularität in Deutschland erreichten, begannen Steinhardt und Meidner die Welt und Landschaft in ihren Arbeiten zu psychologisieren.[9] Die von Walden gegründete Zeitschrift »Der Sturm« (Abb. 3) war übrigens ein Forum des deutsch-französischen Austauschs mit regelmäßigen Veröffentlichungen französischer Gedichte und Texte.[10] Die Zeitschrift »Der Sturm« ist jedoch auch aus anderen Gründen interessant für die Konzeption dieses Buches: Walden arbeitete, wie schon der 1911/12 entstandene Almanach »Der Blaue Reiter«[11], mit dem Prinzip der Assoziation, Collage und Überlagerung von Themen: Alte und neue Kunst wurden nebeneinandergestellt, ebenso wie Literatur und Kunst, man arbeitete mit Vorstellungsbildern.

Ohne dieses freie Assoziationsfeld tatsächlich in einen Sammelband adaptieren zu können, werden auch die vorliegenden Essays verschiedene Künstler und ihre Werke in einer Parallelität in den Blick nehmen. Dabei reflektieren die beteiligten Autoren übergreifende Fragen: Welche Themen beschäftigten die jungen Männer, welche Ideen vertraten sie, wie sah das Weltbild aus, das ihr Werk formte? Inwiefern äußerte sich in ihrem künstlerischen Schaffen ihre Haltung gegenüber dem Krieg? Manifestieren sich im Werk besondere Männlichkeitsbilder und »Mannestugenden«? Wie wichtig sind Begriffe wie Krise, Rückzug oder Aufbruch für das Werk vor Ausbruch des Ersten Weltkrieges? Welcher Begriff von Heimat lässt sich feststellen, wie lässt sich das Verhältnis zum deutschen Vaterland fassen? Welches Frankreichbild vermittelt sich in den Arbeiten? Gibt das Werk Auskunft über spirituelle oder reli-

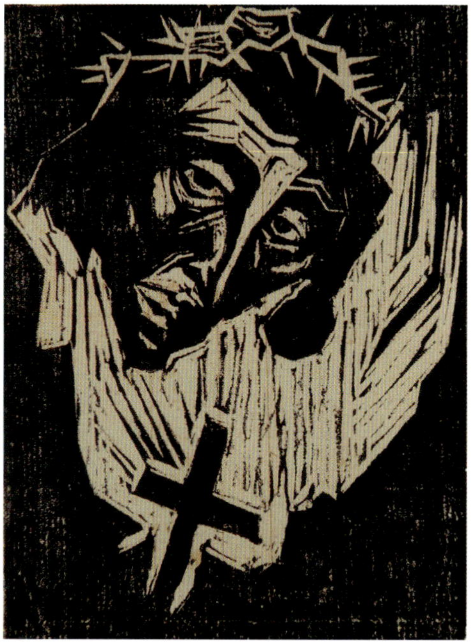

1 Jakob Steinhardt: Christus, 1913, Farbholzschnitt, 16,2 x 12 cm

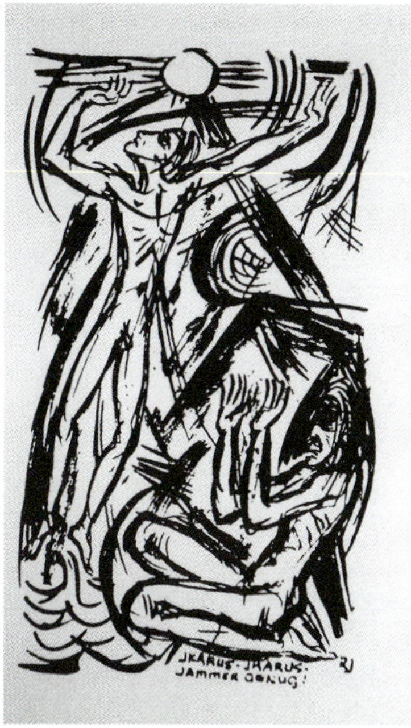

2 Richard Janthur: Ikarus, um 1914, Lithografie, 22 x 14,5 cm

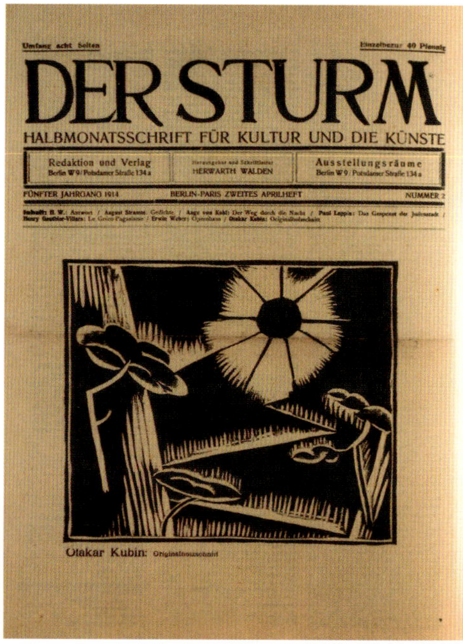
Umfang acht Seiten
Einzelbezug 40 Pfennig
DER STURM
HALBMONATSSCHRIFT FÜR KULTUR UND DIE KÜNSTE
Redaktion und Verlag Berlin W 9 / Potsdamer Straße 134 a
Herausgeber und Schriftleiter HERWARTH WALDEN
Ausstellungsräume Berlin W 9 / Potsdamer Straße 134 a
FÜNFTER JAHRGANG 1914 BERLIN-PARIS ZWEITES APRILHEFT NUMMER 2
Otakar Kubin: Originalholzschnitt

3 Der Sturm. Halbmonatsschrift für Kultur und die Künste, 5. Jg., 1914, Nr. 2

giöse Ideen, werden heilsgeschichtliche oder magisch-rituelle Ansätze formuliert? Spielen die Themen »Stadt« und »Land« eine Rolle im Schaffen der Literaten und bildenden Künstler? Wie virulent sind Zivilisationskritik und ein kritisches Verhältnis zur Bürgerlichkeit? Wie verorten sich die Literaten und bildenden Künstler (gesellschafts)politisch in ihrer Zeit?

ANALOGIEN UND DISSONANZEN

Als im Sommer 1914 der Erste Weltkrieg begann, reagierten Johann Kinau (Gorch Fock), Franz Marc, Wilhelm Morgner, Franz Nölken, Ernst Stadler, Hermann Stenner, August Stramm und Georg Trakl jeder in seiner Weise: Kinau, der unter dem Pseudonym Gorch Fock publizierte, notierte: »Urplötzlich ist dieser Hornruf erschollen, dem ich folgen muss nach meinem Fahneneide und meinem Willen, denn ich kann nicht hinterm Ofen hocken, wenn das deutsche Volk in tiefster Not um sein Dasein kämpfen muss.«[12] Marc schrieb seine Gedanken in einen Aufsatz, den er unter dem Titel »Das geheime Europa« zu publizieren suchte: »Die Welt aber will rein werden, sie will den Krieg. [...] Um Reinigung wird der Krieg geführt und das kranke Blut vergossen.«[13] Morgner teilte seinem ehemaligen Lehrer, Georg Tappert, mit: »Es ist gut, daß der Krieg gekommen ist. Es ist die Erleichterung. Der Erdgeist bricht durch die Menschen heraus.«[14] Nölken meinte: »Aber das ist [...] ja auch das Schöne am Kriege: wir gewinnen neue Maßstäbe, d.h. wahrscheinlich finden wir nun die ewig alten und ewig neuen wieder.«[15]

Stadler, der sich im Vorfeld für eine Sonderstellung seiner Heimat, das Elsass, eingesetzt und sich eine Synthese von deutscher und französischer Kultur gewünscht hatte, resignierte: »Ich bin reichlich deutschlandmüde.«[16] Und bei seinem Einmarsch als deutscher Soldat nach Frankreich versuchte er, die aktuellen Geschehnisse zu verdrängen: »Ich denke kaum mehr, daß Krieg ist. Ich grüße Dich, süße Erde von Frankreich.«[17] Stenner befürchtete zwar, dass »das Gewitter am politischen Horizont« zu einem »entsetzlichen Gemetzel«[18] für Europa führen werde, aber: »Falls es zum Krieg kommen sollte, werde ich umgehend nach dort kommen, damit ich mit meinen [...] Landsleuten Schulter an Schulter kämpfen kann.«[19] Stramm thematisierte seine innere Zerrissenheit angesichts des Krieges und seiner eigenen Teilhabe daran als Soldat: »Es ist unendlich viel Tod in mir Tod und Tod« und: »Lebe gestorben, und bin gesund dabei [...]. Ich möchte morden morden dann bin ich wenigstens eins mit dem ringsum«.[20] Und Trakl brachte seine ablehnende, wenngleich ästhetisierende Sicht unter anderem in dem Gedicht »Das Gewitter« zum Ausdruck, in dem es heißt: » Der Väter gewaltiger Groll, die Klage / Der Mütter, / Des Knaben goldener Kriegsschrei / Und Ungebornes / Seufzend aus blinden Augen.«[21]

Georg Trakl nahm sich, erst 27-jährig, nach seinen Erlebnissen an der Ostfront im November 1914, das Leben. Bereits im Oktober 1914 war Ernst Stadler in Belgien gefallen – mit 31 Jahren. Im Dezember 1914 starb der nur 23-jährige Hermann Stenner an der Ostfront. Ebenfalls an der Ostfront fiel im September 1915 der Dichter August Stramm im Alter von 41 Jahren. Franz Marc war fünf Jahre jünger, als er im März 1916 an der Westfront fiel. Johann Kinau (Gorch Fock) starb Ende Mai 1916 in der Seeschlacht am Sagerrak. Er wurde 35 Jahre alt. Wilhelm Morgners Leben wurde im August 1917 in Westflandern beendet – nach 28 Jahren. Franz Nölken starb kurz vor Kriegsende Anfang November 1918 in Frankreich als 34-Jähriger.

Sie alle waren hochbegabte Autoren und herausragende Maler, die schon in jungen Jahren ihr Leben im Ersten Weltkrieg ließen. Ihre Reaktionen auf den Kriegsausbruch haben ihre Wurzeln in den Gedankenwelten, in denen sie sich unmittelbar zuvor bewegt hatten. In den historischen Wissenschaften wird meist davon ausgegangen, dass die Kultur und das Denken ihre jeweilige Zeit widerspiegelt. Diese These, die der Kunsthistoriker Alois Riegl mit der begrifflichen Einführung des »Kunstwollens«[22] zu Beginn des 20. Jahrhunderts benannte, eines »Kunstwollens«, das jeder Kunstschöpfung vorangeht, ist selbstverständlich anfechtbar. Ihre Richtigkeit soll hier nicht diskutiert werden, wohl aber der Fokus, den sie bei der Untersuchung der Kunst setzt: In Übertragung lässt sich die Frage formulieren, inwieweit die Einstellung der hier behandelten Autoren und Künstler zum Kriegsausbruch in ihrem künstlerischen Werk Ausdruck findet und ob sich in ihrem Œuvre ihre Einstellung zum Krieg artikuliert.

DEBATTEN UND GEDANKEN VOR 1914

Die Künstler und Autoren, die den Krieg überlebten, hatten Möglichkeiten, ihre Erfahrungen nachträglich in ihrem Schaffen zu verarbeiten. Selbst diejenigen, die anfangs von der sehr verbreiteten Kriegseuphorie erfasst worden waren, wie Otto Dix oder George Grosz, veränderten ihre Meinung meist nach den ersten persönlichen Kriegserfahrungen. Auch der junge Berliner Künstler Bruno Jacob, der bei dem Expressionisten Georg Tappert studierte und eine große Affinität für Illustrationen entwickelte (Abb. 4), meldete sich zunächst freiwillig zum Kriegsdienst: »Ha, welche Lust Soldat zu sein«[23], schreibt er im August 1914. Die Vorfreude auf die kriegerischen Auseinandersetzungen zur Verteidigung des Vaterlandes wich bald dem blanken Entsetzen. Im Kampf gegen französische und russische Truppen erlebte Jacob tagtäglich »die furchtbaren Wunden«, die »die Schrappnells und Granaten schlagen«[24]. Besonders drastisch liest sich eine Briefpassage aus dem Jahr 1915 von der französischen Front: »In den 3 Tagen, die wir in Stellung lagen, wurde das Regiment zusammengeschossen. Ein Schlachten war's, nicht eine Schlacht zu nennen. Vor uns im Graben liegt der

Gegner verschanzt, 20–30 Meter. Wir könnten uns guten Tag sagen. Da fliegen die Handgranaten und Minen, da fliegen Köpfe und Körper. Es ist grausam. Vor uns liegen Berge von Leichen. Viele von uns; aber meist Franzosen. Sie liegen seit 3 Monaten, unbegraben, verwest, zerfetzt. Wenn man einen Graben aushebt, stößt man in 50 cm Tiefe auf verweste Körper. Das war unser Leben hier.«[25] Jacobs hinterlassene Briefe – er starb kurz vor Kriegsende im März 1918 nur 24-jährig – thematisieren, ähnlich wie Texte und Bilder vieler anderer Künstler, die das Kriegserlebnis veränderte, das Gräuel, das Leid, den Tod. Es sind Werke, die nahegehen, schockieren und eine Deutung als pazifistische Kommentare zum Krieg ermöglichen. Unverständlich hingegen erscheint rückblickend, dass es zuvor überhaupt eine Kriegsbegeisterung gegeben hat, die – wie viele neuere Untersuchungen[26] und auch diese Publikation zeigen – zwar nicht alle ergriff, doch aber viel mehr Menschen als vorstellbar. Ihre Beweggründe waren vielschichtig, doch bei aller Unterschiedlichkeit der acht hier behandelten Künstler und Autoren gibt es auch Gemeinsamkeiten. Diese Gemeinsamkeiten können als Indiz gesehen werden, dass künstlerische Produktion tatsächlich die Gedankenwelt ihrer Zeit widerspiegeln kann.

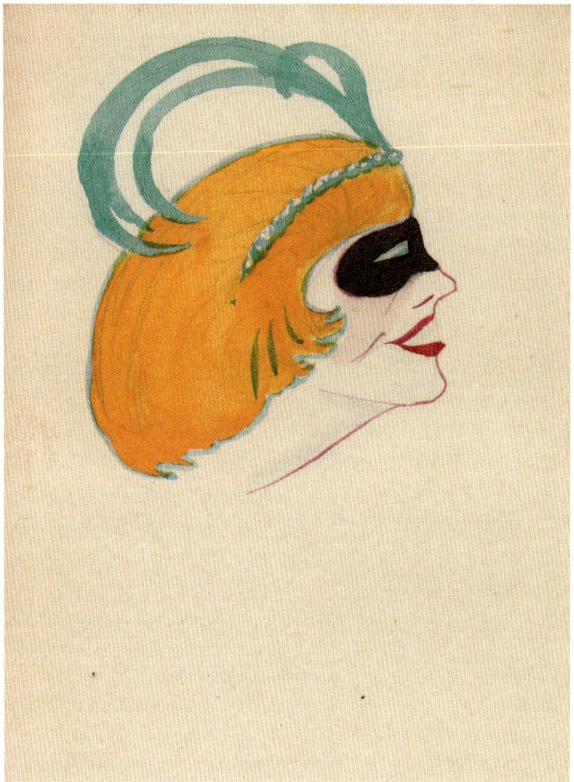

4 Bruno Jacob: Illustration, vor 1914, Gouache auf Papier, 9 x 13 cm, Privatbesitz, München

Die Debatten, die in der Kunstwelt geführt wurden, unterschieden sich von Anfang an deutlich von denen in der politischen Öffentlichkeit. Die Politik diskutierte ausführlich die »Einkreisungstheorie« Deutschlands, wonach Russland und England die eigentlichen Gegner waren. Diese beiden Großmächte hinderten demnach das junge, dynamische Deutschland an seinem im sozialdarwinistischen Sinne »natürlichen« Anspruch auf Ausdehnung und an der Beteiligung an den weltweiten Ressourcen, die in den Kolonien vorhanden waren. Frankreich erschien hier nur als verlängerter Arm Russlands.[27]

In den Kunstdebatten spielten Russland und England hingegen kaum eine Rolle. Hier – in der Welt der Kultur – waren vielmehr Frankreich und die inländischen (jeweils anderen) Kunstströmungen die Gegner. Es galt, die eigene Kunstrichtung als »deutsche Kunst« zu deklarieren.[28] Irritierend erscheint bei dieser Hinwendung zu einem Nationalismus gerade der moderneren Künstler und ihrer publizistischen Vertreter, dass so viele von ihnen bis zum Ausbruch des Krieges die anregende Atmosphäre von Paris sehr zu schätzen wussten und oft Jahre dort verbracht hatten. Auffällig ist außerdem, dass die Sinnhaftigkeit des Krieges zumindest von den hier untersuchten acht Künstlern zumeist nicht hinterfragt wurde. Der Kriegsausbruch wurde nicht als Werk einzelner Menschen gedeutet, sondern als Schicksal, als ein von der Natur oder spirituellen

Kräften gesteuertes Ereignis.[29] Die eigene Teilnahme als Soldat galt ihnen allen als selbstverständliche Pflicht – unabhängig davon, ob sie dem Kriegseinsatz positiv oder negativ entgegensahen. Dies galt auch für Johann Kinau (Gorch Fock) und Ernst Stadler, deren Patriotismus sich primär auf ihre jeweilige Heimatregion konzentrierte und erst in zweiter Linie – und bei Stadler sogar außerordentlich kritisch – auf das gesamte Deutsche Reich.

Für einige Künstler wie im Fall Wilhelm Morgners bot der Einzug zum Kriegsdienst die (ersehnte) Möglichkeit, das eigene, ungeliebte Umfeld zu verlassen. Es verlangte offensichtlich weniger Aktivität, sich als Freiwilliger zu melden oder dem Einzug zum Militär Folge zu leisten, als selbstständig die Heimat zu verlassen und einen neuen Ort zum Leben und Arbeiten zu finden. Der Kriegsdienst kann in diesen Fällen auch als Flucht aus den heimatlichen Gefilden gedeutet werden.

Unter den Künstlern, die nach radikalen, emotional stark wirkenden Ausdrucksmitteln suchten, war die Idee verbreitet, dass erst das eigene Erleben psychischer und physischer Grenzen zum Finden dieser neuen künstlerischen Formen befähigte. Sie begrüßten den Krieg als Möglichkeit, Grenzerfahrungen zu sammeln, die anschließend ihr Werk befruchten sollten. Dabei kam es jedoch auch zur Traumatisierung wie bei Georg Trakl, wenn die unmittelbare Beteiligung an Verletzung und Tod nicht mit der eigenen Persönlichkeit in Einklang gebracht werden konnte. Widersprüchlichkeit als grundsätzliche Struktur der Welt konnte vor dem Krieg als theoretisches Gebilde akzeptiert (und künstlerisch bearbeitet) werden, führte in der selbst erlebten Extremsituation jedoch zu einem unauflösbaren Konflikt.
Die an der französischen Avantgarde geschulten Künstler, darunter Franz Nölken und Hermann Stenner, die nicht nach Ausdrucksmitteln, sondern nach formaler Schönheit suchten, bemühten sich hingegen, möglichst wenig von ihrer persönlichen Einstellung in ihr Werk einfließen zu lassen. Ihr Œuvre lässt auf den ersten Blick keine Deutung als Spiegel ihrer Entstehungszeit zu. Doch die konsequente Ausblendung der modernen, technisierten Großstadtwelt aus dem Motivkanon zum Beispiel verrät eine Nähe zur damals sehr verbreiteten Zivilisationskritik, einer Sehnsucht nach vorindustriellen Zeiten und ihren Werten. Und die Verarbeitung religiöser und historisch-militärischer Motive, die auf den Tod verweisen, verlangte zwangsläufig nach einer Auseinandersetzung mit der drohenden Gefahr, auch wenn durch die »schöne Form« der Schrecken gemildert wurde.

Gemeinsam war den meisten der hier vorgestellten Künstlern, dass sie sich vom Krieg eine Veränderung der bestehenden Verhältnisse erhofften – sei es für ihre eigene Person und für ihr künstlerisches Schaffen oder sehr viel weitgreifender für die sozialen und spirituellen Verhältnisse in Deutschland und in Europa.

1 »In der Nacht vom 14. auf den 15. April 1912 sank bei ruhiger See das größte und modernste Passagierschiff der Welt nach der Kollision mit einem Eisberg. Über tausendfünfhundert Menschen fanden den Tod im kalten Wasser des Nordatlantiks.« Matthias Eberle: Der Weltkrieg und die Künstler der Weimarer Republik. Dix, Grosz, Beckmann, Schlemmer, Stuttgart/Zürich 1989, S. 9.

2 Peter Walther (Hg.): Endzeit Europa. Ein kollektives Tagebuch deutschsprachiger Schriftsteller, Künstler und Gelehrter im Ersten Weltkrieg, Göttingen 2008.

3 Vgl. Hans Ulrich Gumbrecht: 1926. Ein Jahr am Rand der Zeit, Frankfurt am Main 2001. Vgl. auch Peter Englund: Schönheit und Schrecken. Eine Geschichte des Ersten Weltkriegs, erzählt in neunzehn Schicksalen, Reinbek 2011, der die Einzelperspektiven junger, überwiegend unbekannter Menschen zu einer Mentalitätsgeschichte des Ersten Weltkriegs verwebt.

4 Paul Barth: Die Nationalität in ihrer soziologischen Bedeutung, in: Alfred Weber (Hg.): Verhandlungen des Zweiten Deutschen Soziologentages 20.–22. Oktober 1912 in Berlin. Reden und Vorträge, Tübingen 1913, S. 21–48, hier S. 21.

5 Robert Michels: Die historische Entwicklung des Vaterlandsgedankens, in: Weber 1913 (wie Anm. 4), S. 140–184. Wie Steffen Bruendel in seiner Dissertation »Volksgemeinschaft oder Volksstaat« feststellte, war gerade Bismarck für die Volksbund- und Vaterlandsgelehrten eine wichtige, positive

Bezugsperson, galt er doch als entschlossener politischer Führer, nach dem man sich vor und auch während des Ersten Weltkrieges sehnte. Vgl. Steffen Bruendel: Volksgemeinschaft oder Volksstaat. Die »Ideen von 1914« und die Neuordnung Deutschlands im Ersten Weltkrieg, Berlin 2003.

6 Max Weber, in: Weber 1913 (wie Anm. 4), S. 72.

7 Vgl. Heike Gfrereis und Marcell Lepper: Vorwort, in: 1912. Ein Jahr im Archiv. Marbacher Magazin, H. 137/138, Marbach 2012, S. 7.

8 August Liebmann Mayer: El Greco. Eine Einführung in das Leben und Wirken des Domenico Theotocopuli, genannt El Greco, München 1911.

9 Vgl. Veronika Schroeder: »Wir können Formen nur solange verstehen als wir ihrer bedürfen«. El Greco im Blick junger Expressionisten, in: El Greco und die Moderne, hg. von Beat Wismer und Michael Scholz-Hänsel, Ausst.-Kat. Museum Kunstpalast, Düsseldorf, Ostfildern 2012, S. 220–248, hier S. 227–229.

10 Zur Vielfalt der in Galerie und Zeitschrift »Der Sturm« präsenten Künstler und Schriftsteller vgl. Georg Brühl: Herwarth Walden und »Der Sturm«, Köln 1983, S. 35 f. und 215–282.

11 Der Blaue Reiter, hg. v. Wassily Kandinsky, München 1912.

12 Johann Kinau (Gorch Fock), zit. n. Aline Bußmanns Vorwort in: Dies. (Hg.): Sterne überm Meer. Tagebuchblätter und Gedichte von Gorch Fock, Hamburg 1918, S. 144–145.

13 Franz Marc: Das geheime Europa (1915), in: Klaus Lankheit (Hg.): Franz Marc, Schriften, Köln 1978, S. 163–167, hier S. 163–174.

14 Wilhelm Morgner an Georg Tappert vom 29. Mai 1915, zit. n. Wilhelm Morgner – Briefe und Zeichnungen. Briefe an Georg Tappert, an die Mutter und an Wilhelm Wulff, hg. v. Christine Knupp-Uhlenhaut, Soest 1984, S. 142.

15 Franz Nölken: Brief an Ernst Rump, erhalten am 19.11.1914, zit. n. Franz Nölken 1884–1918. Briefe 1906–1918, hg. v. Galerie Herold, Hamburg 1996, S. 72–74, hier S. 74.

16 Klaus Hurlebusch und Ludwig Schneider (Hg.): Ernst Stadler. Dichtungen, Schriften, Briefe. Kritische Ausgabe, München 1983, S. 512–513.

17 Ebd., S. 537.

18 Hermann Stenner in einem Brief vom 30.11.1912, zit. n.:. Karin von Maur und Freundeskreis Hermann Stenner e. V. (Hg.): Der Maler Hermann Stenner im Spiegel seiner Korrespondenz, Briefe 1909–1914, München u. a. 2006, S. 237–238.

19 Hermann Stenner in einem Brief vom 27.7.1914, zit. n. ebd., S. 415–416.

20 August Stramm: Gedichte, Dramen, Prosa, Briefe, hg. v. Jörg Drews, Stuttgart 1997, S. 173 f.

21 Hans-Georg Kemper und Frank Rainer Max (Hg.): Georg Trakl. Werke – Entwürfe – Briefe, Stuttgart 1995, S. 105–106, hier S. 105.

22 Vgl. Alois Riegl: Spätrömische Kunstindustrie, Wien 1927, S. 401. Vgl. auch Wolfgang Kemp: Alois Riegl (1858–1905), in: Heinrich Dilly (Hg.): Altmeister moderner Kunstgeschichte, Berlin 1990, S. 37–60.

23 Bruno Jacob an Lieselotte Friedlaender, August 1914. Dieser und die folgenden Briefe befinden sich im Privatbesitz von Burcu Dogramaci.

24 Bruno Jacob an Lieselotte Friedlaender, 30.10.1914.

25 Bruno Jacob an Lieselotte Friedlaender, 19.3.1915.

26 Vgl. u. a. Peter Walther: Nachwort, in: Walther 2008 (wie Anm. 2), 365–380, hier S. 365; Volker R. Berghahn: Der Erste Weltkrieg, München 2003, S. 64–67; Wolfgang J. Mommsen: Die Urkatastrophe Deutschlands. Der Erste Weltkrieg 1914–1918, Stuttgart 2002, u. a. S. 35; Jeffrey Verhey: Der »Geist von 1914« und die Erfindung der Volksgemeinschaft, Hamburg 2000.

27 Vgl. Michael Salewski: Der Erste Weltkrieg, Paderborn 2003, u. a. S. 22–31 u. 44–65; Mommsen 2002 (wie Anm. 26), v. a. S. 22–34. Verhey 2000 (wie Anm. 26), v. a. S. 197–201; Joes Segal: Krieg als Erlösung. Die deutschen Kunstdebatten 1910–1918, München 1997.

28 Vgl. Bernd Küster: Der Erste Weltkrieg und die Kunst. Von der Propaganda zum Widerstand, in: Der Erste Weltkrieg und die Kunst. Von der Propaganda zum Widerstand, hg. v. Bernd Küster, Ausst.-Kat. Niedersächsisches Landesmuseum Oldenburg und Landesmuseum für Kunst und Kulturgeschichte Oldenburg, Gifkendorf 2008, S. 29–183, hier v. a. S. 29–37; Segal 1997 (wie Anm. 27).

29 Vgl. Berghahn 2003 (wie Anm. 26), S. 7–8.

»DEUTSCHLAND MUSS LEBEN, UND WENN WIR STERBEN MÜSSEN« KÜNSTLER UND DICHTER ZWISCHEN KULTURPESSIMISMUS UND ERLEBNISSEHNSUCHT

STEFFEN BRUENDEL

Laß mich gehn, Mutter, laß mich gehn!
All das Weinen kann uns nichts mehr nützen,
denn wir gehn das Vaterland zu schützen!
Laß mich gehn, Mutter, laß mich gehn.
Deinen letzten Gruß will ich vom Mund dir küssen:
Deutschland muß leben, und wenn wir sterben müssen![1]

Mit diesen Zeilen beginnt das Gedicht »Soldatenabschied«, das Heinrich Lersch nach Kriegsbeginn 1914 veröffentlichte. Von Beruf Kesselschmied, war er als Schriftsteller Autodidakt, dessen Werk dem Expressionismus zugerechnet wird. Obwohl gläubiger Katholik, stand er sozialistischen Gedanken nahe und beschrieb in vielen Gedichten die Welt der Arbeiter. Bei Ausbruch des Ersten Weltkrieges war er 25 Jahre alt und meldete sich freiwillig.[2] Als katholischer und expressionistischer Arbeiterdichter gehörte Lersch in mehrfacher Hinsicht zu den gesellschaftlichen Außenseitern des Kaiserreichs. Wie kommt es, dass er bei Kriegsbeginn patriotische Hymnen verfasste und an die Front strebte? Wie kommt es, dass so viele deutsche Dichter und Künstler den Krieg 1914 begrüßten und unterstützten – entweder durch persönlichen Einsatz oder mit Pinsel und Feder?

Unter ihnen waren namhafte, auch heute noch geschätzte Schriftsteller wie Rainer Maria Rilke, Hugo von Hofmannsthal oder Stefan Zweig sowie bedeutende, noch immer bewunderte Maler wie Otto Dix, Christian Rohlfs oder Ernst Ludwig Kirchner. Zu ihnen gehörten aber auch heute vergessene Dichter wie Richard Dehmel, Ernst Lissauer und Heinrich Lersch sowie weniger bekannte Künstler wie Wilhelm Morgner, Hermann Stenner oder Franz Nölken. Viele hoffnungsvolle Talente sollten den Krieg nicht überleben. Franz Marc und August Macke sind die Bekanntesten, aber auch Morgner, Stenner und Nölken sowie die Dichter Gorch Fock, Ernst Stadler und August Stramm fielen. Andere wurden mit den Belastungen nicht fertig, wie zum Beispiel Georg Trakl, der im November 1914 nach einem Selbstmordversuch im Krakauer Garnisonshospital starb. Das Kriegserlebnis machte viele Dichter und Künstler zu Pazifisten.[3] Die bekannten kriegskritischen Werke von Otto Dix, George Grosz und Ernst Barlach lassen ihre Schöpfer als Kriegsgegner erscheinen. Das aber waren sie 1914 nicht. Bei Kriegsbeginn überwog eine Mobilisierungseuphorie.

Wer den Enthusiasmus nicht teilte, schwieg zunächst wie Heinrich Mann oder ging ins Exil wie Iwan Goll. Nur wenige verweigerten sich. Warum? Um die Ideenwelt der Künstler und Dichter 1914 zu rekonstruieren, müssen die mentalitätsprägenden

Rahmenbedingungen dargestellt werden. Eine Mentalität ist eine kognitive Disposition zur sozialen Wirklichkeit. Ungeachtet individueller Varianten sind kollektive Bewusstseinsphänomene strukturbildend für Wahrnehmungsprozesse, die wiederum handlungsleitend sind.[4] Nachfolgend wird zunächst die politisch-soziale Ausgangslage dargestellt (I), welche den Rahmen der kollektiven Wahrnehmung bildete. Dann wird die geistig-mentale Ausgangslage der Künstler und Dichter thematisiert (II) und schließlich das sogenannte Augusterlebnis, welches von ihnen in besonderer Weise erfahren und beschrieben wurde (III).

I. POLITISCH-SOZIALE AUSGANGSLAGE

Die Dekade seit der Jahrhundertwende war durch Frieden und Wohlstand gekennzeichnet. Das Deutsche Reich erfuhr einen beispiellosen wirtschaftlichen Aufstieg. Die Arbeitslosenquote war gering, und die Bevölkerung wuchs stetig. Die Zeit von 1895 bis 1913 gilt als erstes deutsches Wirtschaftswunder, durch das Deutschland neben Großbritannien und den USA zu den führenden Industrienationen aufstieg.[5] 1913 wurden das 25-jährige Thronjubiläum Kaiser Wilhelms II. sowie das Jubiläum der Befreiungskriege gefeiert. Das offizielle Geschichtsbild glorifizierte die siegreichen Befreiungs- und Einigungskriege. Zudem war Deutschland mit Besitzungen in Afrika, China und der Südsee die drittgrößte europäische Kolonialmacht und besaß die zweitstärkste Flotte der Welt.

Das Wissenschaftssystem genoss weltweit höchstes Ansehen. Die 1911 gegründete Kaiser-Wilhelm-Gesellschaft zur Förderung der Wissenschaften ermöglichte Forscherkarrieren auch außerhalb der Universität. Zwischen 1901 und 1918 erhielten 21 Deutsche den Nobelpreis, darunter die Schriftsteller Paul Heyse (1910) und Gerhart Hauptmann (1912) sowie der Chemiker Fritz Haber (1918). Auch der literarisch-publizistische Markt gedieh. Neben der Bildungs- und Unterhaltungsliteratur und einer eher elitären Kunstliteratur bildete sich ein Markt für Massenliteratur. Der Kommerzialisierung des literarischen Feldes widerstanden auch angesehene Schriftsteller nicht. Obwohl beispielsweise Thomas Mann das Werk seines Bruders geringschätzte, beneidete er ihn um seine Verkaufserfolge.[6]

Aber diese glanzvolle Entwicklung war nur eine Seite des Reichs. Die andere Seite war durch vielfätige Defizite der politisch-sozialen Entwicklung gekennzeichnet. So gab es in Preußen und anderen deutschen Staaten restriktive Klassenwahlrechte, welche die Arbeiter benachteiligten. Auch der Zuschnitt der Wahlkreise war für die SPD nachteilig. Zwar war das Reichstagswahlrecht sehr demokratisch, aber der Reichskanzler war nicht dem Parlament, sondern dem Kaiser verantwortlich. Die Macht des Reichstags beruhte somit vor allem auf seinem Budgetrecht. Der Ausschluss der Parteien von einer verantwortlichen Mitbestimmung führte dazu, dass sie in dogmatischen Streitereien verharrten, was eine parteiübergreifende Zusammenarbeit – zum Beispiel der Sozialdemokraten mit dem Zentrum oder der Fortschrittlichen Volkspartei – erschwerte. Konservative Kreise, Unternehmer und die Regierung diskriminierten die Sozialdemokraten als Klassen- und Reichsfeinde. Dennoch war die SPD bei den Reichstagswahlen 1912 stärkste Partei geworden. Trotz dieses Erfolges gelang es ihr kaum, Wähler außerhalb des Arbeitermilieus zu überzeugen. Sie hielt am Marxismus fest, war aber »negativ« in das politische System integriert. Eine vorrevolutionäre Situation bestand in Deutschland nicht, auch wenn die Agitation von rechts wie links ein anderes Bild zeichnete.[7]

Die politische Kultur war durch eine ideologische Polarisierung gekennzeichnet. Dem transnationalen Sozialismus der Arbeiterschaft stand ein übersteigerter bürgerlicher Nationalismus gegenüber. Die Diskriminierung nationaler Minderheiten korrespondierte mit pangermanistischen Vorstellungen. Einflussreiche Agitationsverbände wie der »Flottenverein« und der »Alldeutsche Verband« mit Tausenden Mitgliedern schürten nationalistische und xenophobe Stimmungen.[8] Neben dem Nationalismus ist auch die starke Stellung des preußischen Militärs zu nennen, die zuletzt 1913 in der »Zabern-Affäre«, einer Überreaktion der in Elsass-Lothringen stationierten Truppen auf die Beleidigung eines Offiziers, ihren problematischen Ausdruck fand. Auch die »Daily-Telegraph-Affäre« von 1908 gehörte zu den innenpolitischen Krisen, die den politischen Reformstau verdeutlichten. In einem veröffentlichten Gespräch des Kaisers mit einem englischen Obristen hatte sich Wilhelm II. unter anderem probritisch geäußert, was in der überwiegend englandfeindlichen deutschen Öffentlichkeit für Empörung und Kritik an der verfassungsmäßig starken Stellung des Monarchen sorgte.[9] Schon den Zeitgenossen war die Doppelgesichtigkeit des Kaiserreiches bewusst, das fortschrittliche Elemente ebenso aufwies wie rückständige und deshalb bis heute kontrovers diskutiert wird.[10]

Auch außenpolitische Krisen prägten die Wahrnehmung der Künstler und Dichter, zumal sich die Mächtekonstellation zu Ungunsten Deutschlands verschob. Dem »Dreibund« zwischen Deutschland, Österreich-Ungarn und Italien stand die »Entente Cordiale« aus Großbritannien, Frankreich und Russland gegenüber. In Deutschland fühlte man sich eingekreist, hatte aber mit der eigenen Politik ungewollt zur Annäherung der späteren Kriegsgegner beigetragen. In drei großen Krisen und zwei Balkankriegen trafen die Machtinteressen der europäischen Großmächte teils mittel-, teils unmittelbar aufeinander. Die für Deutschland unbefriedigenden Ergebnisse der beiden Marokkokrisen von 1905/06 und 1911, in denen die kolonialen Interessen Frankreichs, Großbritanniens und Deutschlands aufeinanderprallten, zeigten, wie isoliert das Reich war. Allerdings ist hervorzuheben, dass beide Krisen friedlich beigelegt wurden. Auch als Österreich-Ungarn 1908 durch die Annexion Bosniens eine Krise provozierte, wurde ein Waffengang vermieden. Bis 1914 gab es keine kriegerische Auseinandersetzung unter den europäischen Großmächten, wohl aber zwei lokal begrenzte Kriege auf dem Balkan 1912/13. Bis zum Juli 1914 lebten die Deutschen mit einer latenten Kriegsgefahr. Dass die Krisen und Kriege künstlerisch verarbeitet wurden, veranschaulichen Georg Heyms Gedicht »Der Krieg« von 1910 sowie Franz Marcs 1913 gemaltes Gemälde »Die Wölfe (Balkankrieg)« (Abb. 1).

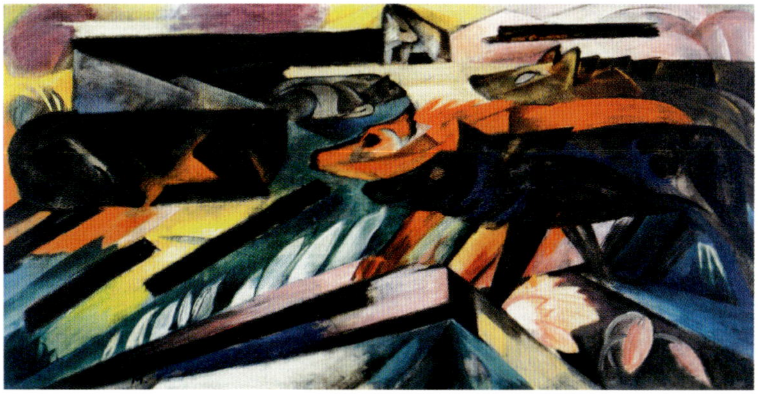

1 Franz Marc: Die Wölfe (Balkankrieg), 1913, Öl auf Leinwand, 70,8 × 139,7 cm, Albright-Knox Art Gallery, Buffalo

[...] Eine große Stadt versank in gelbem Rauch,
Warf sich lautlos in des Abgrunds Bauch.
Aber riesig über glühnden Trümmern steht,
Der in wilde Himmel dreimal seine Fackel dreht
Über sturmzerfetzter Wolken Widerschein,
In des toten Dunkels kalten Wüstenein,
Daß er mit dem Brande weit die Nacht verdorr,
Pech und Feuer träufet unten auf Gomorrh.[11]

II. GEISTIG-MENTALE AUSGANGSLAGE

Die Dekade seit der Jahrhundertwende war durch widerstreitende Vorstellungen und ein »breite[s]

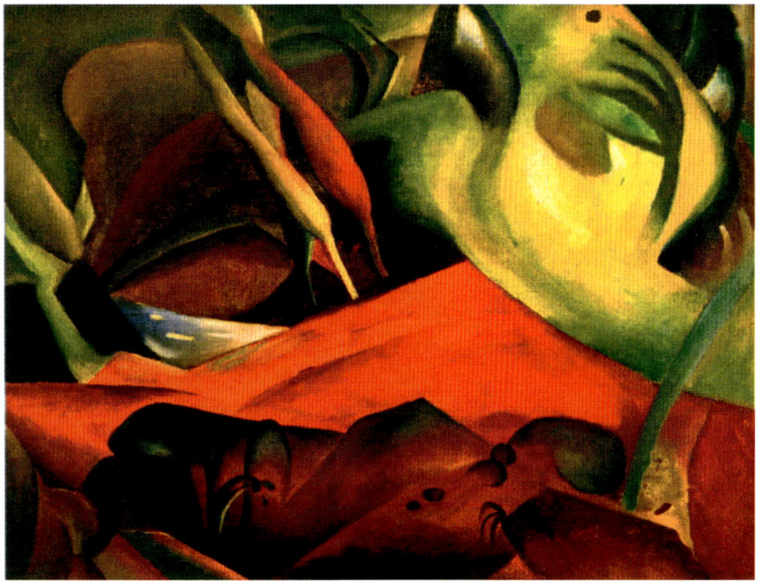

2 August Macke: Der Sturm, 1911, Öl auf Leinwand, 84 × 112 cm, Stiftung Saarländischer Kulturbesitz, Saarlandmuseum, Saarbrücken

zivilisationskritische[s] Meinungsspektrum« gekennzeichnet.[12] Seit 1900 beherrschte ein Gefühl des Niedergangs von Zivilisation und Kultur das Denken vieler Menschen. Neue Wissenschaftszweige wie die Soziologie, die Kriminologie und die Psychoanalyse verstärkten das Krisenbewusstsein, weil ihre Forschungsfelder – Kriminalität, Sexualität, Prostitution und Neurosen – gerade als Ausdruck gesellschaftlicher Dekadenz galten. Vor dem Hintergrund der Schriften Charles Darwins, Arthur de Gobineaus, Paul de Lagardes und Houston Steward Chamberlains glaubte man, dass auch Nationen im Überlebenskampf stünden und sich die stärkere, gesündere durchsetze. Der vermeintlichen Degeneration des Volkes wollte man mit Rassehygiene und Eugenik begegnen.[13] Nervosität war ein Charakteristikum der Zeit. Schon 1878 hatte Friedrich Nietzsche, einer der einflussreichsten Denker, konstatiert: »Die Summe der Empfindungen, Kenntnisse, Erfahrungen, also die ganze Last der Kultur, ist so groß geworden, dass eine Überreizung der Nerven- und Denkkräfte die allgemeine Gefahr ist, ja dass die kultivierten Klassen der europäischen Länder durchweg neurotisch sind und fast jede ihrer größeren Familien in einem Gliede dem Irrsinn nahe gerückt ist.«[14] Ein kultureller Niedergang galt als universales Phänomen der Zeit. Georg Trakl hat dies 1913 in seinem Gedicht »Verfall« ausgedrückt:

[...] Da macht ein Hauch mich von Verfall erzittern.
Die Amsel klagt in den entlaubten Zweigen.
Es schwankt der rote Wein an rostigen Gittern,
Indes wie blasser Kinder Todesreigen
Um dunkle Brunnenränder, die verwittern,
Im Wind sich fröstelnd blaue Astern neigen.[15]

Hervorzuheben ist das Nebeneinander von Fortschrittsoptimismus und Kulturpessimismus. Die auf die Industrialisierung folgende Elektrifizierung und der zunehmende Verkehr vermittelten ein Gefühl des Aufbruchs und der Beschleunigung. Zugleich wurde die Euphorie gebremst durch Naturkatastrophen wie die Erdbeben von San Francisco 1906 und Messina 1908 sowie durch technische Katastrophen wie die der Titanic 1912. Die Vergänglichkeit menschlicher Errungenschaften wurde auf gesellschaftlich-kulturelle Entwicklungen übertragen und führte zu einer kulturpessimistischen Grundhaltung.[16] Sensationen wie die Wiederentdeckung des alle 76 Jahre wiederkehrenden Halleyschen Kometen im Jahre 1910, der die Menschen in große Panik versetzte, inspirierten Jacob van Hoddis 1911 zu seinem grotesken Gedicht »Weltende«. Der dort erwähnte Sturm ist eine Reminiszenz an die gleichnamige expressionistische Zeitschrift des Galeristen Herwarth Walden, die Künstler wie Macke und Marc bekannt machte. Beeinflusst von Franz Marc malte August Macke im selben Jahr das für ihn untypische Bild »Der Sturm« (Abb. 2).

[...] Der Sturm ist da, die wilden Meere hupfen
An Land, um dicke Dämme zu zerdrücken.
Die meisten Menschen haben einen Schnupfen.
Die Eisenbahnen fallen von den Brücken.[17]

Das Unbehagen an der Kultur führte zu einer dezidierten Modernitätskritik. Statt der individualistischen Gesellschaft erstrebte man eine tiefere Gemeinschaft. Materialismus, Kommerzialisierung und Verweltlichung galten als negative Begleiterscheinungen der Moderne, deren Inbegriff die Großstadt (Abb. 3) war. Laut, hektisch, überfüllt, schmutzig und unhygienisch, verkörperte sie mit ihren Warenhäusern und Amüsiertempeln, dem Straßenverkehr und den Menschenmassen das Gegenteil all dessen, was als gesund, rein und fromm galt. Massenproduktion, Massenkultur und Massenmedien repräsentierten die Seelenlosigkeit des Großstadtlebens, das dennoch faszinierte. Georg Heym beschrieb »Die Stadt« 1911 wie folgt:

[...] Wie Aderwerk gehn Straßen durch die Stadt,
Unzählig Menschen schwemmen aus und ein.
Und ewig stumpfer Ton von stumpfem Sein
Eintönig kommt heraus in Stille matt.
Gebären, Tod, gewirktes Einerlei,
Lallen der Wehen, langer Sterbeschrei,
Im blinden Wechsel geht es dumpf vorbei.
Und Schein und Feuer, Fackeln rot und Brand,
Die drohn im Weiten mit gezückter Hand
Und scheinen hoch von dunkler Wolkenwand.[18]

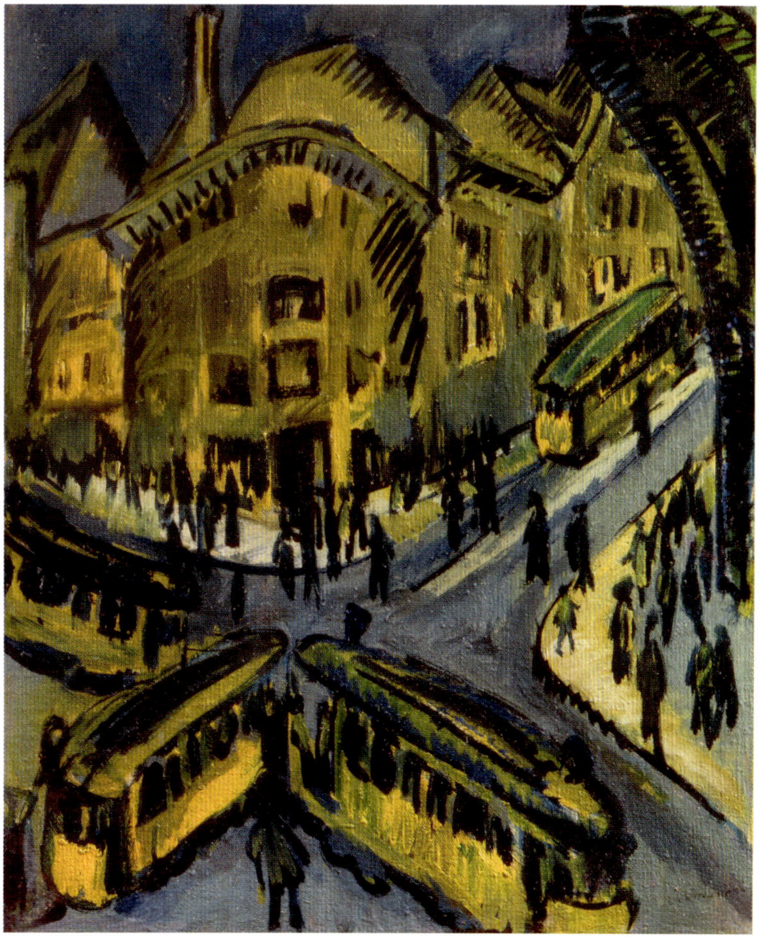

3 Ernst Ludwig Kirchner: Nollendorfplatz, 1912, Öl auf Leinwand, 69 × 59 cm, Stiftung Stadtmuseum Berlin

Es entstanden Gegenbewegungen, die der Großstadt das gesunde Landleben entgegensetzten und Zivilisationsschäden durch Naturnähe heilen wollten. Zu ihnen gehörten die Reformpädagogik, die Lebensreform- und die Freikörperkultur-Bewegung. Auch die Jugendbewegung setzte dem industriell geprägten städtischen Leben das Naturerleben entgegen. Die örtliche Einheit von Wohnen und Arbeit sowie Kultur und Bildung war das Ideal der Gartenstadt Hellerau, die 1909 in Dresden entstand. Die künstlerische Avantgarde teilte die Vorliebe für die Natur und gründete schon im ausgehenden 19. Jahrhundert beschauliche Künstlerkolonien wie Ahrenshoop und Worpswede sowie in den Vorkriegsjahren Murnau. Zahllose Landschaftsbilder illustrieren die Stadtflucht der Künstler.[19]

Künstlergruppen wie die »Brücke« (1905) und »Der Blaue Reiter« (1912) verhalfen dem Expressionismus zum Durchbruch, der das subjektive Empfinden des Künstlers in den Mittelpunkt rückte und sich durch einen freien Umgang mit Farbe und Form auszeichnete. Die im Sommer 1912 in Köln gezeigte »Sonderbund-Ausstellung« war mit Van Gogh, Cézanne, Munch und sogar dem gerade wiederentdeckten

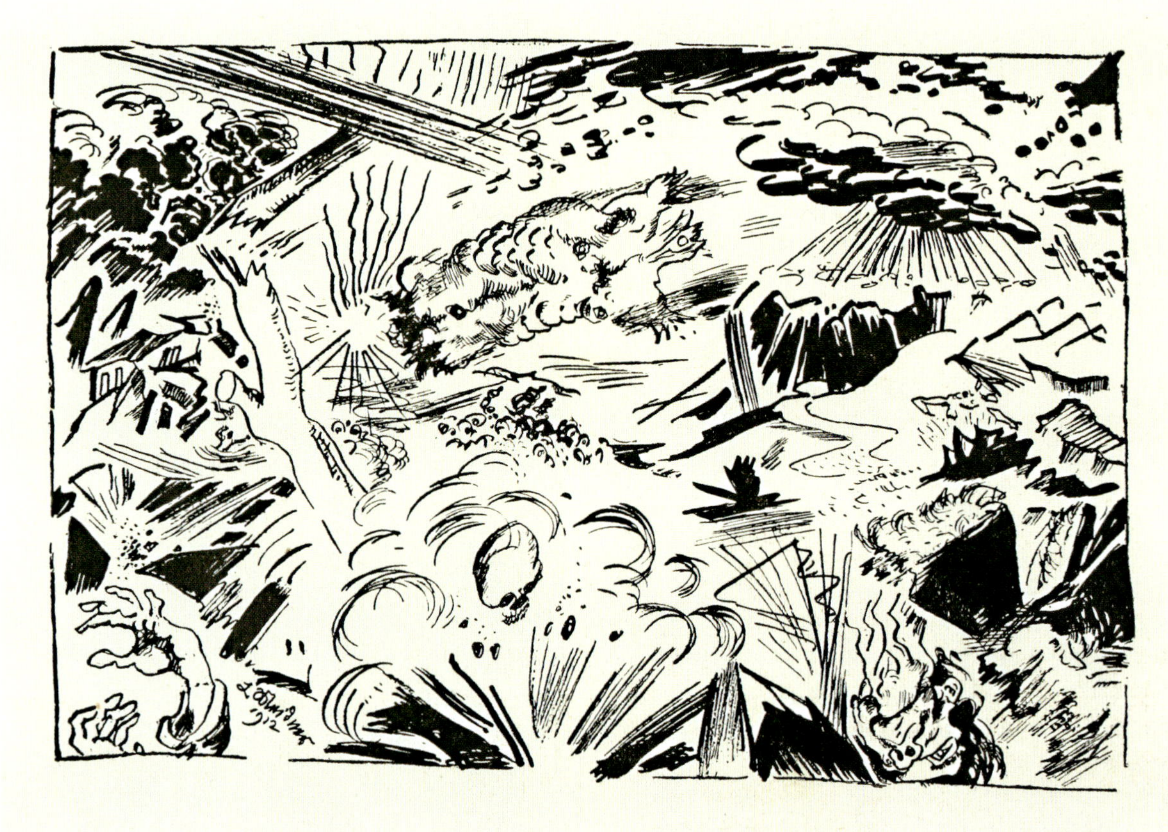

4 Ludwig Meidner: Ohne Titel (Apokalyptische Szene), 1912, Offsetdruck, 31,5 × 23,4 cm, Ludwig Meidner-Archiv, Jüdisches Museum der Stadt Frankfurt am Main

Manieristen El Greco dezidiert international ausgerichtet und wurde zum Wegbereiter der Moderne in Deutschland.[20] Neben dem Naturerleben war auch die Hinwendung zur Religion charakteristisch für viele Maler. Propheten-Motive finden sich 1912/13 bei Emil Nolde und Jakob Steinhardt, biblische Themen Anfang 1914 bei Hermann Stenner und Wilhelm Morgner. Sie deuten auf apokalyptische Vorstellungen hin, welche die deutsche Geistesgeschichte durchzogen und Anfang des 20. Jahrhunderts verbreitet waren. Mit dem Untergang der alten, verdorbenen Welt werde, glaubte man, eine neue, vollkommene entstehen.[21] Ab 1912 schuf Ludwig Meidner apokalyptische Szenarien (Abb. 4): brennende Städte mit Kometen und Feuersäulen am Himmel, von panischen Menschenmengen bevölkert.

Grundlage der pessimistisch-apokalyptischen Grundeinstellung war ein »Überdruss an den Normen der bürgerlichen Bildungsgesellschaft und des wilhelminischen ›Hurrapatriotismus‹«.[22] So notierte Georg Heym 1910: »Es ist immer das Gleiche«, »so langweilig, langweilig, langweilig. Es geschieht nichts, nichts, nichts. Wenn doch einmal etwas geschehen wollte, was nicht diesen faden Geschmack von Alltäglichkeit hinterlässt ... sei es auch nur, dass man einen Krieg begänne, er kann ungerecht sein. Dieser Friede ist so faul, ölig und schmierig wie eine Leimpolitur auf alten Möbeln.« Er fühlte ein »Begehren nach vitaler Aktivität«, einen »Hunger nach einer Tat«. Es solle endlich etwas passieren, und sei es, »dass man einen Krieg begänne, er kann auch ungerecht sein«[23]. 1912 schrieb der Wiener Schriftsteller und Journalist Robert Müller in seiner »Apologie des Krieges«, dass dieser »nicht als solcher wünschenswert« sei, sondern »in seinen ethischen Erscheinungen und in seiner Produktivität«.[24] Die Auffassung vom Krieg als Reinigung und Neubeginn lässt sich nicht allein mit »Ennui« und Erlebnishunger erklären, sondern auch mit der Tatsache, dass keiner der Künstler und Dichter eine realistische Vorstellung davon hatte, was ein moderner Krieg bedeuten sollte.

Zwar hatten die Krisen und Kriege seit 1900 ihren Wahrnehmungshorizont geprägt, aber das Fehlen konkreter Kriegserfahrungen sowie ihre apokalyptischen Vorstellungen erklären die Neugier auf den Krieg. Otto Dix betonte rückblickend, er habe in den Krieg ziehen müssen, um »alles ganz genau [zu] erleben«[25] (Abb. 5). Der Begriff des Erlebnisses war seit der Jahrhundertwende populär und bezeichnete ein unmittelbares Erfassen der Wirklichkeit sowie eine Sehnsucht nach Tiefe und Ganzheit. Das Erlebnis, so war man überzeugt, verhelfe zu besonderer Einsicht und stifte Erkenntnis.[26] Deshalb wurde auch der Kriegsbeginn im August 1914 von vielen Künstlern und Dichtern als Erlebnis erfahren und gedeutet.

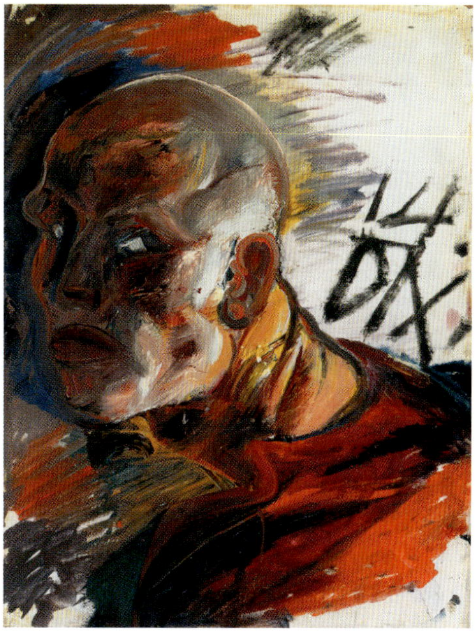

5 Otto Dix: Selbstbildnis als Soldat, 1914, Öl auf Papier, 68 × 53,5 cm, Kunstmuseum Stuttgart

III. DAS AUGUSTERLEBNIS 1914

Am 28. Juni 1914 wurden der österreichische Thronfolger und seine Frau in Sarajevo von einem Serben erschossen. Zunächst schien es, als könne ein Krieg, ließ er sich nicht vermeiden, lokal begrenzt bleiben. Am 9./10. Juli vertraute der Dichter Alfred Lichtenstein, seit Oktober 1913 als Wehrpflichtiger im bayerischen 2. Infanterieregiment dienend, seinem Tagebuch an, dass er den Einsatz ersehne: »Zu lange war schon Frieden.«[27] Die Krise spitzte sich endgültig zu, als Österreich Serbien am 28. Juli den Krieg erklärte, woraufhin Russland am 31. Juli mobilmachte. Nun glaubten auch die Sozialdemokraten, Deutschland verteidigen zu müssen. Als das Reich am 2. August mobilmachte, meldeten sich zahllose Freiwillige. Sie und die Zustimmung der SPD zu den Kriegskrediten am 4. August vermittelten ein Gefühl kollektiver Vergemeinschaftung. Die einstimmige Kreditbewilligung durch den Reichstag begründete einen politischen »Burgfrieden«, das heißt die Zurückstellung innenpolitischer Konflikte für die Kriegszeit. Dieser »Geist von 1914« und die kollektive Erregung vom August 1914 sind in der Forschung lange als Kriegsbegeisterung missverstanden worden. Inzwischen spricht man eher von einer Mobilisierungseuphorie

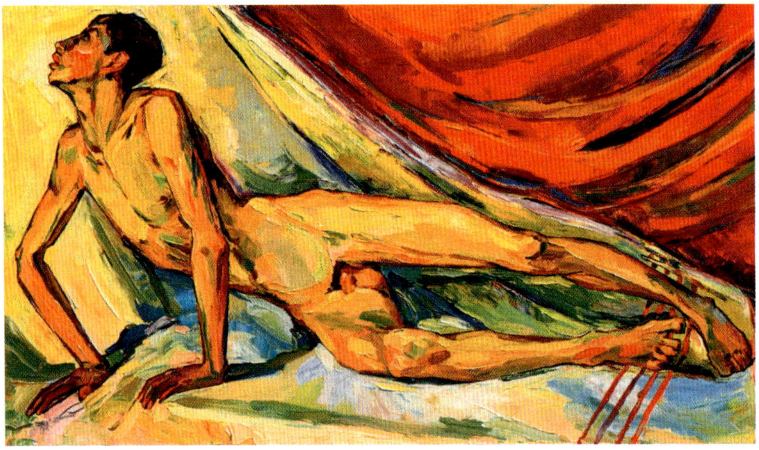

6 Peter August Böckstiegel: Studie für »Auszug der Jünglinge in den Krieg«, 1914, Öl auf Leinwand, 96 × 170 cm, Peter-August-Böckstiegel-Stiftung, Werther

(Abb. 6), und es besteht Konsens, dass es zwar kein einheitliches, also schichten-, konfessions- und regionenübergreifendes Augusterlebnis gegeben hat, aber gerade die verschiedenen Erlebnisse eine einheitliche Deutung begünstigten.[28]
Die Künstler und Dichter hatten nun das ersehnte Erlebnis: »Da mich's nicht länger zu Hause hält«, schrieb Hermann Stenner seinen Eltern am 7. August, »habe ich mich heute als Kriegsfreiwilliger gestellt«[29]. Ernst Barlach verglich den Kriegsbeginn Ende August mit einem »großen Liebesabenteuer«. Er sei »erlöst von sich« und empfinde ein »Glücksgefühl«[30] (Abb. 7). Max Beckmann, als freiwilliger Krankenpfleger in Ostpreußen dienend, schrieb seiner Frau am 14. September, er hoffe, »noch viel zu erleben«[31]. Und Oskar Kokoschka notierte im September 1914, dass er sich freiwillig melden wolle, weil es eine »ewige Schande« wäre, »zu Hause gesessen zu haben«[32]. Anders dagegen Thomas Mann: Mit ärztlichem Attest vom Kriegsdienst befreit, wollte er »[s]oldatisch leben, aber nicht als Soldat«[33] und zur geistigen Mobilmachung beitragen. Er idealisierte die deutsche Staatsform gegenüber den westlichen

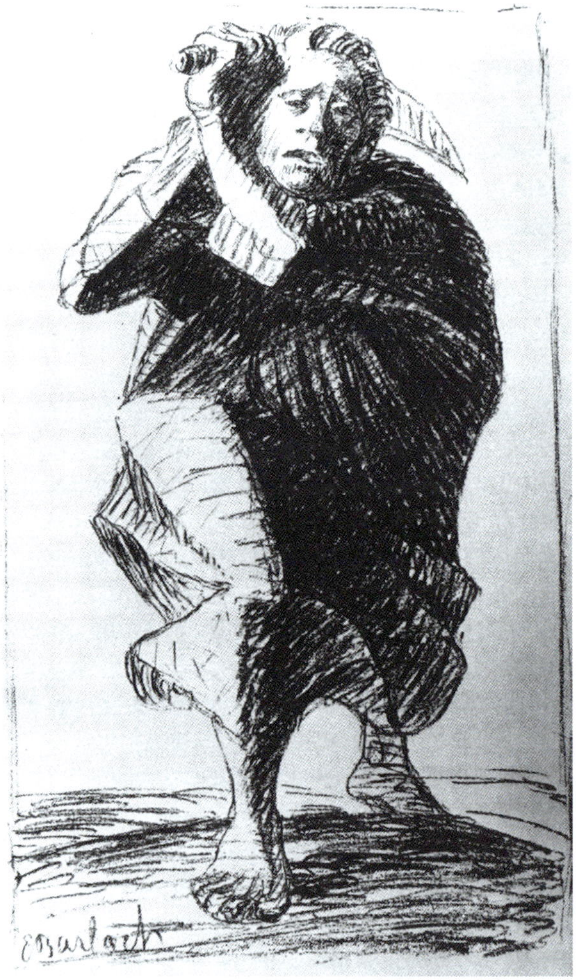

7 Ernst Barlach: Der heilige Krieg, 1914, Lithografie, 41,3 × 25,4 cm, veröffentlicht in »Kriegszeit« vom 16. Dezember 1914

Demokratien: Die freiwillige Einordnung in Verbindung mit obrigkeitlicher Fürsorge verbürge Gerechtigkeit eher als der westliche Gesellschaftsvertrag. Das deutsche Prinzip der sozialen Verantwortung vertrage sich mit dem »ethischen Sozialismus, den man Staatssozialismus nennt« und der sich vom »menschenrechtlerisch-marxistische[n]« unterscheide.[34]

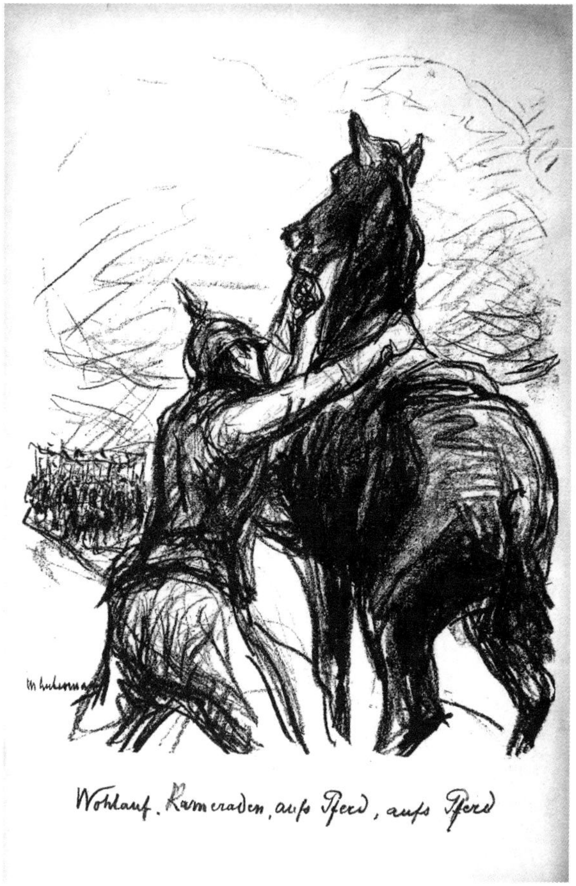

8 Max Liebermann: Wohlauf Kameraden, 1914, Lithografie aus »Kriegszeit. Künstlerflugblätter«, Bd. 1, H. 6, 30. September 1914

Das waren wichtige Stichworte der politischen Reformdebatte, die im Herbst 1914 entbrannte. Dabei diskutierten Gelehrte, Schriftsteller und Publizisten eine verfassungspolitische Neuordnung Deutschlands, um die neue nationale Integration angemessen zu würdigen. So betonte der Staatswissenschaftler Johann Plenge Anfang 1915, dass Deutschland während der Mobilmachung innerlich gesiegt habe. Im August 1914 sei ein »neuer Geist geboren: der Geist der stärksten Zusammenfassung aller wirtschaftlichen und aller staatlichen Kräfte zu einem neuen Ganzen, in dem alle mit dem gleichen Anteil leben. Der neue deutsche Staat! Die Ideen von 1914!«[35] Und der als dienstuntauglich entlassene Maler Georg Groß, der sich ab 1916 – inzwischen überzeugter Kriegsgegner und Deutschlandkritiker – George Grosz nennen sollte, schwärmte in einem Brief vom Mai 1915: »Wunderbares Preußenland, herrliches großes geeinigtes Deutschland mit Deinem prächtigen Militär! Du allein bist berufen, den Samen der Kultur in alle Barbarennationen zu träufeln, gegen die wir kämpfen müssen.«[36]

Bis Ende 1914 wurden 235 Kriegslyrikbände registriert. Zeitgenössische Schätzungen gingen davon aus, dass deutsche Redaktionen zwischen August und Dezember 1914 aus der Bevölkerung pro Tag etwa 50 000 Kriegsgedichte erhalten hatten.[37] Dass dieser enormen Produktivität nicht nur Patriotismus und Idealismus zugrunde lagen, sondern auch wirtschaftliche Interessen, sollte nicht übersehen werden. Auch die seit Kriegsbeginn geltende Zensur spielte eine Rolle. Wichtiger aber war, dass gerade avantgardistische Dichter im Krieg die Gelegenheit erblickten, sich durch die Erschließung neuer Leserkreise besser im literarischen Feld zu positionieren und zugleich ihre gesellschaftliche Außenseiterposition zu überwinden.[38] Das galt analog für die künstlerische Avantgarde. Nicht nur arrivierte Künstler wie Liebermann (Abb. 8), sondern auch Expressionisten wie Barlach hielten die Stimmung zu Kriegsbeginn fest (Abb. 7), posierten als Soldaten wie Dix (Abb. 5) oder fanden wie Morgner zeitweilig als Kriegsmaler Verwendung.

Alfred Henschke alias Klabund verfasste »Soldatenlieder« und Rainer Maria Rilke »Fünf Gesänge«.[39] Richard Dehmel, der sich 51-jährig zur Front meldete, schrieb ein »Lied an alle«, in dem es hieß: »Sei gesegnet, ernste Stunde, die endlich stählern eint [...] Jetzt kommt der Krieg, Der ehrliche Krieg«[40]. Briefe und Tagebuchaufzeichnungen belegen, dass die Aussagen der Lyrischen Ichs und der Dichter zumeist kongruent waren. Im Herbst 1914 veröffentlichte

Rudolf Alexander Schröder seinen »deutsche[n] Feldgruß«, in dem er die Treue zu Österreich beschwor.[41] Hugo von Hofmannsthal sandte daraufhin »Die österreichische Antwort«, in der auch er den gemeinsamen Abwehrkampf besang.[42] Gerhart Hauptmann ließ in seinem »Reiterlied« französische, russische und englische »Räuber« rufen: »Deutschland, wir wollen an Deine Ehr'!«, woraufhin der Deutsche sprach: »Nimmermehr!! [...] Nimmer nimmt sie uns irgendwer, Dafür sorgt Gott, Kaiser und deutsches Heer.«[43] Heinrich Lersch ging noch weiter und verband in seinem Gedicht »Soldatenabschied« Vaterlandsliebe mit Opferbereitschaft:

Nun lebt wohl, Menschen, lebet wohl!
Und wenn wir für euch und unsere Zukunft fallen,
soll als letzter Gruß zu euch hinüberhallen:
Nun lebt wohl, ihr Menschen, lebet wohl!
Ein freier Deutscher kennt kein kaltes Müssen:
Deutschland muß leben, und wenn wir sterben müssen![44]

RESÜMEE

Zu den mentalitätsprägenden Rahmenbedingungen der künstlerischen Avantgarde gehörte die Gleichzeitigkeit gegenläufiger Erfahrungen. Modernisierung, Verstädterung und wirtschaftlicher Aufstieg führten gerade zu einer antimodernistischen Sehnsucht nach einfacher, naturverbundener Lebensweise. Nicht nur Fortschrittsoptimismus, sondern auch Kulturpessimismus war ein kollektives Bewusstseinsphänomen. Die glanzvolle Selbstdarstellung des Kaiserreichs im Jubiläumsjahr 1913 stand in eklatantem Missverhältnis zum politischen Reformstau der intransigenten Klassengesellschaft, die weite Teile der Bevölkerung marginalisierte. Zwar herrschte seit 43 Jahren Frieden, aber innen- und außenpolitische Spannungen bedingten ein allgemeines Krisenbewusstsein. Insofern galt der Frieden als bleierne Zeit, von der nur ein Krieg – verstanden als apokalyptische Erneuerung – erlösen konnte. Deshalb deuteten Künstler und Dichter die Mobilmachung 1914 als Aufbruch, den sie unterstützen wollten – mit Waffe, Pinsel oder Feder. Patriotische Werke verkauften sich gut, erhöhten den eigenen Marktwert und verhießen soziale Anerkennung und Integration.

1 Heinrich Lersch: Soldatenabschied, in: ders.: Gedichte, hg. v. Johannes Klein, Düsseldorf, Köln 1965, S. 56 f.

2 Ralf Georg Czapla: Katholizismus, Nationalismus, Sozialismus. Zur Interferenz weltanschaulicher Formationen im Werk des Arbeiterdichters Heinrich Lersch, in: Wilhelm Kühlmann und Roman Luckscheiter (Hg.): Moderne und Antimoderne. Der »Renouveau catholique« und die deutsche Literatur, Freiburg i. B. 2008, S. 325–359.

3 Vgl. Kurt Pinthus (Hg.): Menschheitsdämmerung. Ein Dokument des Expressionismus, Hamburg 1955; Der Erste Weltkrieg und die Kunst. Von der Propaganda zum Widerstand, hg v. Bernd Küster, Ausst.-Kat. Landesmuseum für Kunst und Kulturgeschichte Oldenburg, Gifkendorf 2008.

4 Peter Schöttler: Mentalitäten, Ideologien, Diskurse. Zur sozialgeschichtlichen Thematisierung der »dritten Ebene«, in: Alf Lüdtke (Hg.): Alltagsgeschichte. Zur Rekonstruktion historischer Erfahrungen und Lebensweisen, Frankfurt/M. u. a. 1989, S. 85–136; Volker Sellin: Mentalität und Mentalitätsgeschichte, in: Historische Zeitschrift 241, 1985, S. 555–598.

5 Hans-Ulrich Wehler: Deutsche Gesellschaftsgeschichte, Bd. 2, München 1995, S. 493 ff., 610 ff.

6 Ebd., S. 1209–1249; Steffen Bruendel: Zwei Strategien intellektueller Einmischung – Heinrich und Thomas Mann im Ersten Weltkrieg, in: Ingrid Gilcher-Holtey (Hg.): Zwischen den Fronten. Positionskämpfe europäischer Intellektueller im 20. Jahrhundert, Berlin 2006, S. 87–115.

7 Wehler 1995 (wie Anm. 5), S. 1045–1050; Dieter Groh: Negative Integration und revolutionärer Attentismus, Berlin 1984; Günther Roth: The Social Democrats in Imperial Germany: A study in working-class isolation and national integration, Totowa/N. J. 1963.
8 Wehler 1995 (wie Anm. 5), S. 1063–1085.
9 Christopher Clark: Wilhelm II: Die Herrschaft des letzten deutschen Kaisers, München 2009, S. 159–162, 227–234.
10 Sven Oliver Müller und Cornelius Torp (Hg.): Das Deutsche Kaiserreich in der Kontroverse, Göttingen 2009.
11 Georg Heym: Der Krieg, in: Pinthus 1955 (wie Anm. 3), S. 79 f.
12 Barbara Beßlich: Wege in den Kulturkrieg. Zivilisationskritik in Deutschland 1890–1914, Darmstadt 2000, S. 16.
13 Stefan Breuer: Ordnungen der Ungleichheit – die deutsche Rechte im Widerstreit ihrer Ideen 1871–1945, Darmstadt 2001.
14 Friedrich Nietzsche: Menschliches, Allzumenschliches: ein Buch für freie Geister, München 1999, S. 244. Vgl. auch Volker Ullrich: Die nervöse Großmacht. Aufstieg und Untergang des deutschen Kaiserreichs 1871–1918, Frankfurt/M. 1997; Joachim Radkau: Das Zeitalter der Nervosität. Deutschland zwischen Bismarck und Hitler, München u. a. 1998.
15 Georg Trakl: Verfall, in: Gedichte vor dem großen Krieg, hg. v. Richard Klein, München 1987, S. 11.
16 Hermann Glaser: Kleine Kulturgeschichte Deutschlands im 20. Jahrhundert, München 2002, S. 34 ff.; Helmut Fries: Die große Katharsis. Der Erste Weltkrieg in der Sicht deutscher Dichter und Gelehrter, Bd. 1, Konstanz 1994, S. 125–138; Fritz Stern: Kulturpessimismus als politische Gefahr. Eine Analyse nationaler Ideologie in Deutschland, Stuttgart 2000.
17 Jacob van Hoddis: Weltende, in: Pinthus 1955 (wie Anm. 3), S. 39.
18 Georg Heym: Werke. Mit einer Auswahl von Entwürfen aus dem Nachlass, von Tagebuchaufzeichnungen und Briefen, hg. v. Gunter Martens, Stuttgart 2006, S. 157.
19 Glaser 2002 (wie Anm. 16), S. 48–56; Uwe M. Schneede: Die Geschichte der Kunst im 20. Jahrhundert. Von den Avantgarden bis zur Gegenwart, München 2010, S. 37 f., 44 f.
20 Schneede 2010 (wie Anm. 19), S. 30 ff., 37 ff., 61 f. Im Farbenrausch. Munch, Matisse und die Expressionisten. Ausst.-Kat. Museum Folkwang Essen, Göttingen 2012; 1912. Mission Moderne. Die Jahrhundertschau des Sonderbundes, Ausst.-Kat. Wallraf-Richartz-Museum Köln, Köln 2012.
21 Klaus Vondung: Die Apokalypse in Deutschland, München 1988, insbes. S. 11–16, 360–377; Küster 2008 (wie Anm. 3), S. 31–37.
22 Beßlich 2000 (wie Anm. 12), S. 17; Corona Hepp: Avantgarde. Moderne Kunst, Kulturkritik und Reformbewegungen nach der Jahrhundertwende, München 1987; Wolfgang J. Mommsen: Bürgerliche Kultur und künstlerische Avantgarde. Kultur und Politik im deutschen Kaiserreich 1870 bis 1918, Frankfurt/M. 1994.
23 Zit. n. Thomas Anz und Joseph Vogl (Hg.): Die Dichter und der Krieg. Deutsche Lyrik 1914–1918, München u. a. 1982, S. 228 f.
24 Zit. n. Thomas Anz/Vogl 1982 (wie Anm. 23.), S. 229.
25 Zit. n. Hans Jürgen Papies: »Ich habe diesen Krieg längst in mir gehabt.« Selbstzeugnisse bildender Künstler, in: Die letzten Tage der Menschheit. Bilder des Ersten Weltkrieges, Ausst-Kat. Deutsches Historisches Museum, Berlin, Berlin 1994, S. 85–106, hier S. 90.
26 Manfred Hettling: Kriegserlebnis, in: Enzyklopädie Erster Weltkrieg, hg. v. Gerhard Hirschfeld, Gerd Krumeich und Irina Renz, Paderborn u. a. 2003, S. 638–639, hier 638.
27 Zit. n. Anz/Vogl 1982 (wie Anm. 23), S. 14.
28 Matthias Schöning: Versprengte Gemeinschaft. Kriegsroman und intellektuelle Mobilmachung in Deutschland 1914–1933, Göttingen 2009, S. 39–48; Steffen Bruendel: Volksgemeinschaft oder Volksstaat. Die »Ideen von 1914« und die Neuordnung Deutschlands im Ersten Weltkrieg, Berlin 2003, S. 67–71.
29 Der Maler Hermann Stenner im Spiegel seiner Korrespondenz. Briefe 1909–1914, hg. v. Karin von Maur und dem Freundeskreis Hermann Stenner e. V., München u. a., 2006, S. 418.
30 Zit. n. Papies 1994 (wie Anm. 25), S. 86.
31 Ebd., S. 87.
32 Ebd., S. 95.
33 Thomas Mann: Gute Feldpost, in: ders., Essays, Bd.1, hg. v. Hermann Kurzke und Stephan Stachorski, Frankfurt/M. 1993, S. 206–209, hier S. 207.
34 Thomas Mann: Betrachtungen eines Unpolitischen, Frankfurt/M. 1993, S. 271–272, 253, 473–477.
35 Johann Plenge: Der Krieg und die Volkswirtschaft, Münster 1915, S. 189.
36 Zit. n. Papies 1994 (wie Anm. 25), S. 91.
37 Anz/Vogl 1982 (wie Anm. 23), S. 233.
38 Helmut Fries: Die große Katharsis. Der Erste Weltkrieg in der Sicht deutscher Dichter und Gelehrter, Bd. 2, Konstanz 1995, S. 20–23.
39 Anz/Vogl, 1982 (wie Anm. 23), S. 30–36.
40 Ebd., S. 15.
41 Ebd., S. 36 f.
42 Ebd., S. 38.
43 Ebd., S. 28 f.
44 Lersch 1965 (wie Anm. 1), S. 57.

»DIE WELT ABER WILL REIN WERDEN«
KUNST UND KRIEG IM SPIEGEL DES ALMANACHS »DER BLAUE REITER«

CATHRIN KLINGSÖHR-LEROY

»Die Welt aber will rein werden, sie will den Krieg. [...] Um Reinigung wird der Krieg geführt [und] das kranke Blut vergossen.« – Franz Marc schreibt diese Zeilen im November 1914.[1] Er ist als Offizier an der französischen Front, in der Nähe von Verdun stationiert. Das Grauen des Krieges an der deutsch-französischen Kampflinie, die Leiden seiner Kameraden und das furchtbare Schicksal der französischen Zivilbevölkerung, durch zahlreiche private Zeugnisse, Briefe und Tagebücher übermittelt, klingt auch in Franz Marcs Briefen an seine Frau Maria an.[2] Er berichtet ihr von dem, was er erlebt, was er sieht, was er fühlt, stets jedoch mit dem Blick auf die große Ordnung, die er hinter dem furchtbaren Geschehen sieht. Für Franz Marc hat dieser Krieg einen Sinn – er will ihm einen Sinn geben, so scheint es. Und mit dieser Sehnsucht – auch mit seiner Interpretation des Krieges – steht Franz Marc nicht allein. Zahlreiche Künstler, deutsche und französische Intellektuelle[3], haben versucht, die Katastrophe zu erklären und über sie hinwegzudenken, um sich gedanklich in eine Zukunft zu projizieren, die den Sinn einer reinigenden Apokalypse offensichtlich machen würde.

Schon die letzten, vor dem Krieg entstandenen Werke Marcs erscheinen als Abgesang auf eine Welt, die der Krieg verschlingen sollte.[4] Thematisch und motivisch nehmen sie den großen Opfergang vorweg, als den Marc den Krieg empfand und interpretierte. Sein 1913 entstandenes Gemälde »Tierschicksale« (Abb. 1, 2) lässt sich stellvertretend für eine ganze Reihe von Zeichnungen und Gemälden betrachten, die die Vorahnung einer Apokalypse spiegeln (Abb. 3–5). Das große Gemälde, welches das fliehende Tier in einem vom Feuerhagel erfassten Wald zeigt, hatte Franz Marc auf einer Vorstudie mit der Aufschrift »Die Bäume zeigen ihre Ringe; die Tiere ihre Adern« versehen, und auf die Rückseite des Gemäldes schrieb er: »und alles Sein ist flammend Leid«[5]. Im Rückblick erschien das Bild dem Künstler 1914 »wie eine Vorahnung dieses Krieges, schauerlich und ergreifend; ich kann mir kaum vorstellen, daß ich das gemalt habe [...]. Es ist von einer künstlerischen Logik, solche Bilder vor dem Kriege zu malen, nicht als dumme Reminiszenz nach dem Kriege. Da muß man konstruktive, zukünftige Bilder malen.«[6] (Abb. 3–7)

Mit dem Begriff »konstruktiv« scheint Franz Marc den Bildern, die er nach dem Krieg malen will, eine geradezu praktische Rolle zuzuweisen. Sie gehören zu den tragenden Elementen bei dem von Marc erhofften Aufbau einer Welt, die sich nach der Zerstörung des Alten und Verdorbenen auf völlig neuen

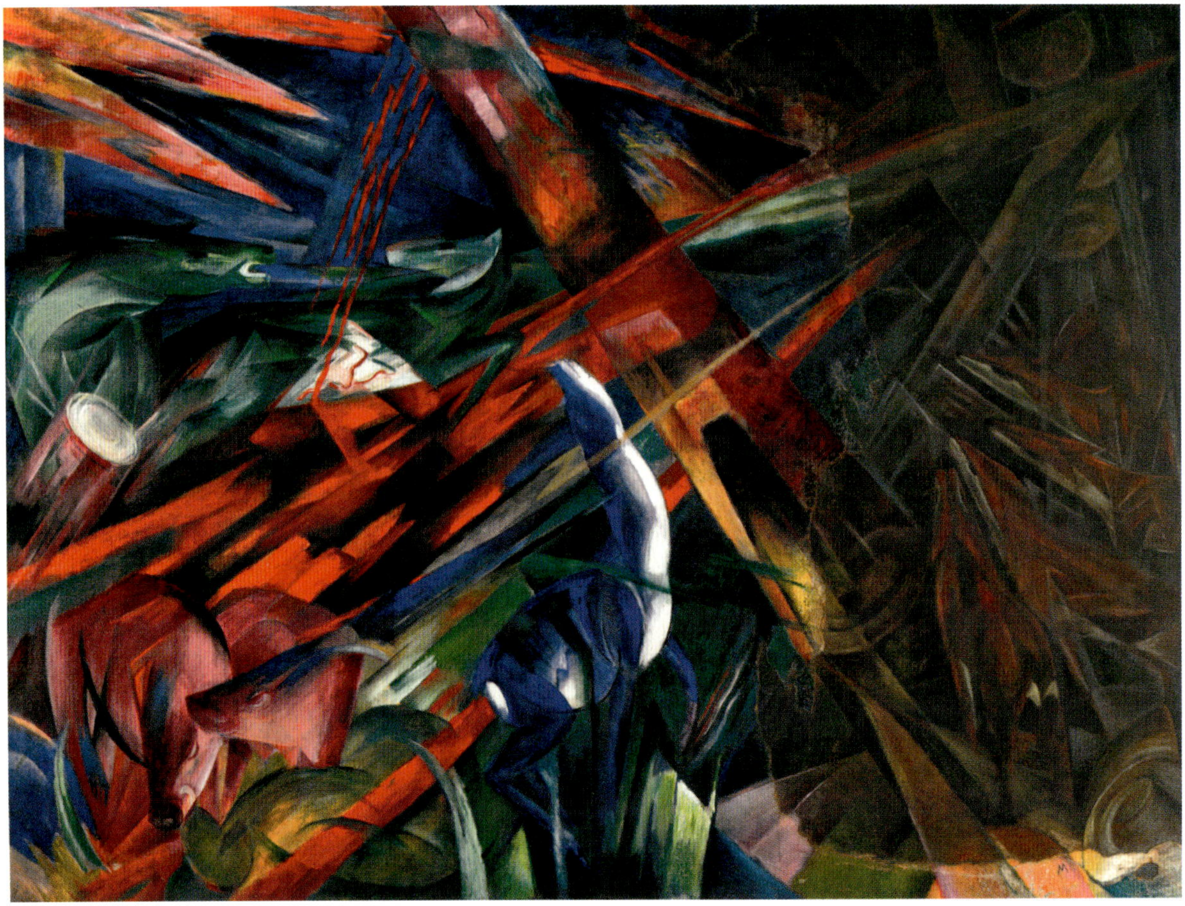

1 Franz Marc: Tierschicksale, 1913, Öl auf Leinwand, 195 × 263,5 cm, Kunstmuseum Basel

Grundlagen konstituieren soll. Die Vision, mit der er diese Hoffnung in Worte fasst, stammt allerdings nicht aus den Kriegsjahren, sondern aus einem Text, der im Almanach »Der Blaue Reiter« 1912 veröffentlicht wurde. Marc beschreibt hier die Epoche, in die er als Künstler gestellt ist, als ein Trümmerfeld alter Vorstellungen und Formen. Der Enthusiasmus und der revolutionäre Wille zum Neuaufbruch, der die künstlerische Avantgarde und mit ihr Franz Marc zu Beginn des Jahrhunderts belebte, entzündet sich an einer Vorstellung, die der Krieg wenige Jahre später zur Realität machen sollte. Die historische Katastrophe wird als letzte Chance für eine Reform begriffen,[7] die sich mit geistiger Kraft – allen Hoffnungen zum Trotz – nicht durchsetzen ließ: »Die Menschheit durchjagte förmlich das letzte Stadium einer tausendjährigen Zeit, die ihren Anfang nahm nach dem Zusammenbruch der großen antiken Welt. Damals legten die Primitiven den ersten Grund für eine lange, neue Kunstentwicklung, und die ersten Märtyrer starben für das neue christliche Ideal.

Heute ist in Kunst und Religion diese lange Entwicklung durchlaufen. Aber noch liegt das weite Land voll Trümmer, voll alter Vorstellungen und For-

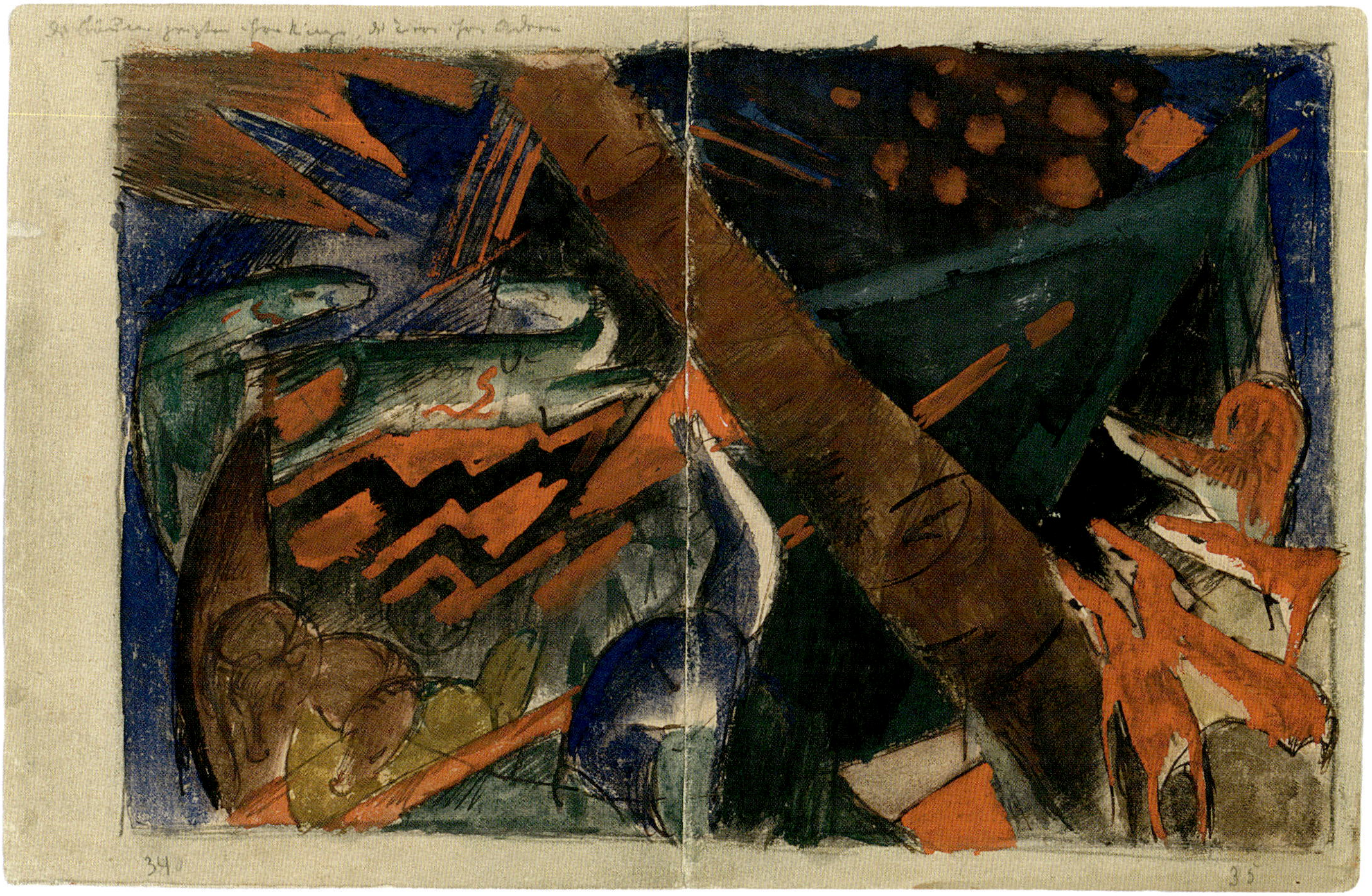

2 Franz Marc: Die Bäume zeigten ihre Ringe, die Tiere ihre Adern, 1913, Gouache auf Papier, 14,4 × 11,5 cm, Staatliche Graphische Sammlung München

men, die nicht weichen wollen, obwohl sie schon der Vergangenheit gehören. Die alten Ideen und Schöpfungen leben ein Scheinleben fort, und man steht ratlos vor der Herkulesarbeit, wie man sie vertreiben und freie Bahn schaffen soll für das Neue, das schon wartet.«[8]

Wassily Kandinsky, mit dem Franz Marc gemeinsam den Almanach »Der Blaue Reiter« konzipierte und herausgab, sah in der Kunst ebenfalls eine der wichtigsten Antriebskräfte und Stützen bei dieser »Herkulesarbeit«, der Überführung einer alten, abgelaufenen Epoche in ein neues geistiges Zeitalter. Kandinsky beschreibt die Stadien dieser Wandlung als eine Entwicklung, die von der geistigen Ebene und damit vom Kunstwerk selbst ausgehen muss: »Der innere Inhalt des Werkes kann entweder einem oder dem anderen von zwei Vorgängen angehören [...]: Diese zwei Vorgänge sind: 1. Das Zersetzen des seelenlos materiellen Lebens des 19. Jahrhunderts, d. h. das Fallen der für einzig fest gehaltenen Stützen des Materiellen und Sichauflösen der einzelnen Teile. 2. Das Aufbauen des seelisch-geistigen Lebens des 20. Jahrhunderts, welches wir miterleben und welches sich schon jetzt in starken, ausdrucksvollen

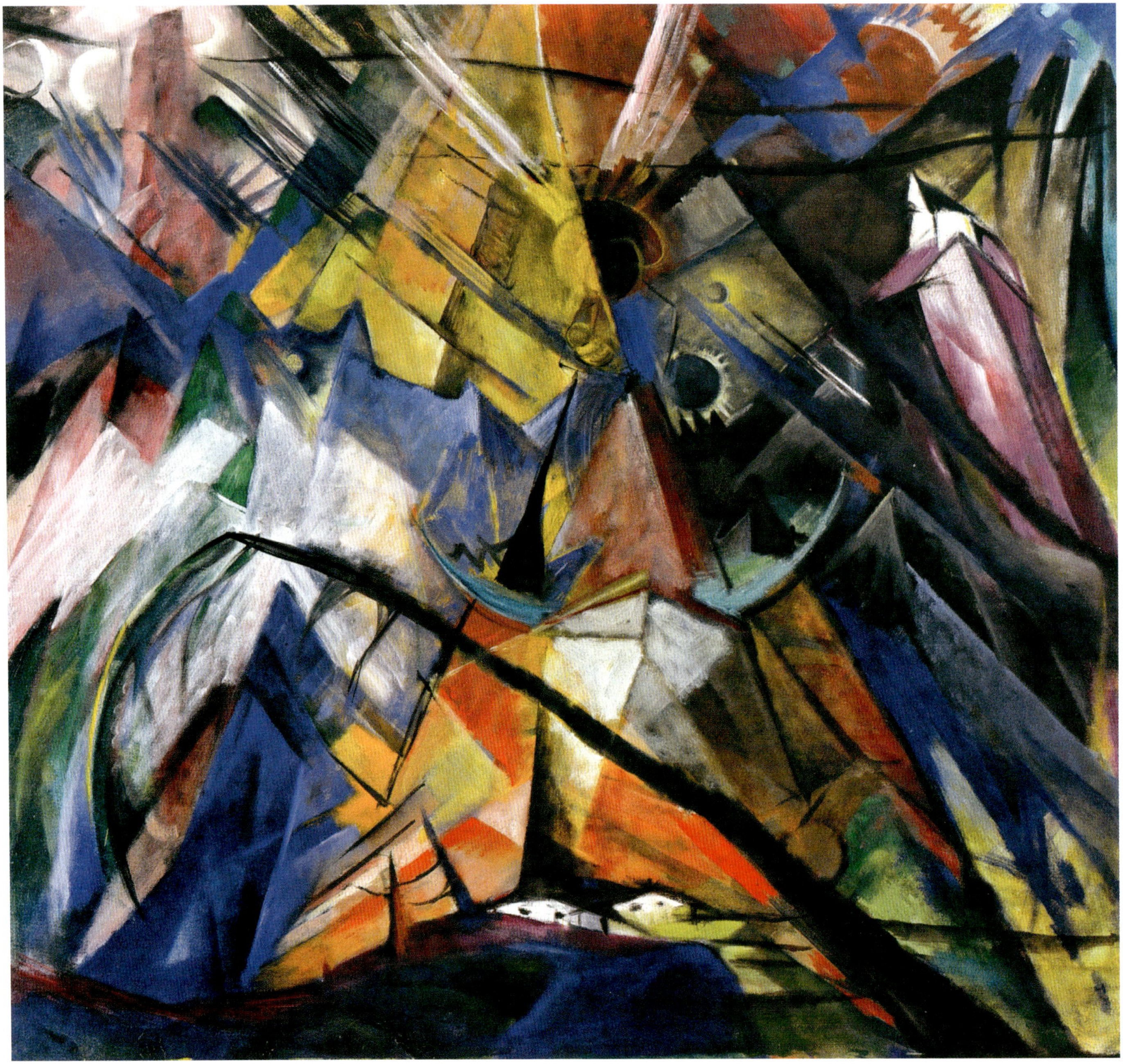

3 Franz Marc: Tirol, 1914, Öl auf Leinwand, 135,7 × 144,5 cm, Bayerische Staatsgemäldesammlungen, München

und bestimmten Formen manifestiert und verkörpert. Diese zwei Vorgänge sind die zwei Seiten der heutigen Bewegung.«[9]

»Wir werden suchen, das Zentrum der modernen Bewegung zu werden«[10], schrieb Franz Marc an seinen Bruder Paul, und August Macke berichtete er im September 1911: »Wir wollen einen Almanach gründen, der das Organ aller neuen Ideen unserer Tage werden soll [...] Malerei, Musik, Bühne etc. Er soll zugleich in Paris, München und Moskau erscheinen, mit vielen Illustrationen.«[11]

Die »heutige Bewegung« war eine Vorstellung, die nicht nur den Almanach »Der Blaue Reiter« prägte und motivierte. Die Vorstellung einer großen Umwälzung, eines Umsturzes der saturierten und materialistisch orientierten wilhelminischen Gesellschaft war seit Beginn des Jahrhunderts in Deutschland virulent und fand ihren Niederschlag in Neoromantik und Reformbewegung, im Programm der Dresdner »Brücke« und in der Esoterik des Monte Verità. Im Hintergrund stand der Gedanke, dass es geistige Kräfte sind, die die Erneuerung bewirken werden: »Der Geist bricht Burgen«[12], wie Franz Marc es als Motto einer ganzen Generation in Worte fasste.

Entscheidend für die Gedankenwelt des »Blauen Reiter« war die Tatsache, dass die gesellschaftliche Auseinandersetzung in direkten Zusammenhang mit dem Wesen des Kunstwerks gestellt wurde. Die Erneuerung der Kunst stand in enger Wechselwirkung mit der Reformierung der Gesellschaft, bei der es um die Überwindung einer alles beherrschenden materialistischen Geisteshaltung ging: »Es ist wahnsinnig schwer, seinen Zeitgenossen geistige Geschenke zu machen«, schreibt Franz Marc in Bezug auf die Ideenwelt, die der Almanach vorstellen sollte. »Wir sehen diese Gefahr vollkommen klar vor uns. Man wird mit Zorn und Schmähung unsere Geschenke von sich weisen: Wozu neue Bilder und neue Ideen? Was kaufen wir uns dafür? Wir haben schon zu viele alte, die uns auch nicht freuen, die uns Erziehung und Mode aufgedrängt hat.«[13]

Die Stärkung des Geistigen gegenüber der materialistischen Dominanz in den zwischenmenschlichen, den gesellschaftlichen und den politischen Verhältnissen erweist sich als Leitmotiv ebenfalls in der Reflexion über Wesen und Struktur des Kunstwerks. »Auch hier«, so erläutert Kandinsky es in seinem Text »Über die Formfrage«, »stehen Materie und Geist sich als Grundelemente gegenüber, deren Auseinandersetzung zur Entstehung des wahren Kunstwerks führt: Die materielle Form und der geistige Inhalt stehen in einem subtilen Abhängigkeitsverhältnis zueinander, denn: nicht das ist das wichtigste, ob die Form persönlich, national, stilvoll ist, ob sie der Hauptbewegung der Zeitgenossen entspricht oder nicht, ob sie mit vielen oder wenigen anderen Formen verwandt ist oder nicht, ob sie ganz einzeln dasteht oder nicht usw. usw., sondern das wichtigste in der Formfrage ist das, ob die Form aus der inneren Notwendigkeit gewachsen ist oder nicht. [...] Das Vorhandensein der Formen in der Zeit und in dem Raum ist ebenso aus der inneren Notwendigkeit der Zeit und des Raumes zu erklären. [...] Und je größer die Epoche ist, d. h. je größer [...] die Bestrebungen zum Geistigen sind, desto reicher in der Zahl werden die Formen [...]. Diese Merkmale einer großen geistigen Epoche (die prophezeit wurde und heute in einem der ersten Anfangsstadien sich kundgibt) sehen wir in der gegenwärtigen Kunst.«[14]

Die Zweipoligkeit des Kunstwerks, die Spannung zwischen äußerer Hülle und innerem Wesen, durchzieht die kunsttheoretischen Überlegungen im Kreis des »Blauen Reiter« und erklärt zugleich die Vielfalt der stilistischen Ansätze innerhalb dieses Künstlerkreises und die verwirrende Diversität der Abbildungen (Abb. 5, 6), die die Texte des Almanach begleiten. Man hat den Eindruck, dass das Prinzip der Mannigfaltigkeit auf den verschiedenen Ebenen – Text, Bild und Gattung – parallel besteht und wie bei einem sich kontinuierlich wiederholenden und verstärkenden Echo die Gesamtwirkung trägt. »Das Lampenlicht bei Ibsen und Maeterlinck, die Dorfstraßen- und

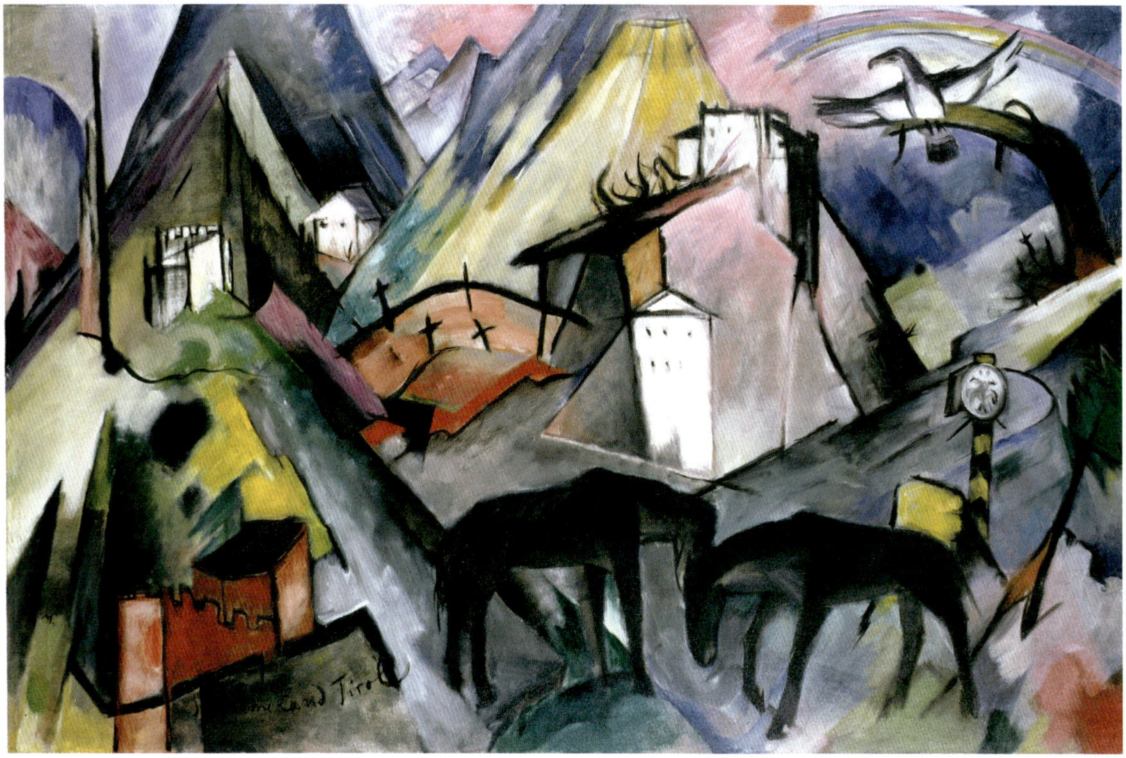

4 Franz Marc: Das arme Land Tirol, 1913, Öl auf Leinwand, 131,1 × 200 cm, Solomon R. Guggenheim Museum, New York, Solomon R. Guggenheim Foundation Collection

Ruinenmalerei, die Mysterienspiele im Mittelalter und das Bangemachen bei Kindern, eine Landschaft von Van Gogh und ein Stillleben von Cézanne [...]. Gilt nicht das Leben mehr denn die Speise, und der Leib mehr denn die Kleidung. Unfaßbare Ideen äußern sich in unfaßbaren Formen. Faßbar durch die Sinne als Stern, Donner, Blume, als Form [...]. Die Sprache der Formen verstehen heißt: dem Geheimnis näher sein, leben.«[15]

Was verbindet diesen unendlichen Kosmos künstlerischer – und natürlicher – »Formäußerungen« und warum breitet der Almanach diese Fülle von Bezugspunkten als Ausgangspunkt für eine »neue Bewegung« vor seinen Lesern aus? Wenn August Macke die Vielfalt der Formen als »Äußerung von Leben« versteht, bringt er einen Schlüsselbegriff aller avantgardistischen Kräfte in der Kunst seiner Epoche ins Spiel. Das Lebendige galt es dem Toten, dem Überkommenen gegenüber zu stärken und wieder aufzuspüren unter der harten Schale des Konventionellen. Es ging darum, die ursprünglichen Äußerungen der Kunst und des Lebens wieder zu verstehen und dabei die Grenzen der eigenen Kultur, der eigenen Wahrnehmungsgewohnheiten zu überschreiten. Neues, lange Verachtetes sollte – auch als Inspirationsquelle für den Künstler – wieder erschlossen werden, das Echte, Reine, Wahre wieder aufgespürt werden.

Vor diesem Hintergrund sah Marc den Krieg auch nicht als historisch-nationalen Konflikt, sondern

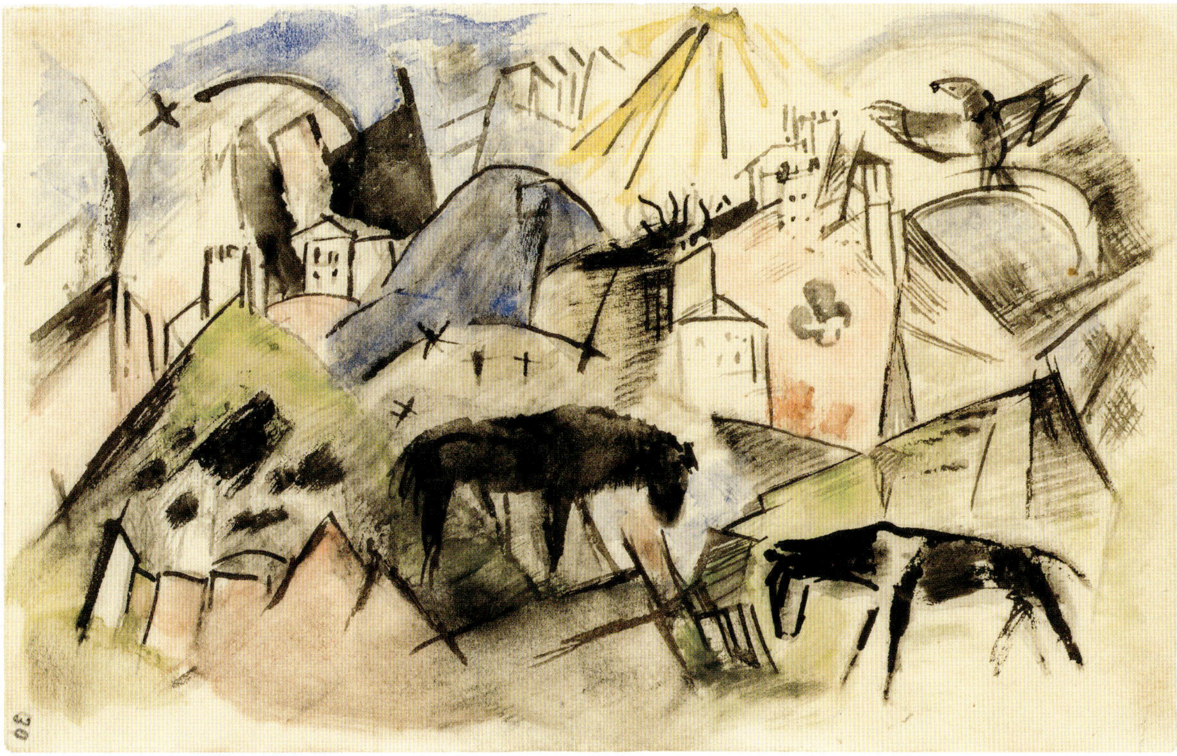

5 Franz Marc: Das arme Land Tirol, 1913, Aquarell auf Papier, 12,5 × 20 cm, Franz Marc Museum, Kochel am See, Dauerleihgabe Bayerische Staatsgemäldesammlungen, München

verband ihn mit einer utopischen, europäischen Vision. Schon zu Beginn des Krieges, am 24. Oktober 1914, schrieb er von der Front an Kandinsky, der als Ausländer Deutschland mit Kriegsbeginn hatte verlassen müssen: »[...] ich hab das traurige Gefühl, daß dieser Krieg wie eine große Flut zwischen uns beiden strömt, die uns trennt; der eine sieht den anderen kaum am fernen Ufer. Alles Rufen ist vergeblich – vielleicht auch das Schreiben. In solcher Zeit wird jeder, er mag wollen oder nicht, in seine Nation zurückgerissen. Ich kämpfe in mir sehr dagegen an; das gute Europäertum liegt meinem Herzen näher als das Deutschtum; was sie jetzt fühlen, weiß ich nicht. Ich selbst lebe in diesem Kriege. Ich sehe in ihm sogar den heilsamen, wenn auch grausamen Durchgang zu unseren Zielen; er wird die Menschen nicht zurückwerfen, sondern Europa ›bereit‹ machen.«[16] Im November des gleichen Jahres verfasste Franz Marc den Essay »Das Geheime Europa«, in dem er diese Gedanken weiter ausführte: »Welcher Europäer möchte heute den Weltkrieg ungeschehen wissen?«, schrieb er, »Nicht einmal die Engländer! Das Volk hat Instinkt. Es weiß, daß der Krieg es reinigen wird. Um Reinigung wird der Krieg geführt und das kranke Blut vergossen. [...] es gibt ein geheimes Europa, das vielwissende, alles hoffende Europa der geheimen Geister, den Typ des ›guten Europäers‹, den schon Nietzsche entdeckt und geliebt hat. Hier schlägt das Herz der Welt, überschrien vom Vordergrundgeschrei der Tagesgeister, nur hörbar dem, der

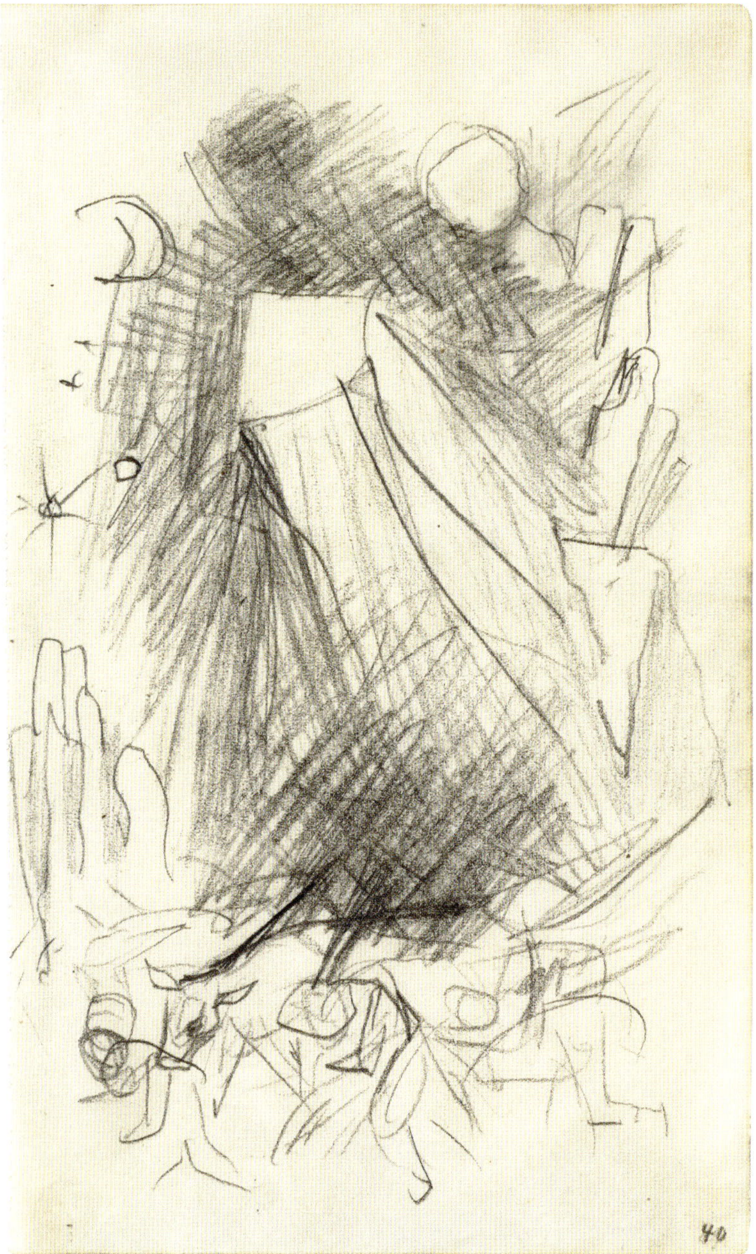

6 Franz Marc: Stürzender Berg, 1913, Bleistift auf Papier, 20,2 × 12,3 cm, Franz Marc Museum, Kochel am See, Erbengemeinschaft nach Maria Marc

in der Nacht [...] das Ohr an die alte, europäische Erde legt.«[17] Franz Marc versuchte diesen Text in einschlägigen Zeitschriften zu veröffentlichen. Er sandte ihn an seine Frau und an Paul Klee, der sich ebenfalls um die Veröffentlichung bemühen sollte.

Seit 1911 verband Franz Marc und Paul Klee eine enge Freundschaft. Die beiden Maler setzten sich intensiv über künstlerische Fragen auseinander, und mit »Tierschicksale« (Abb. 1) gab Marc seinem im Frühjahr 1913 entstandenen Gemälde einen von Klee vorgeschlagenen Titel. Seine Vorstudie zu dem Bild (Abb. 2) hatte Marc mit der Aufschrift »Die Bäume zeigten ihre Ringe; die Tiere ihre Adern« versehen und auf die Rückseite des Gemäldes schrieb er: »Und alles Sein ist flammend Leid.«[18] Schon in dieser Titelwahl zeigt sich der unterschiedliche Charakter der beiden Künstler, eine Differenz, die zunächst Grundlage für die gegenseitige Sympathie und Anerkennung war, die mit Beginn des Ersten Weltkrieges aber zu entgegengesetzten Einstellungen und Bewertungen der historischen Ereignisse führte. Franz Marc stellte sein Engagement als Soldat im Ersten Weltkrieg in den Zusammenhang seines Lebens und seines künstlerischen Werkes. Die apokalyptische Reinigung einer seiner Meinung nach durch Materialismus und Technikgläubigkeit korrumpierten Gesellschaft, die Katastrophe auf dem Weg zur Utopie, nahm er in Gemälden wie »Tierschicksale« (Abb. 1) oder »Tirol« (Abb. 3)[19] vorweg, bevor er dieses »Sein als flammendes Leid« im Krieg selbst durchleben musste. Auch in dieser existenziell bedrohlichen Situation hielt Marc jedoch an seiner Überzeugung von der tieferen Bedeutung des Krieges fest.

Paul Klee nahm dem Krieg gegenüber eine Marc konträre Haltung ein, eine Position, die hier abschließend vorgestellt werden soll, da sie die Einstellung Marcs umso klarer hervortreten lässt. Paul Klee setzt sich schriftlich und bildnerisch intensiv mit dem Krieg (Abb. 8, 9) auseinander, wobei auch er ihn in einen Zusammenhang mit der eigenen künstlerischen Entwicklung stellte, allerdings in einem sehr viel persönlicheren Sinn als Marc, ohne die Vision einer politisch-gesellschaftlichen Wirkung der Kunst. Auf der einen Seite stilisiert Klee den Krieg zum Gleichnis für den eigenen Durchbruch zu einer abstrakten Kunst (Abb. 10), die als Ausdrucksform unglücklichen Zeiten entspricht: »Ich habe diesen Krieg in mir längst gehabt. Daher geht er mich innerlich nichts an«, notierte Klee in seinem Tagebuch. »Heute ist der gestrige-heutige Übergang. In der großen Formgrube liegen Trümmer, an denen man noch teilweise hängt. Sie liefern den Stoff zur Abstraction. [...] Je schreckensvoller diese Welt (wie gerade heute), desto abstrakter die Kunst, während eine glückliche Welt eine diesseitige Kunst hervorbringt.«[20] In einer anderen, auf diesen poetisch stilisierten, kunsttheoretischen Gedanken folgenden Tagebucheintragung hingegen referiert Klee einen Brief, den er an Franz Marc geschrieben hat, offenbar in dem Bemühen, eigene kritische Bemerkungen zu dem Manuskript des Freundes »Das geheime Europa« zurückzunehmen: »Es sei unklug gewesen von mir, hieraus theoretische Gefechte sich entwickeln zu lassen; schon wegen der Schwierigkeit, sich hierin praecis auszudrücken, was dann einer Fälschung des Sinnes gleichkomme. Ich legte den Ton auf die Werke, und zwar auf die schon geborenen, und nicht einmal auf die nächsten zukünftigen [...] und erklärte weiter, mein Vertrauen zum anderen beruhe nur auf dem gemeinsamen Gebietsteil zweier Ich. Dabei gebrauchte ich als Illustration zwei sich schneidende Kreise.«[21] Franz Marc antwortet versöhnlich: »Sei sicher: unsere Kreise schneiden sich noch immer erheblich.«[22] Marc kam Klee entgegen, der seinerseits bemüht war, von seiner kritischen Sicht der theoretischen Ausführungen des Freundes in »Das geheime Europa« auf das Einverständnis vor den Werken abzulenken. »[...] Wenn Du Bilder malst, die in neuer Weise gut sein werden, will ich gewiß glauben, daß es mit dem Feuer auch positive Wirkungen gehabt hat.«[23]

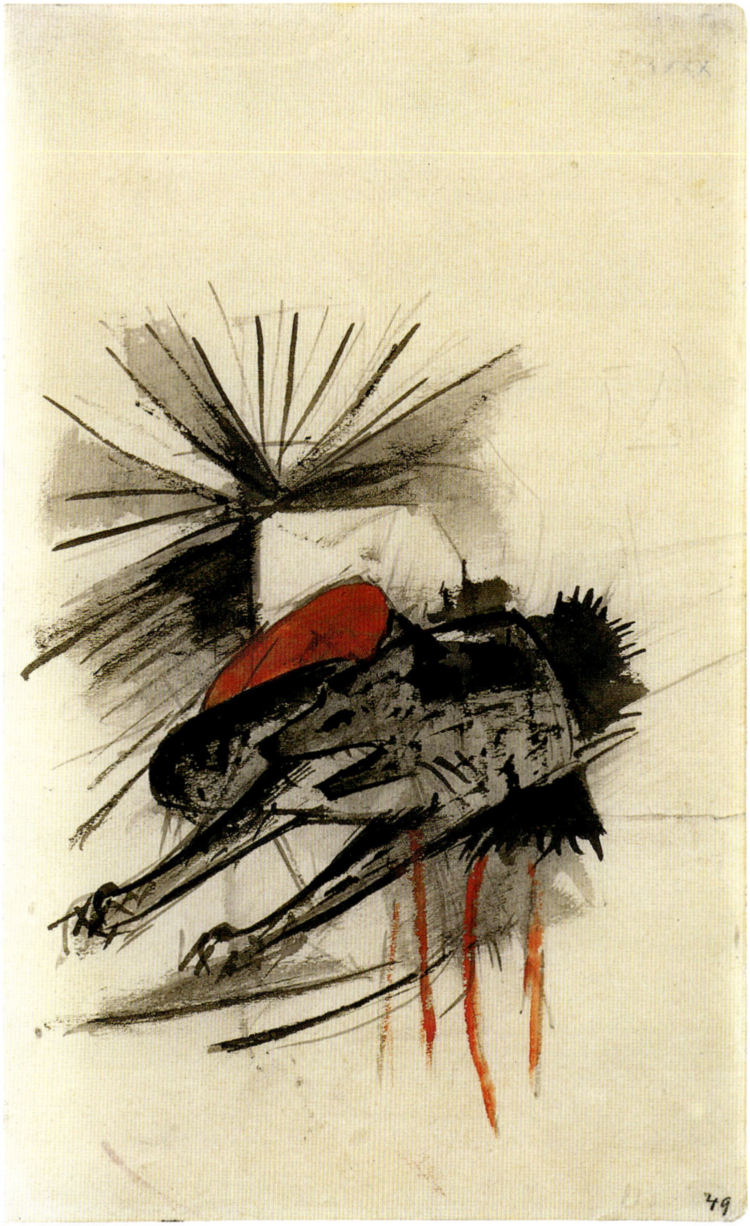

7 Franz Marc: Liegende Hyäne (Liegender Wolf), 1913, Aquarell auf Papier, 20,1 × 12,4 cm, Franz Marc Museum, Kochel am See, Stiftung Etta und Otto Stangl

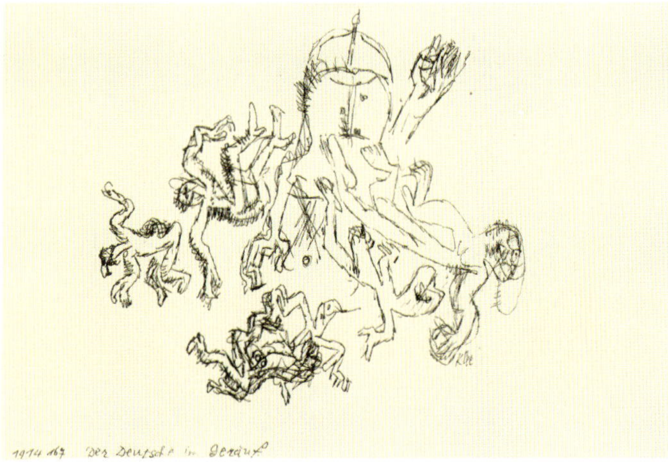

8 Paul Klee: Der Deutsche im Geräuf, 1914, Feder auf Papier auf Karton, 9/8,5 × 17,3/17,6 cm, Zentrum Paul Klee, Bern

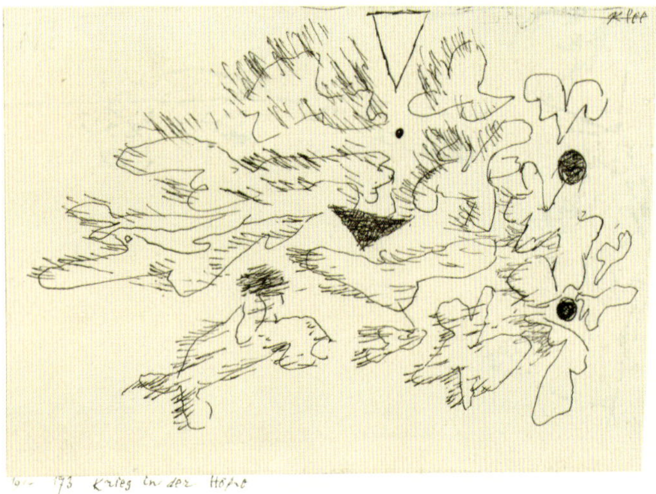

9 Paul Klee: Krieg in der Höhe, 1914, Feder auf Papier auf Karton, 12 × 17/17,5 cm, Zentrum Paul Klee, Bern

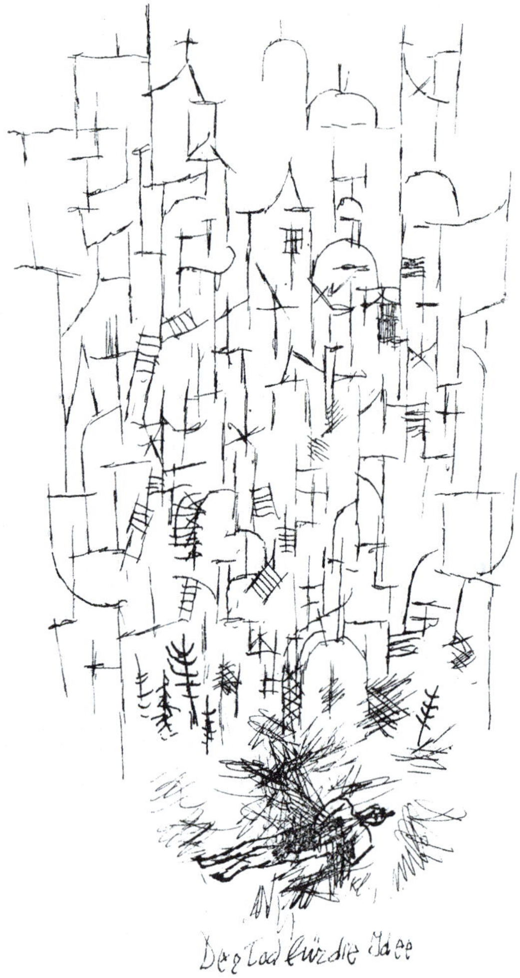

10 Paul Klee: Der Tod für die Idee, 1915, Lithografie auf Velin, 15,6 × 8,6 cm, Privatbesitz, Bern

Seine eigene Sicht des Krieges erlaubte Klee, der sich mithilfe der Kunst innerlich distanzierte, keine Überhöhung des historischen Geschehens. Seine Haltung steht der Marcs diametral gegenüber. In ihrer Einstellung zum Krieg nehmen die beiden Künstler geradezu exemplarisch Positionen ein, die sich mit den Wertesystemen der »Kultur« (Marc) bzw. der »Zivilisation« (Klee), wie Thomas Mann sie in seinen 1918 erschienenen »Gedanken eines Unpolitischen« formulierte, verbinden lassen: »Der Unterschied von Geist und Politik enthält den von Kultur und Zivilisation, von Seele und Gesellschaft, von Freiheit und Stimmrecht, von Kunst und Literatur; und Deutschtum, das ist Kultur, Seele, Freiheit, Kunst und nicht Zivilisation, Gesellschaft, Stimmrecht, Literatur«[24], schreibt Mann in der Vorrede zu seinem Buch und unterscheidet damit zwischen Haltungen, die er gewissermaßen einem »romanischen« und einem »germanischen« Kulturkreis zuordnet. Die kompromisslose, auch Überrationales akzeptierende »Kultur« schließt für Thomas Mann Barbarei mit ein, denn ihr Menschenbild umfasst den Höhenflug ebenso wie das Wissen um die »Schwäche, Ratlosigkeit und Erbärmlichkeit« des Menschen. Vor diesem Hintergrund erhält die Überhöhung des Krieges als Naturereignis und Opfergang durch Franz Marc ihren Sinn. Dagegen kann die ordnende, »humanistische«, auf Ausgleich und Vernunft zielende »Zivilisation« als Folie für Klees Haltung dienen, der dem Krieg keine tiefere Bedeutung abgewinnen kann.

Paul Klee nahm vor allem die Sinnlosigkeit des Krieges und seine zerstörerische Wirkung wahr und bewahrte diese ironische Distanz später auch in der Schilderung des eigenen Soldatenlebens und in der Beurteilung Marcs. »Kurz darauf erhielt Marc Urlaub«, notierte Klee im November 1915, »und kam, obwohl sehr ermüdet und sichtlich abgemagert, unausgesetzt erzählend nach München. Anhaltender Druck und Freiheitsberaubung lasteten deutlich auf ihm. Das verdammte Habit, eine mäßig sitzende Unteroffiziersuniform mit Portepee-Säbel, begann ich nun richtig zu hassen. [...] der Mann müsste wieder malen, dann käme sein stilles Lächeln zum Vorschein, das nun einmal einfach zu ihm gehört, einfach und vereinfachend. [...] Das Soldatenspiel müsste ihm verhasster sein, oder noch besser gleichgültig.«[25]

Dieser Wunsch wurde durch den Gang der Ereignisse jedoch vereitelt: Franz Marc fiel am 4. März 1916, eine Nachricht, die Paul Klee tief erschütterte. »Marc und ich schrieben uns seit seinem letzten Urlaub nicht, er kannte nun meine Abneigung zu theoretisieren. Die anormale Zeit sollte zuerst vorübergehen, umso mehr als ich jeden Tag erwarten musste, dass ich Farben und Pinsel gleichfalls lassen würde. [...] In diesem Zustande des Wartens und des Hoffens traf mich die telegraphische Nachricht von seinem Tod wie ein Blitz.«[26]

1 Franz Marc: Das geheime Europa (Ende 1914), in: Klaus Lankheit (Hg.): Franz Marc. Schriften, Köln 1978, S. 163 f.

2 Franz Marc an seine Frau Maria, 9.10.1915, in: Franz Marc: Briefe aus dem Feld, Berlin 1940, S. 96.

3 Vgl. Walter Kempowski und Peter Walther (Hg.): Endzeit Europa: ein kollektives Tagebuch deutschsprachiger Schriftsteller, Künstler und Gelehrter im Ersten Weltkrieg, Göttingen 2008.

4 Dies illustriert auch eine Gruppe von Zeichnungen und Aquarellen, die sich im Franz Marc Museum befinden: Getötetes Reh, 1913 / Sterbendes Reh, 1908 / Liegende Hyäne 1913 / Leinwandmesser 1913/14 / Tirol, 1913 / Wasserfall im Gebirge, um 1912 / Stürzender Berg, 1913 / Berglandschaft mit Brücke (Tirol), 1913, vgl. Cathrin Klingsöhr-Leroy (Hg.): Franz Marc Museum, Köln 2008, S. 30 ff.

5 Andreas Hüneke: Franz Marc, Tierschicksale. Kunst als Heilsgeschichte, Frankfurt 1994, S. 6; vgl. auch Annegret Hoberg und Isabelle Jansen: Franz Marc. Werkverzeichnis, Band 1, München 2004, Nr. 217.

6 Brief an Maria Marc vom 17.3.1915, in: Marc 1940 (wie Anm. 2), S. 94 – Paul Klee, der Marcs Sicht des Krieges als einer reinigenden Apokalypse nicht teilte, äußerte sich dennoch versöhnlich zu diesem Gedanken: »[...] Wenn Du Bilder malst die in neuer Weise gut sein werden will ich gewiss glauben, dass es mit dem Feuer auch positive Wirkung gehabt hat.« Brief vom 28.4.1915, Archiv für Bildende Kunst. Germanisches Nationalmuseum,

Nürnberg. Vgl. Cathrin Klingsöhr-Leroy: Sich schneidende Kreise, in: Cathrin Klingsöhr-Leroy: Zwischen den Zeilen. Dokumente zu Franz Marc, Ostfildern-Ruit 2005, S. 40–59.

7 Zu der Vorstellung, am Beginn einer neuen Epoche zu stehen, die Franz Marc mit der Frühromantik verbindet, vgl. Carla Schulz-Hofmann: Utopie und Abstraktion. Franz Marc und die Bedeutung romantischer Denkvorstellungen für die Kunst der Moderne, in: Franz Marc. Kräfte der Natur. Werke 1912–1915, Ausst. Kat. Staatsgalerie Moderner Kunst, München, Münster 1993, S. 153–167.

8 Franz Marc: Zwei Bilder (1912), in: Klaus Lankheit (Hg.): Der Blaue Reiter. Dokumentarische Neuausgabe, München 1984, S. 34.

9 Wassily Kandinsky: Über die Formfrage (1912) in: Lankheit 1984 (wie Anm. 8), S. 181.

10 Brief von Franz Marc an seinen Bruder Paul Marc, 3.12.1911, in: Günter Meißner (Hg.): Franz Marc. Briefe, Schriften und Aufzeichnungen, Leipzig 1989, S. 59.

11 Brief von Franz Marc an August Macke, 8.9.1911, in: Meißner 1989 (wie Anm. 10), S. 58.

12 Franz Marc: Geistige Güter (1912), in: Lankheit 1984 (wie Anm. 8), S. 24.

13 Ebd., S. 23.

14 Wassily Kandinsky: Über die Formfrage (1912) in: Lankheit 1984 (wie Anm. 8), S. 142 f.

15 August Macke: Die Masken (1912) in: Lankheit (wie Anm. 8), S. 54f.

16 Brief von Franz Marc an Wassily Kandinsky, 24.10.1914, in: Meißner 1989 (wie Anm. 10), S. 203f.

17 Franz Marc: Das Geheime Europa (Ende 1914), in: Lankheit 1978 (wie Anm. 1), S. 164.

18 Hüneke 1994 (wie Anm. 5), S. 6.

19 Hoberg/Jansen 2004 (wie Anm. 5), Kat. Nr. 233.

20 Paul Klee: Tagebücher 1898–1918, Stuttgart 1988, S. 366 f. Zur Interpretation dieser viel zitierten Tagebuchpassagen Klees vgl. Otto Karl Werckmeister: Versuche über Paul Klee, Frankfurt am Main 1981, S. 15–23; vgl. auch Regine Prange: Hinüberbauen in eine jenseitige Gegend: Paul Klees Lithographie »Der Tod für die Idee« und die Genese der Abstraktion, in: Wallraff-Richartz-Jahrbuch, Bd. LIV, 1993, S. 281–314. In einem Brief an Franz Marc (3.2.1915, Archiv für bildende Kunst, Germanisches Nationalmuseum, Nürnberg) formuliert Klee diesen Gedanken nochmals: »Für mich ist ein Krieg eigentlich nicht mehr notwendig gewesen, aber vielleich(t) für die anderen alle die noch so zurück sind. Bei mir hatte sich das Gegenwärtige schon verbissen und zerstört. Mit Voltaire empfand ich falsche Schönheiten durch Wahrheiten besiegt. Daß diese Wahrheiten auch nicht feststehen, sahen wir als sie uns langweilten. Es gab nur ein Heil, sich von dieser Welt abzuwenden. Abstraction. Rückfälle stehen uns nicht so schlecht an, daß man sie gewaltsam vermeiden müsste. Man war Kind und hat seine Erinnerungen dran. Die Errungenschaft bleibt doch.«

21 Klee 1988 (wie Anm. 20), S. 370 (961). In dem referierten Brief an Marc (8.6.1915, Archiv für bildende Kunst, Germanisches Nationalmuseum, Nürnberg) drückte Klee sich folgendermaßen aus: [...] was mein Ich und die Romantik betrifft will ich nicht länger unklug sein [...]. Natürlich meine ich das göttliche Ich als Centrum. Es ist dies Ich für mich das einzig zuverlässige, und mein Vertrauen zu anderen beruht auf den gemeinsamen Gebietsteilen. Dein Kreis und meiner schienen mir relativ viel gemeinsames zu haben. Etwa so: (Zeichnung zweier, sich schneidender Kreise) und ich glaubte mich darauf verlassen zu können, bis ich Angst bekam. Nun bin ich wieder ganz beruhigt.«

22 Undatierte Abschrift einer Feldpostkarte, Archiv für bildende Kunst, Germanisches Nationalmuseum, Nürnberg.

23 Brief vom 28.4.1915, Archiv für bildende Kunst, Germanisches Nationalmuseum, Nürnberg.

24 Thomas Mann: Betrachtungen eines Unpolitischen, Berlin 1920, Vorrede S. 33.

25 Klee 1988 (wie Anm. 20), S. 370 f. (961).

26 Ebd., S. 374 (965).

AUFBRUCH UND ENDE ERNST STADLERS KAMPF UM DIE SYNTHESE

LAURA CHEIE

In einem Brief von der Front, datiert »Anfang Oktober 1914«, schrieb der Dichter Ernst Stadler folgende signifikante, leider auch prophetische Zeilen an Thea Sternheim, die Ehefrau Carl Sternheims: »Schließlich ist man doch zu sehr Nervenmensch um die Soldatentugenden zu besitzen, die der populären Convention als selbstverständlich gelten und die es vielleicht auch einmal da gibt. Oder sehe ich nur die Dinge anders, weil mir diese Art der Bravour abgeht und ich mir schließlich noch eine andere Aufgabe im Leben denke und wünsche, als mich von einer Granate in Stücke reißen zu lassen.«[1] Ein klares, wie auch persönliches Statement des Dichters nicht nur über sich und seine »Aufgabe im Leben«, sondern implizit auch zur Sinnlosigkeit des Krieges, in dem er schließlich sein noch junges Leben doch lassen sollte. Fast gleichzeitig, genauer am 1. Oktober, erhielt Leutnant Ernst Stadler das Eiserne Kreuz als Auszeichnung für militärische Verdienste. Zu diesem Ereignis macht Stadler folgende Eintragung in sein Kriegstagebuch: »Ich bin verwundert und beglückt zugleich. Habe es wohl kaum verdient: meine militärischen Qualitäten sind ja nicht exorbitant. Ich danke es wesentlich der Güte des Hauptmanns.«[2] Damit wäre ein Paradox kurz umrissen, das lediglich ein Ausdruck des widersprüchlichen und spannungsvollen Kontextes ist, in dem der Elsässer geboren wurde und gelebt hat (Abb. 1).

Als Elsässer machte Stadler die dauernde Erfahrung einer Welt zwischen den Welten, in der die wechselnde Zugehörigkeit zu Frankreich und Deutschland tiefe Spuren im Selbstbewusstsein und in der Selbstwahrnehmung dieser Provinz hinterlassen hat. Eine profunde Verunsicherung greift, wie Stadler in einem Essay aus dem Jahre 1910 über die Brüder Matthis erläutert, bis in die Verwendung des elsässischen Dialekts hinein. Er beklagt die allmähliche Verdrängung dieser genuinen, lebendigen Ausdrucksweise des Elsass zugunsten des Französischen oder des Hochdeutschen als paradoxe Auswirkung der Annexion der Provinz an das Deutsche Reich: »Wirklich gefährdet wurde der Dialekt, so paradox es klingen mag, erst durch die Annexion. Und zwar einerseits dadurch, daß nun nach der Einsetzung des Hochdeutschen als der offiziell gültigen Sprache zahlreiche Familien, bei denen bislang zum mindesten im häuslichen Kreise die Mundart geherrscht hatte, aus einem falschen Gefühl heraus, das im Dialekt etwas der schriftsprachlichen Konvention gegenüber Inferiores zu erblicken geneigt ist, zum Französischen griffen. Andererseits dadurch, daß durch die sich nun ergebende Berüh-

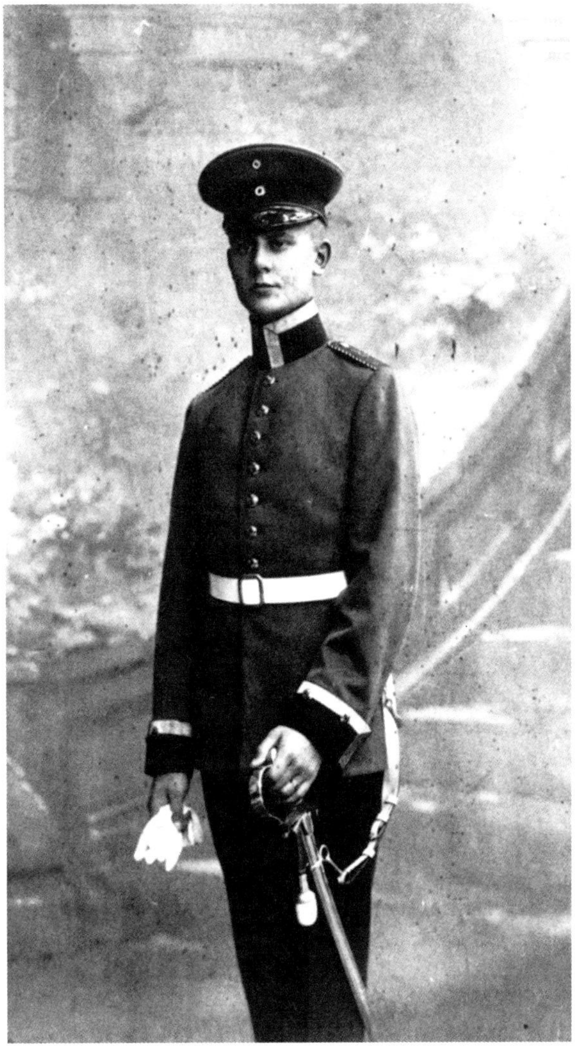

1 Ernst Stadler in der Uniform eines Unteroffiziers, Fotografie 1903

rung mit den zugewanderten altdeutschen Elementen, durch Schule und öffentliches Leben von der Schriftsprache her unaufhörlich neue fremdartige Elemente in den Dialekt eindrangen und, indem sie sich seinem Lautstande anpaßten, unmerklich die fest gezogenen Grenzen seines Sprachbesitzes verrückten. [...] Der unaufhaltsam vorrückende Ausgleich zwischen Schriftsprache und Mundart muß schließlich dazu führen, das eigentlich Auszeichnende der mundartlichen Sprechweise, die kräftige Sinnfälligkeit der Rede, zu verwischen.«[3]

Von einer jungen Generation der »wahrhaft Entwurzelten«, die zwischen deutscher und französischer Identität schwanken, mit der einen oder der anderen Seite zu leben versuchen, für die eine oder die andere Seite kämpfen, aber in ihrem Selbstgefühl immer zwischen den Fronten stehen, erzählt Hans Karl Abel in seinem 1911 erschienenen Roman »Die Elsässische Tragödie«, den Stadler ebenfalls bespricht. Hier ortet Stadler das »schmerzlichste elsässische Problem«, sich nach Zugehörigkeit zu sehnen und gleichzeitig nirgendwo vollkommen hingehören zu können, weil der Weg in die Identität an den Vorurteilen und der brutalen parteiischen Leidenschaft scheitern muss. »Partei ist immer Sicherung, Beruhigung, Rückhalt. Aber die am tiefsten Leidenden sind diejenigen, die inmitten des Kampfes stehen, und deren sensibleres Gewissen es doch nicht vermag, bedinglos [sic] Partei zu nehmen. Die, in denen eine starke Sehnsucht brennt nach Anschluß, Hingabe, Geborgensein, Aufgehen in einer großen Gemeinschaft, und die doch dieses beglückende Zugehörigkeitsgefühl nirgends zu finden wissen, die dem Vorurteil und der Leidenschaft beider Seiten Entfremdeten, die heimatlos und ihrer selbst ungewiß Irrenden.«[4]

Doch nicht nur Verunsicherung, sondern auch verhärtete Fronten, tief greifende Spannungen und politisch weitreichende Zwischenfälle prägten die elsässische Gesellschaft vor dem Ersten Weltkrieg. Ernst Stadlers Eltern waren sogenannte Altdeutsche, das heißt Zugewanderte aus dem Deutschen Reich.[5] Diese standen den Alt-Elsässern gegenüber, die jene ab 1871 eingeführte deutsche Verwaltung, welche die französische auf allen Ebenen abgelöst hatte und auch einen intensiven Germanisierungsprozess mit sich brachte, als Fremdherrschaft wahrnahmen. Mit der »Zabern-Affäre«, der Beleidigung der Elsässer durch einen preußischen Leutnant im elsässischen Zabern Ende 1913, eskalierte die angespannte Situation in offene Proteste gegen derartige Demütigungen und das gesetzwidrige Vorgehen des preußischen Militärs gegen die elsässische Bevölkerung. Die Übergriffe führten schließlich zu einer innenpolitischen Krise, einer Reichstagsdebatte, die das Übergewicht des Militärs im deutschen Kaiserreich offenbarte und das Ansehen des Kaisers stark in Mitleidenschaft zog. Allerdings gab es auch unter den Alt-Elsässern entschiedene Verfechter des Deutschtums im ewigen Grenzland wie der ehemalige »beste Freund« Ernst Stadlers[6], der Schriftsteller und Wortführer der Heimatkunstbewegung Friedrich Lienhard. Stadler distanziert sich bereits 1902 von Lienhards dezidierter Ablehnung moderner ästhetischer Strömungen. 1914 unterzieht er das Werk Lienhards einer eingehenden Kritik, in der er diesem, unter anderem, eine auch politisch zu wertende Einseitigkeit der Perspektive vorwirft: »Den Elsässern wird der rückhaltlose Anschluß ans Deutschtum empfohlen [...] Den gallischen Bluteinschlag im Wesen des Elsässers als Reiz zu empfinden, konnte ihm niemals beifallen. Noch weniger war er geneigt, in der Tatsache dieser Blutmischung eine bedeutsame Möglichkeit zur kulturellen Höherleitung zu finden.«[7] Umgekehrt beschwert sich Lienhard in einem 1912 verfassten Brief an Kurt Schade, den Herausgeber der »Straßburger Post«, über die Beauftragung Ernst Stadlers mit dem Rezensieren des von Lienhard herausgegebenen Almanachs »Der elsässische Garten«. Einer der Gründe dafür war aus Lienhards Sicht »Stadlers Kokettieren mit ästhetischem Franzosentum«, worüber man sogar »in Kreisen der Regierung schon lange den Kopf schüttelt«[8].

Derartigen Tadel mussten Stadler und seine elsässischen Freunde schon seit der Begründung der Zeitschrift »Der Stürmer. Halbmonatsschrift für künstlerische Renaissance im Elsaß« (1902) über sich ergehen lassen[9]. Die von René Schickele herausgegebene Kulturzeitschrift warb nicht nur für eine moderne, das heißt auch von den französischen Vorbildern des Symbolismus geprägte Literatur, sondern verkündete ebenfalls die Idee eines »geistigen Elsässertums«, eines neuen kulturellen Selbstbewusstseins, das aus der Synthese der romanischen und germanischen Tradition hervorgehen sollte. Die Vorstellung des Elsass als kreative, identitätsbildende »Mischkultur« konnte allerdings bei den Landsleuten der jungen »Stürmer« nur auf Unverständnis oder vehemente Ablehnung stoßen[10].

Umso wichtiger erschien es Ernst Stadler, die von seinem lebenslangen Freund Schickele postulierte Idee des »geistigen Elsässertums« zu entfalten und zu verdeutlichen. Damit war ein integratives Konzept geboren, das zunächst noch vage, später immer deutlicher eine neue elsässische Identität aus der originellen Verschmelzung französischen und deutschen kulturellen Erbgutes konstruieren wollte.

Für den »politischen« Stadler hatte dieses Konzept eine fundamentale und explizite Bedeutung. Es kehrt nicht nur in verschiedenen Variationen in kritischen Betrachtungen und Rezensionen Ernst Stadlers zu Werken René Schickeles, Friedrich Lienhards, Hans Karl Abels wieder, sondern wird vor allem in einem der wenigen erhaltenen politischen Statements Stadlers zur Elsass-Frage, dem Text »Ein Wunsch«, ausdrücklich thematisiert. In dem als Leitartikel der »Straßburger Neuen Zeitung« vom 15. Mai 1911 erschienenen Aufsatz bemerkt der Verfasser, dass das Elsass nach 40 Jahren seit der Annexion an das Deutsche Reich ein immer noch zutiefst zerklüftetes Land sei, insgesamt aber das Opfer einer unerbittlichen, politisch und kulturell auf beiden Seiten, der Eingesessenen und der Eingewanderten, missbrauchten Entweder-Oder-Mentalität: »Stillschweigende Bedingung seiner Anerkennung war für beide Seiten die Orientierung nach einem großen Kulturzentrum, sei es nun Deutschland oder Frankreich. Und Voraussetzung blieb immer die These, daß elsässisches Wesen nur im Schatten einer einzigen höheren Gesamtkultur gedeihen könne.«[11]

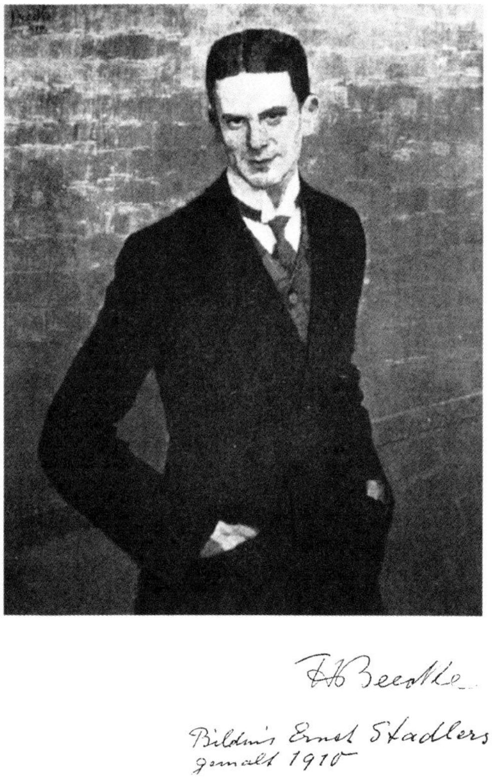

2 Heinrich Beecke: Bildnis Ernst Stadler, 1910, zerstört im Zweiten Weltkrieg, Reproduktion nach einer Fotografie des Ateliers Jul. Manias & Cie, Straßburg 1914

Dieser mitunter cholerisch verteidigten Einseitigkeit setzt Stadler die Idee eines integrativen elsässischen Partikularismus entgegen und hofft dabei auf die Vernunft der jüngeren Generation, jener zwar, die zwischen den Fronten stand, aber den deutsch-französischen Krieg von 1870/71 nicht erlebt hatte und daher wohl weniger voreingenommen war: »Aber die junge Generation, der Kriegserinnerung ferner, weniger geneigt zu der Unbedingtheit ausgesprochener Parteinahme, schafft sich aus der alten Not eine neue Tugend und sucht beide Elemente in sich zu fassen, immer das Ideal einer zukünftig zu vollziehenden Synthese vor Augen. So entsteht der neue elsässische Partikularismus, der die gänzliche Unterordnung unter eine der beiden Kulturen ablehnt und allen nationalistischen Verwaltungsversuchen beider Seiten gegenüber das Recht des Elsasses auf seine Sonderart behauptet, wie sie aus den geographischen und historischen Bedingungen entstanden ist. Eine kluge deutsche Politik möge diesen jungen Partikularismus hegen und fördern.«[12] (Abb. 2)

Zu den Hauptaufgaben, die Stadler der deutschen Jugend als Hoffnungsträgerin des »geistigen Elsässertums« und eines modernen Deutschlands zugedacht hatte, gehörte ihr vor allem kultureller Beitrag zur deutsch-französischen Aussöhnung. Darauf Bezug nehmend erfolgte Ernst Stadlers letzter Versuch, in einer bereits von hetzerischen Kriegsgebärden bewegten Welt versöhnende Konzepte zu vermitteln, kurz bevor er als Reserveoffizier eingezogen wurde. Am 3. April 1914 hielt Stadler einen Vortrag über »La Jeunesse Allemande« im »Jeune Barreau«, einer Vereinigung junger Advokaten in Brüssel. Der Text des Vortrags ist zwar verschollen, aber seine detaillierte Rezeption in der belgischen Presse, genauer im »L'Etoile Belge«, im »Le Journal de Bruxelles« und im »Le XXe Siècle«, dokumentiert eingehend den Inhalt dieser Rede.[13] Darin spricht Stadler von der Vorbildfunktion Frankreichs für die deutsche Jugend als Land kultureller und sozialer Revolutionen, als Boden der modernen Demokratie, der für die Deutschen allerdings auch charmant »wie eine Frau ist, über deren Launenhaftigkeit man sich gerne lustig macht, aber der gegenüber man sich seiner Zuneigung nicht erwehren will«, wie »Le Journal de Bruxelles« festhält[14]. Diesem emanzipierten weiblichen Frankreich steht laut Stadler ein männliches, konservatives Deutschland gegenüber, in dem Machtanbetung, Fetischismus der Uniform, Kasten- und Untertanengeist noch charakteristische Merkmale der Masse seien. Die Modernisierung Deutschlands ist nach dem Dichter des »Aufbruchs« lediglich von den jungen Intellektuellen zu erwarten, die zwar auf den Spuren Zarathustras wandelten, aber den Kult kriegerischer Ideen nicht mehr teilten, sich von Passivität und Pessimismus befreit und den Weg aus der Melancholie in die Politik gefunden hätten. Zwar würden sie von ihren französischen Kollegen noch immer pauschal als Pangermanisten verkannt, denen man Aktivitäten im Sinne eines falsch verstandenen Patriotismus nachsagte, doch diese Perzeption, glaubt Stadler, würde sich bei näherer Kenntnis der deutschen Jugend und auch der deutschen Öffentlichkeit beträchtlich ändern.

Die Reaktion eben dieser Öffentlichkeit, des Brüsseler Publikums, auf seinen von der belgischen Presse besprochenen Vortrag, die Stadler in einem Brief an René Schickele kurz dokumentiert – Aufforderungen, ihn in der Presse anzugreifen und beim Bezirkskommando Straßburg Anzeige gegen ihn zu erstatten –, ließ ihn bitter schlussfolgern: »Moral des Ganzen: unsere optimistischen Wünsche u. Hoffnungen sind noch reichlich verfrüht, wenn wir überhaupt jemals ihre Erfüllung erleben sollten. Ich bin reichlich deutschlandmüde.«[15]

Nicht gerade der Realität entsprechend war auch die Einschätzung, dass die deutsche Jugend dem Kult des Krieges abgeschworen hätte. Im Gegenteil war für viele der jungen Schriftsteller, die teilweise von Stadler bewundert wurden wie René Schickele oder Georg Heym, und weitere wie Johannes Robert Becher, Albert Ehrenstein, Alfred Lichtenstein, Ernst Toller, Hugo Ball und andere, der Krieg ein möglicher und sogar willkommener Weg aus der Erstarrung und Langeweile, eine Hoffnung auf Läuterung, Erneuerung und Integration, und last, but not least war er für die Anhänger der Lebensphilosophie Friedrich Nietzsches und Henri Bergsons ein Ausdruck der Lebenskraft, der vitalen Dialektik.[16] Unter dem Einfluss des Vitalismus entstand unter anderem ein Kult der (welt-)schöpferischen, erneuernden Tat, der auch von Stadler enthusiastisch bejaht wurde. Allerdings war dieser Begriff, wie viele der quasi globalen Konzepte des Expressionismus, wegen seiner Vagheit problematisch. Das belegt die verschiedene Deutung der Tat: Sie bedeutete Aussöhnung für Stadler, Krieg hingegen für viele zeitgenössische Künstler und Schriftsteller. Eine Erklärung für Stadlers gegensätzliche Einstellung zum Krieg mag beim bikulturell aufgewachsenen und gebildeten Elsässer die dadurch erworbene Aufgeschlossenheit, ja sogar Verbundenheit gegenüber der deutschen und der französischen Kultur darstellen. Im Unterschied zu vielen deutschen Dichtern und Künstlern, darunter Franz Nölken, für welche Frankreich plötzlich vom Vorbild zum Feindbild mutierte[17], kann sich Stadler auch nach seinem Einrücken zu keinen feindseligen Gefühlen gegenüber Frankreich bringen lassen, sondern erfährt sogar das Eindringen auf französisches Territorium als ein sehnsüchtiges, schizoides Erlebnis[18].

Doch auch der von vielen herbeigesehnte Krieg war ante bellum noch eine Abstraktion, eine »Generalmetapher«[19], die in allegorisch-mytischen Darstellungen literarisch an die stilisierten Gewaltfantasien der Jahrhundertwende, an Motive des Jugendstils, an die Faszination des Todes und des Verfalls in der Dekadenz anknüpfte[20]. Diese erfuhren aber in den Gedichten der frühen Expressionisten eine Radikalisierung zu alptraumartigen Bildern der katastrophalen Zerstörung. Der Krieg nahm nun die poetische Gestalt des Sturms, des personifizierten Fegefeuers oder des Kriegsgottes Ares an. Er lag auch atmosphärisch in der Luft, denn um 1900 bereits machten sich Untergangsstimmung, apokalyptische Ängste, Krisenbewusstsein in Deutschland breit. Die grassierende Weltuntergangsstimmung wurde ebenfalls durch tatsächliche oder als bedrohlich empfundene Katastrophen bestätigt oder herbeigeführt. Viele dachten, das Weltende bei der Jahrhundertwende zu erleben oder bei der Wiederkehr des Kometen Halley (1910). Als Signale für eine gefährdete, untergehende Welt deutete man gleichfalls die Erdbeben von San Francisco (1906) und von Messina (1908) sowie den Unter-

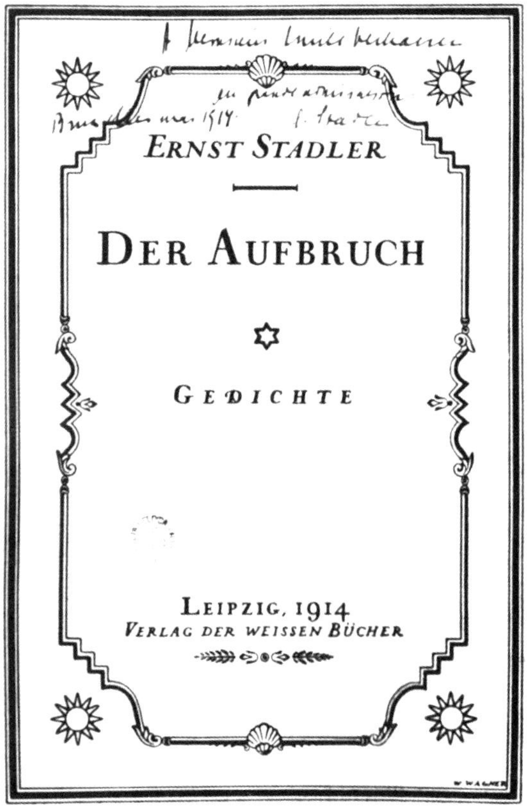

3 Ernst Stadler: Der Aufbruch (Erstausgabe), Leipzig 1914

gang der »Titanic« (1912). Für ein hohes Potenzial an gestauter Aggression sorgten das deutsch-französische Kräftemessen auf afrikanischem Boden in der ersten und zweiten Marokko-Krise (1905 und 1911) wie auch der erste und zweite Balkankrieg (1912 und 1913).[21] Die kurz darauf folgende tatsächliche Erfahrung des Ersten Weltkrieges mit seiner enormen Zahl von Opfern brachte allerdings für viele seiner einstigen Befürworter eine schmerzliche Ernüchterung mit sich. Offensichtlich wurde dabei die Kluft zwischen der abstrakten Vorstellung vom Krieg als patriotisches und heroisches Ereignis, das schnell vorübergehen und für Deutschland siegreich enden sollte, und der verheerenden Realität auf dem Schlachtfeld und in der nachfolgenden, krisengebeutelten Zwischenkriegszeit. Poetisch umgesetzt fand diese Entwicklung einen stilprägenden Niederschlag beispielsweise bei August Stramm oder Georg Trakl[22].

Stadler, der Kämpfer um die »zukünftig zu vollziehende Synthese« der gegnerischen Seiten und für die Aussöhnung der Kulturen, konnte, wie schon erwähnt, nicht zu den Fürsprechern des Krieges gehören. Trotzdem hat es kaum ein anderer Dichter des Expressionismus geschafft, eine derart kämpferische Parole wie »Der Aufbruch« zum Leitwort eines Werkes und einer schriftstellerischen Generation zu machen. Ende Dezember 1913 erscheint, mit der Jahreszahl 1914, Ernst Stadlers zweite und zugleich letzte Gedichtsammlung »Der Aufbruch« im Verlag der Weißen Bücher in Leipzig, darunter das gleichnamige Gedicht, das zu den bekanntesten Texten des lyrischen Expressionismus werden sollte (Abb. 3). Dieses einzige »Kriegsgedicht«[23] Stadlers spricht allerdings nicht über einen Krieg, wohl aber über einen Kampf. Wie der gesamte, zyklisch aufgebaute Band »Der Aufbruch« thematisiert das gleich betitelte Gedicht keine reale Kriegserfahrung, sondern den metaphorischen Ausdruck eines neuen, vielmehr ästhetisch begriffenen »élan vital«, einer kreativen und existenziellen Energie der Erneuerung[24]. Unter dem Einfluss der Philosophie des Deutschen Friedrich Nietzsche und des Franzosen Henri Bergson fand Stadler zu einem neuen Lebensgefühl, das konventionelle, erstarrte Formen, darunter auch jene der streng komponierten symbolistischen Lyrik, aufbrechen, den Weg zu einem freieren, von »staubiger Rüstung« entketteten Ausdruck freimachen und in diesem schließlich aufgehen sollte[25]. Formal führten die Suche und der Kampf um eine neue lyrische Expression bei Stadler zum hymnischen, gereimten Langvers, der selbst eine Synthese zweier poetologischer Tendenzen darstellt: jene zu einer gelockerten, flexibleren Versgestalt und jene zur gebundenen Form des poetischen Sagens.

Auch inhaltlich sucht Stadler in seinem letzten Gedichtband nach einer Synthese, einer kreativen Harmonisierung entgegengesetzter Gefühle, Stimmungen und Erlebnisse durch dialektisch, ja sogar kontrapunktisch konstruierte Gedichte, wofür unseres Erachtens nach die Texte »Der Aufbruch« und »Ende« gute Beispiele sind.

Bei genauem Lesen der beiden Texte fallen einige sich wiederholende Bilder auf: Fanfaren, die das ungeduldige Herz zum Kampf anregen in »Aufbruch« und vorbei sind, da sie »in Abenteuer und Ermattung tragen« in »Ende«. »Die »herrlichste Musik der Erde«, der »Kugelregen« in »Aufbruch« weicht der »Musik vieler gewöhnlicher Stimmen, die sich so wie Wurzeln stiller Birken stark ins Blut dir schlagen« in »Ende«. Der Morgen, Inbegriff des Aufbruchs, ertönt im gleichnamigen Gedicht vom Echo kämpferischer Signale, während er in »Ende« den ruhigen, geordneten Tag, »stumm aller Lockung, erblindet allem, was berauscht und trunken macht«, einleitet. Lediglich die Wahrnehmung der Stille und die Sehnsucht nach Rückzug ins Private, in Gemächer oder bürgerliche Stuben, wo man sich sowohl von der »Wirklichkeit« als auch von den »Reisen ins Metaphysische« erholen kann, sind Brücken schlagende Konstanten. Doch gleichermaßen dialektisch und kontrapunktisch klingen beide Gedichte aus: Dem Wunsch, vor dem heldenhaften Versinken in den Tod sich an der Sonne und somit am Leben ein letztes Mal satt zu trinken in »Aufbruch« steht das »Ende« als eine ambivalente Auferstehung entgegen, als ein anderer Aufbruch wie ein blütenhaftes Aufgehen in das Leben. Mit den gleichen »Bausteinen« konstruiert und dekonstruiert Stadler das Kampfbild eines neuen Gefühls und einer neuen Weltwahrnehmung – dies auf der Suche nach einer zukünftig zu vollziehenden Synthese, für die ihm allerdings der Erste Weltkrieg keine Zeit mehr gewährte.

Der Aufbruch
Einmal schon haben Fanfaren mein ungeduldiges Herz blutig gerissen,
Daß es, aufsteigend wie ein Pferd, sich wütend ins Gezäum verbissen.
Damals schlug Tambourmarsch den Sturm auf allen Wegen,
Und herrlichste Musik der Erde hieß uns Kugelregen.
Dann, plötzlich, stand Leben stille. Wege führten zwischen alten Bäumen.
Gemächer lockten. Es war süß, zu weilen und sich versäumen,
Von Wirklichkeit den Leib so wie von staubiger Rüstung zu entketten,
Wollüstig sich in Daunen weicher Traumstunden einzubetten.
Aber eines Morgens rollte durch Nebelluft das Echo von Signalen,
Hart, scharf, wie Schwerthieb pfeifend. Es war wie wenn im Dunkel plötzlich Lichter aufstrahlen.
Es war wie wenn durch Biwakfrühe Trompetenstöße klirren,
Die Schlafenden aufspringen und die Zelte abschlagen und die Pferde schirren.
Ich war in Reihen eingeschient, die in den Morgen stießen, Feuer über Helm und Bügel,
Vorwärts, in Blick und Blut die Schlacht, mit vorgehaltnem Zügel.
Vielleicht würden uns am Abend Siegesmärsche umstreichen,
Vielleicht lägen wir irgendwo ausgestreckt unter Leichen.
Aber vor dem Erraffen und vor dem Versinken
Würden unsere Augen sich an Welt und Sonne satt und glühend trinken.

Ende
Nur eines noch: viel Stille um sich her wie weiche Decken schlagen,
Irgendwo im Alltag versinken, in Gewöhnlichkeit, seine Sehnsucht in die Enge bürgerlicher Stuben tragen,
Hingebückt, ins Dunkel gekniet, nicht anders sein wollen, geschränkt und gestillt, von Tag und Nacht überblüht, heimgekehrt von Reisen
Ins Metaphysische – Licht sanfter Augen über sich, weit, tief ins Herz geglänzt, den Rest von irrem Himmelsdurst zu speisen –
Kühlung Wehendes, Musik vieler gewöhnlicher Stimmen, die sich so wie Wurzeln stiller Birken stark ins Blut dir schlagen,
Vorbei die umtaumelten Fanfaren, die in Abenteuer und Ermattung tragen,
Morgens erwachen, seine Arbeit wissen, sein Tagewerk, festbezirkt, stumm aller Lockung, erblindet allem, was berauscht und trunken macht,
Keine Ausflüge mehr ins Wolkige, nur im Nächsten noch sich finden, einfach wie ein Kind, das weint und lacht,
Aus seinen Träumen fliehen, Helle auf sich richten, jedem Kleinsten sich verweben,
Aufgefrischt wie vom Bad, ins Leben eingeblüht, dunkel dem großen Dasein hingegeben.

1 Klaus Hurlebusch und Ludwig Schneider (Hg.): Ernst Stadler. Dichtungen, Schriften, Briefe. Kritische Ausgabe, München 1983, S. 520.
2 Ebd., S. 563.
3 Ebd., S. 363.
4 Ebd., S. 386–387.
5 Vgl. Nina Schneider (Hg.): Ernst Stadler und seine Freundeskreise: geistiges Europäertum zu Beginn des Zwanzigsten Jahrhunderts, Hamburg 1993, S. 16.
6 Stadler gesteht in einem Brief aus dem Jahre 1902 an Christian Schmitt, den Schriftleiter der elsässischen Zeitschrift »Erwinia«: »Franz Lienhard war lange Zeit – ich kann fast sagen: mein bester Freund. Das heißt natürlich: als Dichter. Ich schwärmte für seine Frische und kraftvolle Persönlichkeit, und er war mir lange Zeit der einzige moderne Dichter, zu dem ich wirklich Liebe empfand. Auch seinen ästhetischen Anschauungen stimmte ich begeistert bei. Mein Standpunkt hat sich hierin mannigfach verändert – ich darf wohl sagen: erweitert. Vor allem möchte ich einer solch grundsätzlichen und vollständigen Ablehnung des Naturalismus, wie ich sie bei Lienhard finde, doch nicht ganz beistimmen.« Hurlebusch/Schneider 1983 (wie Anm. 1), S. 473. Die Vorbehalte gegenüber Lienhard werden sich bis 1914 erweitern und sich nicht nur auf seine ästhetische, sondern auch auf seine politische und weltanschauliche Einstellung beziehen.
7 Die Kritik erscheint im »Almanach pour les étudiants et pour la jeunesse d'Alsace-Lorraine« in Straßburg. Ebd., S. 298.
8 Schneider 1993 (wie Anm. 5), S. 160.
9 Dazu äußerte sich ein ehemaliges Mitglied des Straßburger Freundeskreises, Hermann Wendel, in einem Vortrag aus dem Jahre 1931: »Es lebe die Moderne! drang gell in die taubsten Ohren, [...] und wenn vordem die Germanisatoren mit preußischen Mitteln und Knitteln gegen das elsässische Dialektstück die Polizei hatten mobil machen wollen, weil sie die Entstehung eines selbständigen Nationalbewußtseins fürchteten, so hatten wir alle Welt gegen uns: die eingeschworenen Hüter des von uns angerempelten ›christlich germanischen Staates‹, weil wir ihnen als Sozialdemokraten galten; die Sozialdemokratie, weil wir uns zu exklusiv und aristokratisch, im geistigen Sinne natürlich, gebärdeten; den Liberalismus, den wir als Mohren nach getaner Schuldigkeit von oben herab behandelten; die Katholiken, die die Religion bedroht wähnten; die Alt-Elsässer, denen wir nicht elsässisch genug, und die Altdeutschen, denen wir zu elsässisch waren – es war schon eine große Hetz!« Vgl. Schneider 1993 (wie Anm. 5), S. 42.
10 In dem bereits zitierten Lienhard-Essay verweist Stadler beispielsweise auf einen derartigen Erwartungshorizont beim viel gefeierten elsässischen Schriftsteller: »Was jüngere Elsässer über das Ideal eines ›geistigen Elsässertums‹ geschrieben haben, das eine Steigerung im Geistigen, eine Höherzüchtung durch fremden Blutzusatz in sich schließt, wäre ihm durchaus fremd und unverständlich.« Vgl. Hurlebusch/Schneider 1983 (wie Anm. 1), S. 298–299.
11 Ebd., S. 383.
12 Ebd., S. 384.
13 Ebd., S. 787–794.
14 Ebd., S. 790.
15 Ebd., S. 512–513.
16 Vgl. Silvio Vietta (Hg.): Lyrik des Expressionismus. Deutsche Texte 37, Tübingen 31990, S. 117–139; Klaus Vondung: Von Vernichtungslust und Untergangsangst. Nationalismus, Krieg, Apokalypse, in: Rolf Grimminger, Jurij Murašov, Jörn Stückrath (Hg.): Literarische Moderne. Europäische Literatur im 19. und 20. Jahrhundert, Reinbek bei Hamburg 1995, S. 232–254; Thomas Anz: Der Sturm ist da. Die Modernität des literarischen Expressionismus, in: Rolf Grimminger, Jurij Murašov, Jörn Stückrath (Hg.): Literarische Moderne. Europäische Literatur im 19. und 20. Jahrhundert, Reinbek bei Hamburg 1995, S. 257–283; Karl Eibl: Expressionismus, in: Walter Hinderer (Hg.): Geschichte der deutschen Lyrik vom Mittelalter bis zur Gegenwart, Stuttgart 1983, insbesondere S. 427–430; Gunter Martens: Vitalismus und Expressionismus. Ein Beitrag zur Genese und Deutung expressionistischer Stilstrukturen und Motive, Stuttgart/Berlin/Köln/Mainz 1971. Zur Deutung und Argumentation der Kriegseuphorie vor 1914 siehe auch den einführenden Beitrag von Steffen Bruendel in diesem Band.
17 Zur außerordentlichen Vehemenz dieser Umstellung bei Franz Nölken siehe z.B. Friederike Weimars Beitrag in diesem Band.
18 Nach dem Eindringen als Feind auf französischem Territorium macht Stadler am 10. August 1914 folgende Tagebucheintragung: »Weiter freier Blick in die französ. Berge. Ich grüße Frankreich beinahe mit solcher Erschütterung wie damals, als ich vor 7 Jahren zum 1. Mal Paris sah. Ich denke kaum mehr, daß Krieg ist. Ich grüße Dich, süße Erde von Frankreich.« Hurlebusch/Schneider 1983 (wie Anm. 1), S. 537. Trotz dieser zu jener Zeit eher ungewöhnlichen Offenheit lassen sich auch in Stadlers Diskursen übliche Wahrnehmungsklischees, vor allem bezogen auf das militaristische Deutschland, erkennen.
19 Eibl 1983 (wie Anm. 16), S. 427.
20 Vgl. Vondung 1995 (wie Anm. 16), S. 244: »Die Ästhetisierung von Tod und Untergang, Verfall und Gewalt bildet eine Fortsetzung der Literatur des Fin de siècle. Die Vergegenwärtigungen kriegerischen Geschehens als größtes Fest, Orgie und Bacchanal in Gedichten von Heinrich Lersch, Felix Braun und Johannes R. Becher erinnern an Stefan Georges ›Algabal‹ und Hugo von Hofmannsthals ›Elektra‹«.
21 Ebd., S. 234–236.
22 Siehe zur poetischen Umsetzung einer derartigen Entwicklung die Deutung der Figur des Widerspruchs bei August Stramm im Beitrag von Andreas Kramer und den Übergang von der bejahten Apokalypse zum umfassenden Sinnverlust bei Georg Trakl, in der Analyse von Frank Krause im vorliegenden Band.
23 Vietta nimmt Stadlers Gedicht »Aufbruch« in dem Kapitel »Vorwegnahme und Erfahrung des Krieges« seiner Lyrikanthologie des Expressionismus auf und interpretiert es als einen kriegsbezogenen Text der Ernüchterung und Orientierungslosigkeit. Vgl. Vietta 1990 (wie Anm. 16), S. 118, 126. Laut den Erläuterungen der kritischen Ausgabe von Hurlebusch und Schneider ist allerdings der Text 1913 entstanden und erklärt sich nicht aus der Kriegsbegeisterung unmittelbar vor dem Kriegsausbruch. Dieser letzteren Interpretation stimmen wir aufgrund der oben besprochenen politischen Einstellungen Stadlers zu. Vgl. Hurlebusch/Schneider 1983 (wie Anm. 1), S. 645.
24 Zum vitalistischen Hintergrund des Werkes von Stadler vgl. die Einleitung Karl Ludwig Schneiders in Ernst Stadler: Dichtungen, hg. v. Karl Ludwig Schneider, Bd. 1, 2, Hamburg 1954, sowie Karl Ludwig Schneider: Die Dichtungen Ernst Stadlers, in: Hurlebusch/Schneider 1983 (wie Anm. 1), S. 849–888 und Martens 1971 (wie Anm. 16), insbesondere S. 163–166.
25 Zur dreifachen Bedeutung des Wortes »Aufbruch« bei Stadler siehe: Achim Aurnhammer: »Form ist Wollust«. Ernst Stadlers Beitrag zur Formdebatte im Expressionismus, in: Olaf Hildebrand (Hg.): Poetologische Lyrik von Klopstock bis Grünbein, Köln/Weimar/Wien 2003, S. 186–197, hier S. 193.

»NOCH EINEN SOMMER INTENSIVES SCHAFFEN…« HERMANN STENNERS WERK VOR DEM ERSTEN WELTKRIEG

DAVID RIEDEL

Hermann Stenner (Abb. 1) wird am 12. März 1891 in Bielefeld geboren und fällt mit nur 23 Jahren, wohl in der Nacht vom 4. zum 5. Dezember 1914, an der Ostfront des Ersten Weltkrieges. Mag es für seinen Lebensweg unter den Künstlern seiner Generation Parallelen geben, so sind seine künstlerische Entwicklung und die Geschwindigkeit, in der sein Schaffen vergessen wird, außergewöhnlich.

Stenners Werk ist als »frühvollendet«[1] beschrieben worden, sein Studienkollege Willi Baumeister schreibt, er »wäre einer der besten Maler Deutschlands geworden, wenn nicht der sinnlose, verbrecherische Krieg seine Opfer geholt hätte«[2]. Nach Jahrzehnten, in denen Stenners Werk kaum bekannt, geschweige denn ausgestellt ist,[3] organisiert Gustav Vriesen 1956 eine erste Retrospektive im Städtischen Kunsthaus Bielefeld und stellt fest: »Hermann Stenner ist heute ein verschollener Wert. Er muss der Kunstwelt zurückgegeben werden. Das malerische Werk, das der Dreiundzwanzigjährige 1914 in seinem Stuttgarter Atelier zurückließ, gehört mit zu den aufbauenden Kräften der modernen Kunst in Deutschland. Ohne seine Kenntnis bleibt das kunstgeschichtliche Bild jener Frühzeit unvollständig. Dieses Werk, das in fünf Jahren einer ungestümen Entwicklung erstellt wurde, ist gewiss unfertig. Aber seine einzelnen Phasen decken sich genau mit dem, was die Epoche jeweils ›konnte‹.«[4]

Stenner stammt aus einer kunstinteressierten Handwerkerfamilie (Abb. 2),[5] die von Industrie geprägte Kaufmannsstadt Bielefeld ist zu dieser Zeit jedoch alles andere als ein Zentrum der deutschen Avantgarde.[6] Neben einem eher konservativen Kunstverein gibt es zwar die Buch- und Kunsthandlung von Otto Fischer, der Ausstellungen moderner Kunst zeigt, ob Stenner diese vor seinem Eintritt in die Bielefelder Handwerker- und Kunstgewerbeschule 1908 sieht, ist jedoch nicht bekannt.[7]

Stenners weitere künstlerische Ausbildung verläuft rasant: Nach einem nur kurzen Aufenthalt in München 1909 wird er im folgenden Jahr an die Stuttgarter Akademie zu Christian Landenberger empfohlen. Im Oktober 1911 wechselt er dann in die Klasse von Adolf Hölzel.[8] Dessen Konzentration auf eine ganz der Moderne verpflichtete Komposition, Form- und Farbgebung wird Stenner sich ehrgeizig aneignen und ihn »auf der Höhe des künstlerischen Schaffens seiner Zeit« zeigen.[9] Auch das Jahr 1912 bringt mit dem Besuch der »Sonderbund-Ausstellung« in Köln und einem mehrwöchigen Aufenthalt in Paris eine intensive Auseinandersetzung mit der zeitgenössischen Kunst (Abb. 3). Stenner entwickelt

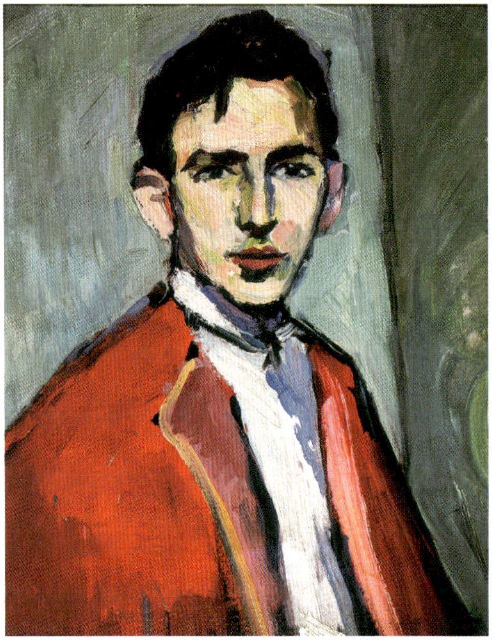

1 Hermann Stenner: Selbstbildnis mit roter Jacke, 1911, Öl auf Pappe, 50,5 × 40 cm, Privatbesitz, Bielefeld

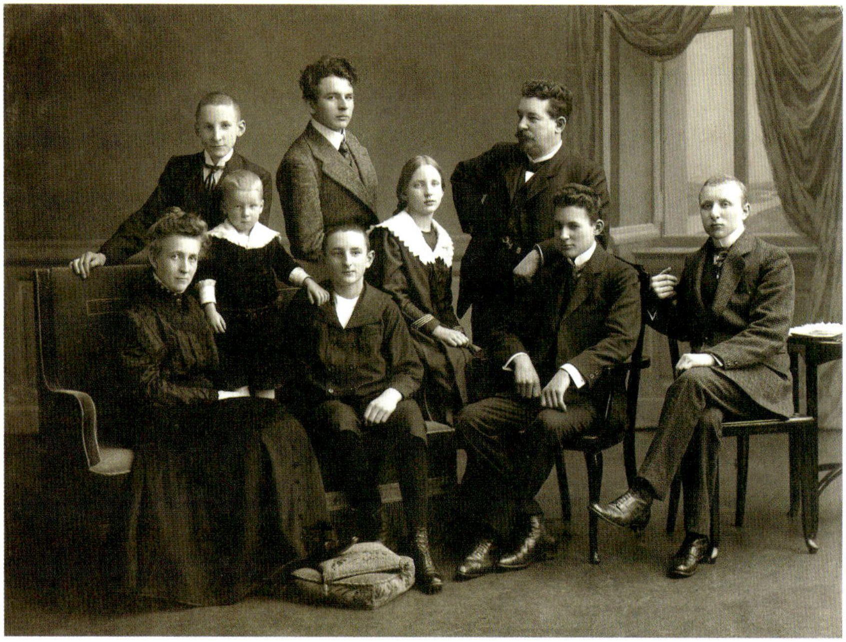

2 Familie Stenner, Fotografie Neujahr 1910

eine von Hölzels Lehre ausgehende, aber immer eigenständiger werdende Bildsprache, so bei der »Dame mit Masken« (Abb. 4), und gewinnt mit Oskar Schlemmer und Willi Baumeister einen Wettbewerb in der Hölzel-Klasse um monumentale Wandbilder für das Hauptgebäude der »Werkbund-Ausstellung« 1914 in Köln, ein erster öffentlicher Auftrag im unmittelbaren Bezug zur Moderne.[10] Nach dieser Ausstellung zieht er sich im frühen Sommer 1914 an den Bodensee zurück und malt, während die Kriegsgefahr immer bedrohlicher wird, eine Ansicht von Meersburg (Abb. 5): »[...] wie Stenner hier die trutzige Silhouette der hochgetürmten Bauten in brandiges Purpur taucht und die Konturen durch ein gewittriges Leuchten ringsum hinterfängt, verwandelt sich die Stimmung des Sonnenunterganges am See in die Ahnung einer jäh bedrohten Stadt in Flammen – eine Vision, die glücklicherweise nicht eintreffen sollte.«[11]

Diese Interpretation lässt sich allerdings nicht unmittelbar auf andere Bilder dieser Zeit übertragen, denn Stenners Werk zeigt ihn weder als Seher oder Mahner, noch illustrieren seine Bilder angstvolle Ahnungen der Vorkriegszeit. Er ist kein politischer Künstler oder übermäßig an gesellschaftlichen Fragen interessiert, die über sein persönliches Umfeld hinausgehen. Auch Militärisches bleibt in seinem Werk zunächst ein unpersönliches Motiv: Zwei Zeichnungen von Soldaten aus den Jahren 1908 und 1909 sind ganz der studienhaften Wiedergabe des Gesehenen verpflichtet,[12] kleinere Zeichnungen selben Themas von 1911 und auch die flüchtige Zeichnung »Soldat und Mädchen auf dem Rummel-

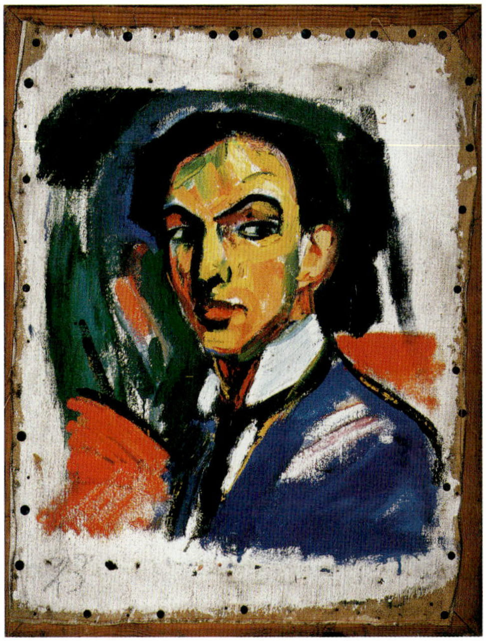

3 Hermann Stenner: Skizze zu einem Selbstbildnis, 1912, Öl auf Leinwand, 70 × 54 cm, Privatbesitz

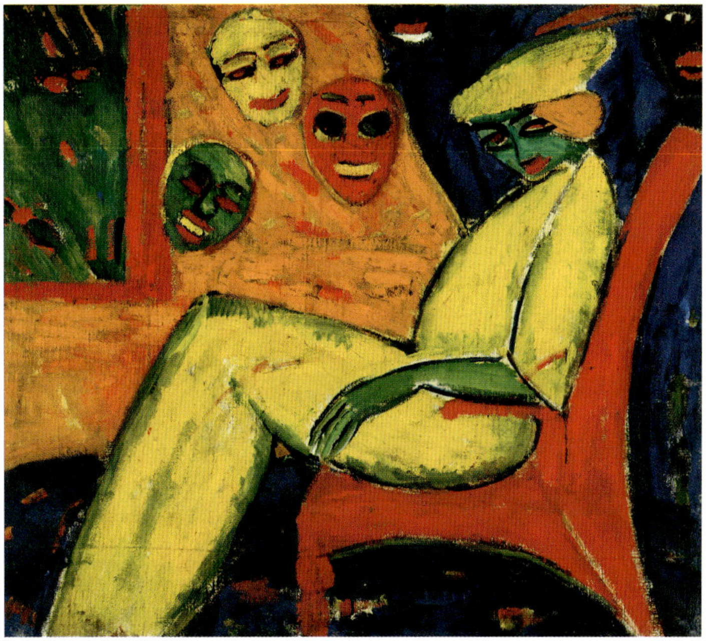

4 Hermann Stenner: Dame mit Masken, 1913, Öl auf Leinwand, 81 × 93 cm, Kunsthalle Bielefeld

platz« von 1913 werden zu keiner tiefer gehenden Beschäftigung mit dem Soldatenleben.[13]

Deutlicher als in der Kunst werden Stenners Weltbild und seine Reaktion auf die Kriegsgefahr in seinen Briefen. Mit seiner Familie hält er engen Kontakt,[14] behandelt die Gefahr eines Krieges bis zum Sommer 1914 aber eher marginal und emotionslos. Stenner scheint zunächst ganz auf seine Ausbildung zum Maler konzentriert. Die politischen Ereignisse und Umbrüche der Vorkriegsjahre lassen Stenner zwar aufmerksam werden, seine Meinung über den drohenden Krieg bleibt jedoch ambivalent: Einerseits fürchtet er die existenzielle Bedrohung für ihn und sein Schaffen, andererseits verheißt der Krieg eine künstlerisch und menschlich inspirierende Erfahrung.[15]

1911 wird Stenner wehrdienstpflichtig und schreibt: »Meinen Einjährigenschein werde ich noch heute [...] einsenden und mich vorläufig drei Jahre zurückstellen lassen.«[16] Er will zunächst sein Studium beenden und nicht den verkürzten, vorzeitigen Wehrdienst antreten.[17] Auch die erste Erwähnung der Kriegsgefahr steht in Zusammenhang mit seiner Kunst: »Mittwoch beginnt die [...] ›Komponierschülerausstellung‹. Alle klagen, dass wegen der Kriegsgefahr kein Mensch was kauft. Hoffentlich hat sich bis dahin das Gewitter am politischen Horizont verzogen. Anfang der Woche rechnete man hier allgemein mit einer Mobilmachung. Wahrscheinlich wäre ich schon am 2. Tag eingezogen worden. Doch scheint es diesmal noch gut abzulaufen und Europa noch einmal von einem entsetzlichen Gemetzel ver-

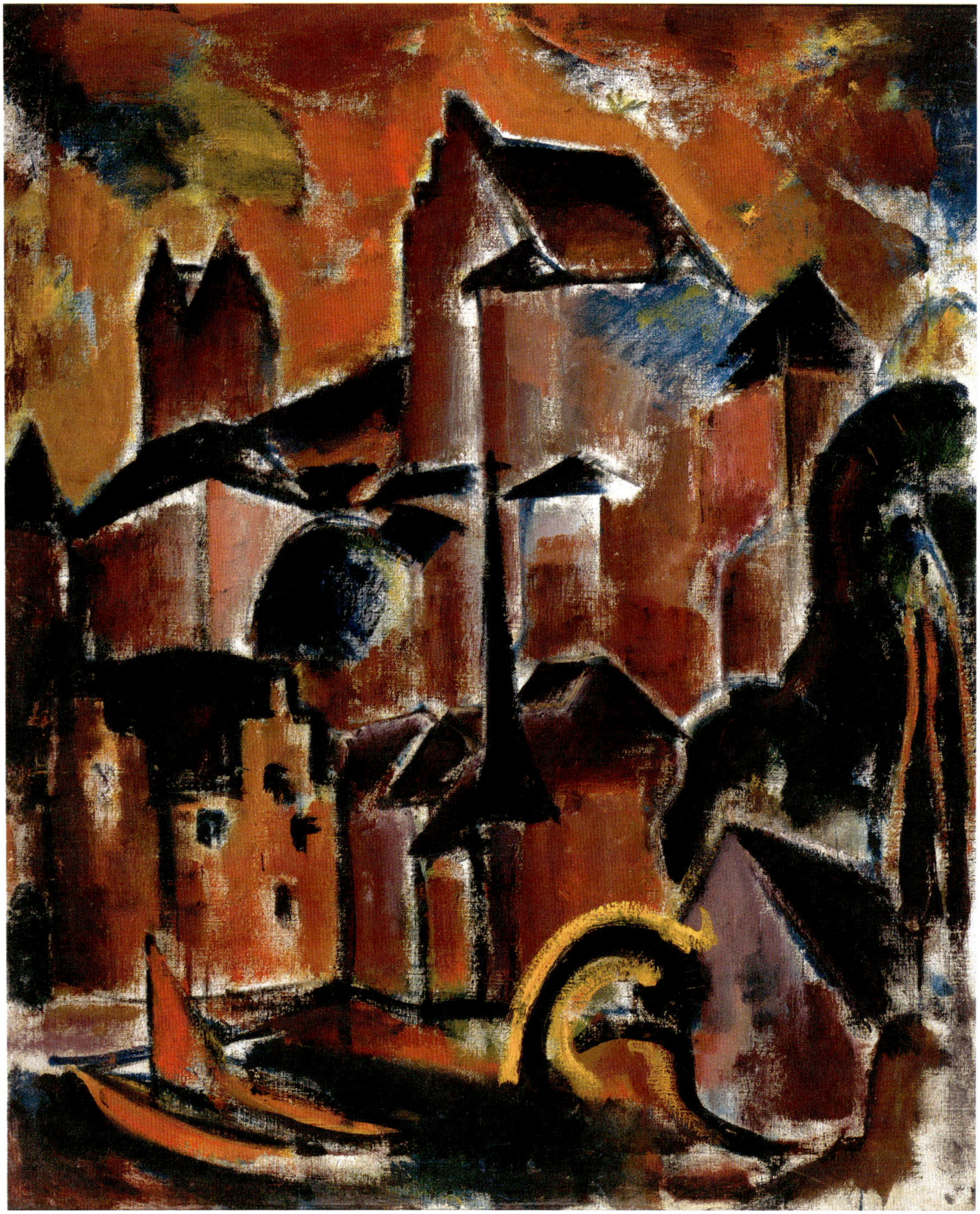

5 Hermann Stenner: Meersburg, 1914, Öl auf Leinwand, 120,5 × 105 cm, Kunsthalle Bielefeld

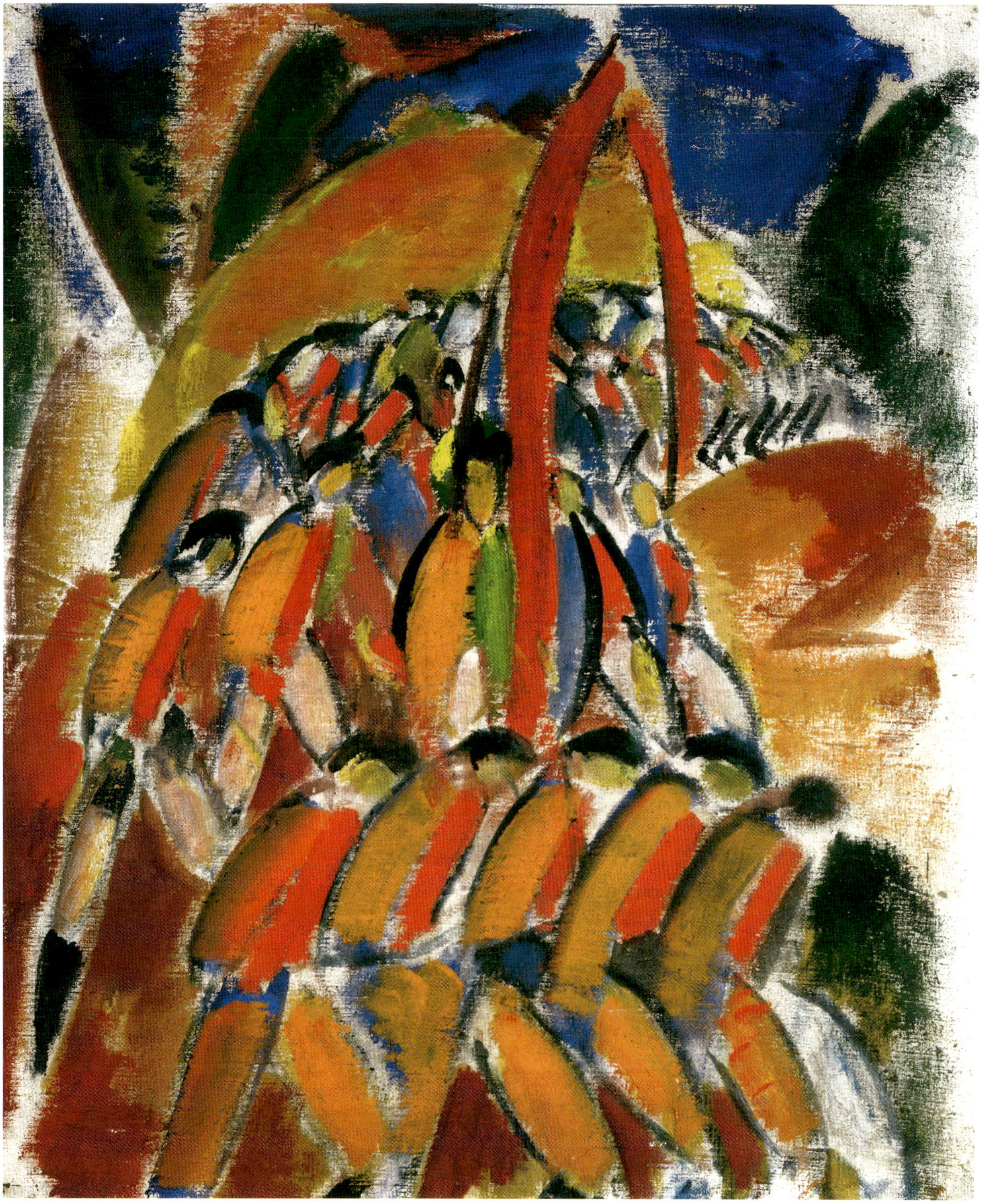

6 Hermann Stenner: Der Marsch, 1913, Öl auf Leinwand, 75 × 64 cm, Kunstmuseum Stuttgart

schont zu bleiben.«[18] Damit spricht er zwar von einem »Gewitter«, was im Vorfeld des Krieges häufig eine als kathartisch erhoffte Wirkung umschrieben hatte,[19] im gleichen Moment jedoch von einem »Gemetzel«. Neben der Sorge, der Krieg könne sein Schaffen beeinträchtigen, wird er sich also auch der persönlichen Gefahr bewusst.

Stenners politische Einstellung ist eher konservativ, später nennt er sich einen »glühenden Patrioten«.[20] Sein Ton ist zwar nicht übermäßig nationalistisch, die im Juli 1914 oftmals vorgetragene Überzeugung der Verteidigung der bedrohten Heimat wird jedoch spürbar,[21] wenn er schreibt: »Falls es zum Krieg kommen sollte, werde ich umgehend nach dort kommen, damit ich mit meinen [...] Landsleuten Schulter an Schulter kämpfen kann. Wünschen tue ich den Krieg nicht, aber wenn es nicht anders sein kann, und unser Deutschland bedroht ist, dann wird sich natürlich kein Mensch mehr besinnen. [...] Wir werden den Schlawinern schon das Fell versohlen.« Gleichzeitig wiederholt er: »Mit meinem Verkauf wird bei so schlechten Zeiten wohl kaum noch Aussicht vorhanden sein.«[22]

Anfang August 1914 erlebt Stenner die Rede König Wilhelms II. in Stuttgart an sein Volk und die Ausgelassenheit patriotischer Kundgebungen.[23] Schon im Oktober 1913 ist mit »Der Marsch« (Abb. 6) ein ähnliches Bild entstanden, inspiriert durch ein Schützenfest in Bielefeld.[24] Es zeigt einen Zug von uniformen, summarisch aufgefassten Körpern, eine anonyme, marschierende Masse, die »beklemmende Ahnung eines Zeitsymbols«.[25] Zwei Vorzeichnungen zeigen, dass Stenner, vielleicht in der Vorahnung, bald Teil einer solchen anonymen Masse zu sein, auch für kriegsbejubelnde Kundgebungen, Aufmärsche und militärische Themen eigene Bildideen in einer an Hölzel, den Kubismus und den Futurismus angelehnten modernen Bildsprache entwickelt hätte.[26]

Er selbst erlebt im August 1914 einen Sinneswandel: »Die Begeisterung war ungeheuer. Was mich selbst anbetrifft, so wurden meine letzten Bedenken dadurch mitgerissen«, und er wiederholt, »diesen Schlawinern gehört eine ganz mächtige Tracht Prügel, hoffentlich helfen die Japaner dabei [...]«. Als Soldat wird er sich kämpferischer äußern: »Eines guten Tages machen die Franzosen Frieden, und man hat keinen Schuss abgeben dürfen.«[27] Aber neben wenigen politischen und martialischen Kommentaren reflektiert Stenner nun auch immer deutlicher die andere Seite des Krieges: »Das Herz krampft sich einem zusammen, wenn man bedenkt, wie sie sich eben von Weib und Kind losgerissen haben und nun mit verbissenem Gesicht ihren Schmerz in sich hineinpressen. [...] Vielleicht ist der Krieg auch mal ganz gut, [...] dass mehr ein Ausgleich zwischen reich und arm eintritt. Im Krieg gibt's kein reich und arm mehr. Da ist der Arbeiter so viel wert wie der Reiche.«[28] Sicher auch der Reise Stenners nach Paris geschuldet, von der er, der tagelang den Louvre besuchte und gut französisch sprach, begeistert berichtet,[29] ist auch seine deutlich ambivalente Einstellung zu den Gegnern des Krieges: »Die gefangenen Franzosen, die hier ankommen, machen gerade keinen grauenerregenden Eindruck. Arme, zum Teil hübsche junge Kerle mit ihren roten Käppis, mit denen man Mitleid haben muss [...]. Überhaupt würde ich gegen die gemeinen englischen Söldner viel lieber, als gegen die wenigstens auch für das Vaterland kämpfenden Franzosen fechten.«[30]

Bereits am 7. August meldet sich Stenner als Kriegsfreiwilliger und schreibt: »Am liebsten wär's mir, wenn ich heute gleich mit ins Feld ziehen könnte. [...] Es ist unmöglich, in solchen kritischen Tagen Bilder zu malen.«[31] Wohl zu diesem Zeitpunkt entsteht jedoch eine Tuschezeichnung (Abb. 7) des mit ihm bekannten Johannes Itten.[32] Dieser schreibt im August 1914: »›Krieg gibt's. Wissen Sie das nicht?‹ Wie sollte ich auch, ich hatte den ganzen Winter keine Zeitung gelesen und von meinen Kollegen über Politik nie etwas gehört. Ich packte sofort meine Sachen, verabschiedete mich bei Hölzel und der Kerkovius, sah Schlemmer und Stenner, die beide bestürzt ans Einrücken dachten.«[33] Die Zeichnung zeigt zwei uniformierte Männer, möglicherweise also Stenner und Schlemmer.[34] Ittens Bemerkung über den Austausch unter den Studenten und das Desinteresse für die aktuelle Tagespolitik lässt sicher auch Schlüsse auf Stenners Aufmerksamkeit zu.

Wenig später schon wird der ungediente Freiwillige Stenner an der Westfront eingesetzt, was künstlerische Arbeit nicht mehr zulässt.[35] Stenner schreibt: »Manchmal habe ich große Lust, wieder mal zu malen. Ganz totschweigen lässt sich die Kunst eben doch nicht, trotz Sturm und Not. Ich habe ja auch das bestimmte Gefühl, dass der Feldzug mit seinen Strapazen und seinen Abenteuern nicht ohne Einfluss auf meine Kunst sein wird; er wird uns vertiefen, menschlich und auch künstlerisch.«[36] Diese Hoffnung wird sich für ihn nicht mehr erfüllen, Ende August 1914 entsteht die letzte erhaltene Zeichnung.[37] Auf die mögliche Vorlage, eine Porträtpostkarte in Uniform (Abb. 8), schreibt er: »Die Photographie gefällt mir nicht ganz, es ist etwas Fremdes im Gesicht. So eine Uniform verändert doch ziemlich stark.«[38] Das »Selbstporträt als Soldat« (Abb. 9) zeigt den Künstler als salutierenden Infanteristen vor einer angedeuteten Häuserkulisse, sein Körper wird nur durch die Umrisslinien der Uniform gebildet. Er scheint dem Krieg zwar offenen Auges entgegenzublicken, sich aber im gleichen Moment eilig seiner Selbst in Uniform versichern zu wollen. Stenner versucht seinen Platz im soldatischen Alltag zu finden: »Aber etwas fällt mir oft sehr schwer, und das ist das unbedingte Unterordnen, das nichts weiter als eine Nummer sein. Du bist gezwungen, Dinge anzunehmen, die Dir von Grund aus zuwider sind [...].«[39]

Dieser kleinen Zeichnung ist der monumentale »Weiße Knabe« (Abb. 10), ein im frühen Sommer 1914 in Meersburg entstandenes und als Selbstbildnis gedeutetes Gemälde, verwandt. Vriesen beschreibt diese körperlose Figur in ihrer gekünstelt und unsicher wirkenden Pose und ihrer gleichsam teilnahmslosen und maskenhaften Mimik als »eine ins Dichterische überhöhte Transponierung seiner selbst in einen unwirklichen blauen Raum«.[40] Zumindest ist es kein vor Männlichkeit und Kampfgeist strotzendes Bildnis in einem militärischen Habitus, sondern erinnert in seiner exponierten Körperlichkeit und der Farbigkeit des Hintergrundes an El Greco, den Stenner 1912 auf der »Sonderbund-Ausstellung« hatte sehen können.[41] Stenner zeigt sich vielmehr als sinnierenden Individualisten in einer zeitlos wirkenden, als Bergpanorama angedeuteten Landschaft. Deren beinahe monochrome Dunkeltonigkeit vermittelt eine ruhige, im Kontrast zum fragilen, wie der Realität entrückten Selbstbildnis aber auch spürbar bedrohliche Stimmung.

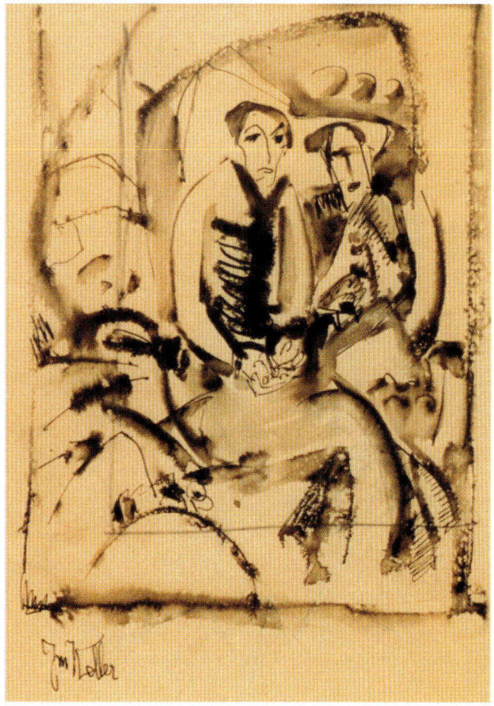

7 Johannes Itten: Im Keller, 1914, Grafit und Tusche auf Papier (aus dem Tagebuch I, Seite 21d), 26,9 × 19,9 cm, Privatbesitz

Als gleichaltrig-männlicher Protagonist und wohl auch als Identifikationsfigur zwischen Jugend und Leiden, dem Kampf für die eigene Überzeugung

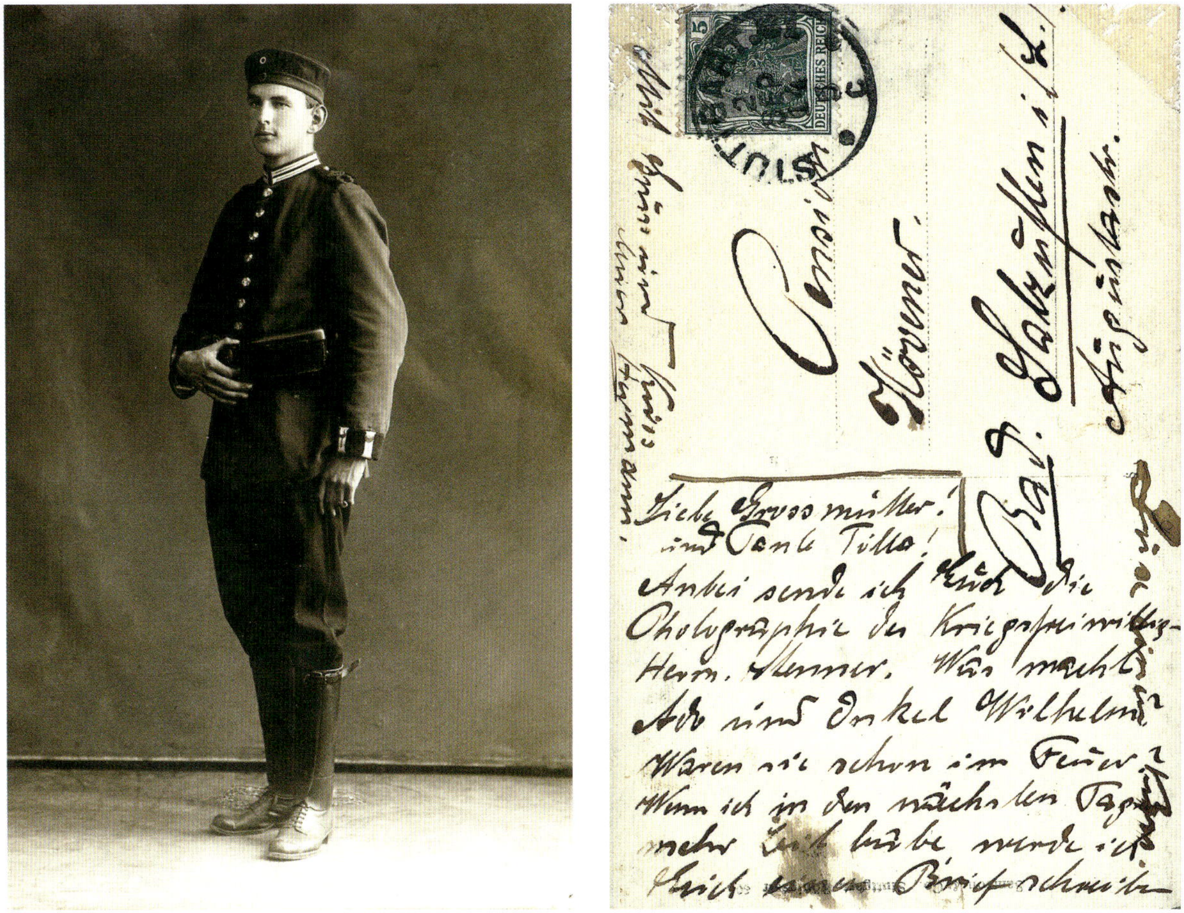

8 Postkarte Hermann Stenners mit Fotografie in Uniform vom 2. September 1914 aus Stuttgart an seine Tante Tilla

gegen eine verständnislose Gesellschaft, taucht im Werk Stenners auch der vor dem Ersten Weltkrieg in der Bildenden Kunst frequent dargestellte Heilige Sebastian auf.[42] Ein erstes Bild von 1912 trägt Züge eines Selbstporträts und ist kein religiös motiviertes Bild.[43] Es ist eher als Akt- und Farbstudie angelegt, nur der nackte Oberkörper und eine angedeutete Fessel erinnern an die traditionelle Ikonografie.[44] Ein zweites Bild entsteht im frühen Sommer 1914. Der Heilige scheint sein Martyrium bereits erlitten zu haben. Auch wenn Farbigkeit, Komposition und die skizzenhafte Ausarbeitung des Bildes Stenners künstlerische Entwicklung und ebenfalls seine Beschäftigung mit El Greco zeigen, erreichen beide Bilder nicht die radikale Ästhetik und biografische Brisanz von Sebastian-Darstellungen anderer Künstler, darunter Albert Weisgerber, Egon Wilden und Otto Dix, die im Angesicht des drohenden Krieges oftmals eine drastische Sinnbildhaftigkeit entwickeln und die Schönheit des Heiligen und den As-

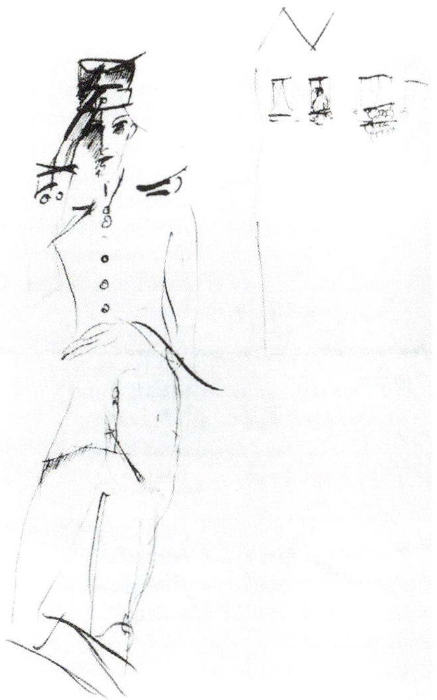

9 Hermann Stenner: Selbstporträt als Soldat, 1914, Federzeichnung auf Briefpapier, 18,5 × 14,5 cm, Sammlung O.A. Lorini, Locarno

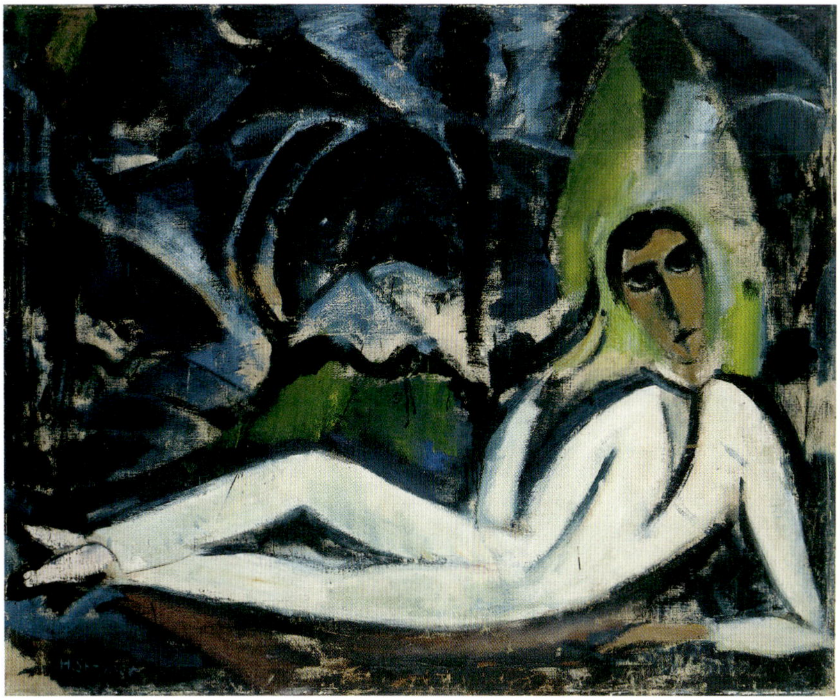

10 Hermann Stenner: Der weiße Knabe, 1914, Öl auf Leinwand, 93,5 × 115,5 cm, LWL-Landesmuseum für Kunst und Kulturgeschichte, Münster

pekt des Selbstbildnerischen zurücknehmen.[45] Auch wenn die Sebastian-Thematik nur zwei Mal und ohne unmittelbaren Bezug zu anderen Bildern ihrer Zeit in Stenners Werk auftaucht, ist das erste Bild jedoch eine der frühesten Darstellungen eines christlichen Motivs.[46] Dabei lassen sich beim Protestanten Stenner weder eine besondere Frömmigkeit oder Spiritualität, noch ein gesteigertes Interesse an theologischen Fragen annehmen.[47] Er geht frei von überlieferten Konventionen an die Umsetzung christlicher Themen, »[...] das biblische Sujet als ein Vorwand für die Form und im Fall der Gemälde auch zu Farbstudien. Das Ergebnis sind abstrahierte, auf das Wesentliche reduzierte Kompositionen«.[48] Anders als beispielsweise Ludwig Meidner wird sich Stenner nicht für apokalyptische Motive interessieren, sondern vor allem Szenen der Passion Christi, Heilige oder biblische Figuren malen.[49]

Ende September 1914 kommt Stenners Regiment in den Argonnen an der Westfront an, eine Zeit, die er als »ziemlich minder« beschreibt.[50] Bald kommt die Offensive an der Westfront ins Stocken. Stenners letzte Briefe werden soldatischer, Kunst spielt darin keine Rolle mehr, die Beschreibungen des Krieges, der Gefechte und Toten, werden jedoch immer bildhafter.[51] Er selbst, seit Ende November an der polnischen Ostfront im Einsatz, wird im Dezember 1914 wahrscheinlich in einem Massengrab bei Ilow beigesetzt. Ein amtliches Schreiben, das auf die großen Verluste seines Regiments hinweist, unterrichtet die

Eltern vom Tod des Sohnes.[52] Mit dem eigenen Tod hat Stenner sich schon 1913 gemeinsam mit seiner Geliebten Klara Bischoff beschäftigt. Beide vermerken, wohl eher aus romantischen Gefühlen als aus Todesahnung, auf der Rückseite einer Zeichnung quasi testamentarisch Wünsche für die eigene Beerdigung. Während Stenner in »einem gelb seidenen Mantel verbrannt werden möchte«, schreibt Klara, »man soll mir auf mein Grab Lilien streuen [...]«.[53] Gerade in dieser Zeit taucht das Thema des Todes, manifest in Darstellungen von Beerdigungen, Grabreden und der »Grablegung Christi«, in Stenners Werk auf, möglicherweise eine auch in religiösen Motiven gesuchte Verarbeitung des befürchteten »Gemetzels« und ein Hinweis darauf, was er in einem weiteren »Sommer intensiven Schaffens« hätte leisten können.[54]

In Stenners Werk folgten auf intensive und ehrgeizige Arbeitsphasen immer wieder Momente der Ruhe, bei der Familie in Bielefeld oder in der Natur, am Ammersee, in der Eifel und in Schleißheim bis hin zum Rückzug nach Meersburg. Das Thema der Großstadt, ihre Gesellschaft und Gefahren, thematisiert Stenner in seinem Werk nur am Rande.
Je deutlicher er sich darin der Moderne zuwendet, desto häufiger trifft ihn Unverständnis. Doch lehnt er es ab, Konzessionen zu machen: »Jetzt noch einen Sommer intensives Schaffen und ich muss siegen. Ich muss.«[55] In seinen Briefen werden Stenners Eile und Ehrgeiz so deutlich wie die ganz pragmatischen Probleme des Künstlerlebens, Geldmangel, hart erkämpfte Erfolge und die Abhängigkeit von den Eltern; seinem Vater schreibt er: »Dir noch mehr wie mir wünsche ich, dass ich mich durchsetze.«[56] Ein Brief an die Mutter verrät, auch wenn er die Kriegsgefahr bis zum Sommer 1914 wie auszublenden scheint, jedoch einen Grund für diesen immer spürbaren Eifer: »An der Stuttgarter Akademie besteht ein Paragraph, nachdem solche Studierende, die schon wirklich etwas leisten, vom Militärdienst befreit werden können. Sollte ich also so nicht frei kommen, so werde ich mit aller Energie darauf hinarbeiten, daß dieser Paragraph auf mich angewendet wird.«[57]

Stenners Briefe zeigen weder die Hoffnung auf eine neue, lang ersehnte Weltordnung noch seine übermäßige Begeisterung für den Krieg. Das »Augusterlebnis«[58] (siehe den Beitrag von Steffen Bruendel in diesem Buch) verändert zwar auch ihn, das von ihm durch den Krieg angenommene »intensive Schaffen« wird dieser jedoch tragischerweise abrupt beenden. Stenner kann nicht mehr angemessen auf den Krieg und dessen Erlebnis reagieren oder die erhoffte »Vertiefung« umsetzen, so wie er in den Jahren zuvor kaum Zeit und Muße hatte, seismografisch gesellschaftliche und politische Spannungen zu reflektieren.

Nur wenige Wochen nach Stenners Tod schreibt Paul Westheim in »Die Kunst für Alle«: »Aus diesem Weltbrand, der jetzt Europa entflammt, muss sich auch die deutsche Kunst entzünden. Muss! Muss!«[59] Schon ein Jahr später hat sich sein Enthusiasmus gelegt: »Es ist eine [...] im tiefsten Wesen unproduktive Zeit. [...] Wahrlich, Krieg ist nicht das Element des Künstlers.«[60]

Beide Sätze umschreiben das Fanal der Vorkriegsjahre und des Ersten Weltkriegs, in denen Stenners Kunst nach den Worten Erich Franz' »Meisterwerke eines vergeistigten Expressionismus« und eine ganz »eigene Position« jener Zeit hervorbringt, jedoch ein »Versprechen« bleiben muss.[61]

1 Alfred Hagenlocher: Vorwort, in: Hans-Georg Gmelin: Hermann Stenner 1891–1914, München 1975, S. 8.

2 Brief von Willi Baumeister vom 15. Juni 1950, abgedruckt in: Hermann Stenner 1891–1914, hg. v. Alfred Hagenlocher, Ausst.-Kat. Spendhaus Reutlingen, Reutlingen 1974, o. S.

3 Stenners Werk ist mittlerweile durch Werkverzeichnisse gut erschlossen: Neben dem ersten Werkverzeichnis von Hans-Georg Gmelin aus dem Jahr 1975 (wie Anm. 1) ist das neue Werkverzeichnis der Gemälde zu erwähnen: Jutta Hülsewig-Johnen und Christiane Reipschläger: Hermann Stenner, Werkverzeichnis der Gemälde, hg. v. Freundeskreis Hermann Stenner e.V.,

Bielefeld 2003. Auch die Zeichnungen, Aquarelle und Druckgrafiken wurden in einem Werkverzeichnis publiziert: Jutta Hülsewig-Johnen und Nicole Peterlein: Hermann Stenner – Aquarelle und Zeichnungen, hg. vom Freundeskreis Hermann Stenner e.V., München 2010.

4 Gustav Vriesen: Hermann Stenner (1891–1914), Ausst.-Kat. Städtisches Kunsthaus Bielefeld, Bielefeld 1956, S. 2.

5 Alle biografischen Angaben finden sich bei Christiane Reipschläger: Hermann Stenner – Leben und Werk, in: Hülsewig-Johnen/Reipschläger 2003 (wie Anm. 3), S. 67–188.

6 Informationen zum Bielefelder Kunst- und Kulturleben im frühen 20. Jahrhundert bei Jutta Hülsewig-Johnen: Moderne Kunst in Bielefeld – Otto Fischer und Heinrich Becker, in: Sophie Reinhardt, Avantgarden in Westfalen?: die Moderne in der Provinz 1902–1933, hg. v. Westf. Museumsamt Münster, Ausst.-Kat. Kunst-Museum Ahlen u.a., Münster 1999, S. 41–49.

7 Jutta Hülsewig-Johnen: Hermann Stenner 1909–1914, Aufbruch in die Moderne, in: Hülsewig-Johnen/Reipschläger 2003 (wie Anm. 3), S. 11–66, hier S. 30.

8 Vgl. dazu: Der Hölzelkreis bis 1914: Adolf Hölzel, Ida Kerkovius, Hans Brühlmann, hg. v. Hans-Georg Gmelin, Ausst.-Kat. Kunsthalle Bielefeld, Bielefeld 1974. In Bezug auf den Einfluss Hölzels auf Stenner besonders Karin von Maur: Auf Hölzels Pfaden in die Moderne, in: Hermann Stenner 1891–1914. Von Bielefeld nach Meersburg – Ein Maler an der Schwelle zur Moderne, hg. v. Kai-Michael Sprenger, Ausst.-Kat. Schloss Achberg, Ravensburg 2007, S. 41–66.

9 Hülsewig-Johnen/Reipschläger 2003 (wie Anm. 3), S. 16.

10 Zu den Wandbildern des Werkbundes zuletzt Wulf Herzogenrath: Hermann Stenner – Der Werkbund-Auftrag 1914, in: Hülsewig-Johnen/Peterlein 2010 (wie Anm. 3), S. 161–196; Karin von Maur: Vom Kölner Rampenlicht zum Refugium in Meersburg, in: Sprenger 2007 (wie Anm. 8), S. 103–126.

11 Karin von Maur: Kölner Werkbund-Auftrag und Meersburger Klausur, in: Der Maler Hermann Stenner im Spiegel seiner Korrespondenz, Briefe 1909–1914, hg. v. Karin von Maur und dem Freundeskreis Hermann Stenner e. V., München u. a. 2006, S. 330–355, hier S. 353.

12 »Sitzender älterer Soldat«, in: Hülsewig-Johnen/Peterlein 2010 (wie Anm. 3), Wvz 65 und »Soldat«, ebd., Wvz 66.

13 Vgl. Reipschläger 2003 (wie Anm. 5), S. 69; Bild eines berittenen Soldaten in einem Skizzenheft, in: Hülsewig-Johnen/Peterlein 2010 (wie Anm. 3), Wvz 625 und »Soldat und Mädchen auf dem Rummelplatz«, ebd., Wvz 1592.

14 Die Briefe Hermanns Stenner sind publiziert in: von Maur/Freundeskreis Hermann Stenner e. V. 2006 (wie Anm. 11).

15 Brief vom 9.9.1912, ebd., S. 223–226.

16 Brief vom 20.1.1911, ebd., S. 129 f.

17 Stenner erwähnt dies auch in einem Brief vom 19.1.1912, ebd., S.191–194.

18 Brief vom 30.11.1912, ebd., S. 237 f.

19 Vgl. Gerd Krumeich: Bilder vom Krieg vor 1914, in: Die letzten Tage der Menschheit. Bilder des Ersten Weltkrieges, hg. v. Rainer Rother, Ausst.-Kat. Altes Museum Berlin, Berlin 1994, S. 37–48, hier S. 37.

20 Brief vom 7.8.1914, in: von Maur/Freundeskreis Hermann Stenner e.V. 2006 (wie Anm. 11), S. 418 f.

21 Vgl. dazu Reipschläger 2003 (wie Anm. 5), S. 175.

22 Brief vom 27.7.1914, in: von Maur/Freundeskreis Hermann Stenner e.V. 2006 (wie Anm. 11), S. 415 f.

23 Brief vom 2.8.1914, ebd., S. 416 ff.

24 Brief vom 25.10.1913, ebd., S. 322 f. Weitere Informationen zu diesem Bild bei Karin von Maur: Ringen um die eigene Bildsprache im Wettstreit der Ismen, in: von Maur/Freundeskreis Hermann Stenner e.V. 2006 (wie Anm. 11), S. 244–281, hier S. 269.

25 Gustav Vriesen: Der Maler Hermann Stenner, Sonderdruck der Zeitschrift Westfalen, Bd. 35, 1957, H. 3, Münster 1958, S. 160.

26 »Marsch«, in: Hülsewig-Johnen/Peterlein 2010 (wie Anm. 3), Wvz 1577, und »Fackelzug«, ebd., Wvz 1578.

27 Brief vom 4.9.1914, in: von Maur/Freundeskreis Hermann Stenner e.V. 2006 (wie Anm. 11), S. 423 ff.

28 Brief vom 2.8.1914, ebd., S. 416 ff.; ähnlich schon in den Briefen vom 4.11. 1911 und vom 9.9.1914, ebd., S. 180 und 425 ff.

29 Brief vom 9.9.1912, ebd., S. 223–226.

30 Brief vom 4.9.1914, ebd., S. 424. Zu Stenners Einstellung zu den Engländern vgl. u. a. auch den Brief vom 20.10.1914, ebd., S. 439.

31 Brief vom 7.8.1914, ebd., S. 418 f. Vermutlich am 9. oder 10.8. tritt er in das Grenadier-Regiment Nr. 119 »Königin Olga« ein und berichtet darüber in einem Brief vom 17.8.1914, ebd., S. 420 f.

32 Vgl. Christoph Wagner: Avantgarde vs. Heldentod – Johannes Itten und Hermann Stenner, in: Hülsewig-Johnen/ Peterlein 2010 (wie Anm. 3), S. 197–208, hier S. 199 und 201.

33 Johannes Itten: Werke und Schriften, hg. v. Willy Rotzler, Zürich 1978, S. 25.

34 Wagner 2010 (wie Anm. 32), S. 200.

35 Vgl. Markus Pöhlmann: Kapitel VI, Weltkrieg und Tod, in: von Maur/Freundeskreis Hermann Stenner e.V. 2006 (wie Anm. 11), S. 398–413, hier S. 404.

36 Brief vom 4.9.1914, ebd., S. 425.

37 Brief vom 29.8.1914, ebd., S. 422.

38 Brief vom 4.9.1914, ebd., S. 425.

39 Brief vom 12.10.1914, ebd., S. 435–436.

40 Vriesen 1956 (wie Anm. 4), S. 166.

41 Zur Bedeutung El Grecos für Stenner und eine ganze Generation junger Künstler Martina Padberg: Passion und Ekstase. Die Rezeption El Grecos im Kontext einer »Neuen Religiösen Kunst«, in: El Greco und die Moderne, hg. von Beat Wismer und Michael Scholz-Hänsel, Ausst.-Kat. Museum Kunstpalast, Düsseldorf, Ostfildern 2012, S.280–313, hier S. 284–286.

42 »Heiliger Sebastian« in Hülsewig-Johnen/Reipschläger 2003 (wie Anm. 3), Nr. 87, und »Heiliger Sebastian«, ebd., Nr. 169. Zum Heiligen Sebastian in der Kunst vor dem Ersten Weltkrieg Bernd Apke: »Krieg ist die einzige moderne religiöse Ekstase«, in: Der Erste Weltkrieg und die Kunst, Von der Propaganda zum Widerstand, hg. v. Bernd Küster, Ausst.-Kat. Landesmuseum für Kunst und Kulturgeschichte Oldenburg, Gifkendorf 2008, S. 184–203, hier S. 192.

43 Vgl. von Maur 2007 (wie Anm. 8), S. 66.

44 Eine Deutung des Bildes versucht Hans-Michael Herzog: Farbigkeit im Spannungsfeld von Komposition und Intuition. Zum malerischen Werk von Hermann Stenner, in: Hermann Stenner 1891–1914. Gemälde und Arbeiten auf Papier, Ausst.-Kat. Kunsthalle Bielefeld, Bielefeld 1991, S. 9–27, hier S. 15.

45 Vgl. Apke 2008 (wie Anm. 42), S. 193 f.

46 Vgl. Nicole Peterlein: Komposition, Kalkül oder Empfindung – Religiöse Motive im zeichnerischen Werk Hermann Stenners, in: Hülsewig-Johnen/ Peterlein 2010 (wie Anm. 3), S. 83–124, hier S. 87.

47 Ebd., S. 83.

48 Ebd., S. 124.

49 Vgl. Apke 2008 (wie Anm. 42), S. 189 ff.

50 Brief vom 18.10.1914 in: von Maur/Freundeskreis Hermann Stenner e.V. 2006 (wie Anm. 11), S. 437 f.

51 Hier ist besonders eine Tagebuchaufzeichnung vom 4.10.1914 zu erwähnen, ebd., S. 432 ff., sowie ein Brief vom 14.11.1914, ebd., S. 444 ff.

52 Zu Stenners Einsatz im Ersten Weltkrieg vgl. Pöhlmann 2006 (wie Anm. 35), S. 403 ff.

53 Zitiert bei von Maur 2007 (wie Anm. 8), S. 84.
54 Ebd., S. 84–89.
55 Brief vom 3.6.1913, in: von Maur/Freundeskreis Hermann Stenner e.V. 2006 (wie Anm. 11), S. 305.
56 Brief vom 7.6.1913, ebd., S. 306 f.
57 Brief vom 4.7.1913, ebd., S. 309 f.
58 Vgl. Krumeich 1994 (wie Anm. 19), S. 37.
59 Paul Westheim: Im bunten Rock, in: Die Kunst für alle, Bd. 30,1914/15, S. 81.
60 Paul Westheim: Brief an einen jungen Künstler, in: Die Kunst für alle; Bd. 31, 1915/16, S.131.
61 Erich Franz: Hermann Stenner: Der Künstler, in: Der Westfälische Expressionismus, hg. v. Jutta Hülsewig-Johnen und Thomas Kellein, Ausst.-Kat. Kunsthalle Bielefeld, München 2010, S. 190–195.

»ÜBER ZERBROCHENEM MÄNNERGEBEIN / DIE STILLE MÖNCHIN« KRIEGER UND KRIEGE IM LYRISCHEN WERK GEORG TRAKLS

FRANK KRAUSE

Die Lyrik Georg Trakls gilt als deutungsresistent.[1] Einerseits verführt sie zur Hingabe an den schönen oder erhabenen Schein eigensinniger Klänge und Bilder, die das sinnliche Dasein scheinbar poetisch rechtfertigen; andererseits kontaminiert Trakl seine Lyrik mit Erfahrungen des Sinnentzugs und untröstlich leidhaften Verfallserscheinungen, und damit bringt er das eingesetzte Verfahren der poetischen Sinngebung von innen heraus zum Scheitern. Trakl präsentiert seine unauflösbar widersprüchlichen Formgebilde als eigensinnige Chiffren; Dichten wird zur rätselhaften Beschwörung gestörter Sinnbezüge. Damit problematisiert diese Lyrik aber auch kulturell eingespielte Formen der Deutung von Erfahrungen, und in dieser Hinsicht bleibt sie bei aller Verrätselung interpretierbar.

Zunächst sei die Bedeutung von Kriegerfiguren und Kriegsthemen im Kontext der Geschichte von Trakls lyrischem Werk herausgearbeitet, das vier Spielarten des Versuchs erprobt, im unlösbaren Widerspruch zwischen poetischer Sinnsetzung und gegenläufigen Effekten auszuharren (I.–IV.)[2]; die Gedichte über den Ersten Weltkrieg nehmen hier eine Sonderstellung ein (V.). Während die Forschung gerne apokalyptische Parallelen zwischen Trakls Leben, den Perspektiven seines Werks und dem Krieg betont, möchte ich den Krisen des apokalyptischen Denkens im Spätwerk nachgehen (VI.) und nach Trakls Affinitäten mit anderen Autoren und Künstlern fragen, die in diesem Band behandelt werden (VII.).

I.

Trakls Frühwerk folgt dem literarischen Jugendstil; das rauschhaft Schöne wird poetisch als Lebenskraft gefeiert, und dem Wissen um Verfall, Tod und Sinnverlust wird im kunstvollen Arrangement erlesener Naturmotive und Artefakte der Schrecken genommen:

> *ich lausche, ganz beseeltes Ohr, wieder auf die Melodien, die in mir sind, und mein beschwingtes Auge träumt wieder seine Bilder, die schöner sind als alle Wirklichkeit. Ich bin bei mir, bin meine Welt! Meine ganze, schöne Welt, voll unendlichen Wohllauts.*[3]

Teils bringt Trakl diese Technik aber auch zum Scheitern, indem er Motive eines Leidens aufnimmt, das sich der Aufschönung verweigert. Der poetische Rausch wird damit störend unterbrochen. Motive aus dem Soldatenleben, die allerdings erst um 1910 auftauchen, sind bei Trakl anfangs positiv konnotiert.[4] Das Gedicht »Die schöne Stadt«, wahrscheinlich zwischen August 1909 und Juli 1910 entstanden, folgt noch dem Programm des Frühwerks, wenn es einschlägige Themen bruchlos in den erlösenden Schein einer poetisch überformten Sinnlichkeit fügt:

Zitternd flattern Glockenklänge,
Marschtakt hallt und Wacherufen.
Fremde lauschen auf den Stufen.
Hoch im Blau sind Orgelklänge.[5]

Eine sanft aufblühende Natur nimmt auch melancholischeren Bildern den Schrecken: »An Weiden baumeln Kätzchen sacht im Wind, / Sein traurig Lied singt träumend ein Soldat.«[6] Wenn Trakl den schönen Schein in Spätausläufern dieser Werkphase überhaupt mit militärischen Bildern bricht, verwendet er Schlachtmotive: »In goldnen Wolken wogt ein Schlachtgewühle / Von Fliegen über Fäulnis und Abszessen.«[7]

II.

Ab 1910 entwickelt Trakl seine »bildhafte Manier, die in vier Strophenzeilen vier einzelne Bildteile zu einem einzigen Eindruck zusammenschmiedet«,[8] kurz: seinen Reihungsstil. Diese Technik kann impressionistisch den flüchtigen Gesamteindruck einer einheitlichen Szene hervorrufen. Nun führt er aber auch in rascher Folge eine Vielzahl disparater Bilder einer inkohärenten Wirklichkeit vor Augen; dieser expressionistische Reihungsstil arbeitet ästhetische Dissonanzen der Erfahrung heraus.[9] Die Erfahrung des Sinnentzugs, der den ansprechenden Augenschein durchbricht, gilt nun als maßgebender Aspekt einer unverzerrt-kritischen Erkenntnis dissoziierter Wahrnehmung: »[...] man tut gut daran, sich gegen vollendete Schönheit zu wehren, davor einem nichts erübrigt als ein blödes Schauen. Nein, die Losung ist für unsereinen: Vorwärts zu Dir selber.«[10]

Soldaten ohne konkreten Kriegsbezug stellt Trakl weiterhin positiv dar. So kann das Soldatenleben in ambivalenten Bildkomplexen, die abstoßende und anziehende Bilder des Verfalls kombinieren, auf Stärke und Reinheit verweisen:

Im Spülicht treibt Verfallnes, leise girrt
Der Föhn im braunen Gärtchen; sehr still genießt
Ihr Gold die Sonnenblume und zerfließt.
Durch blaue Luft der Ruf der Wache klirrt.«[11]

Schlachtmotive hingegen bleiben negativ. Letzteres gilt auch für einschlägige Bilder im Kontext des Ersten Balkankriegs, dessen Leiden er nicht rechtfertigen will; zur Gestaltung des Sinndefizits von Kriegsszenen setzt er in »Menschheit« aus dem Herbst 1912 den Reihungsstil ein:

Menschheit vor Feuerschlünden aufgestellt,
Ein Trommelwirbel, dunkler Krieger Stirnen,
Schritte durch Blutnebel; schwarzes Eisen schellt,
Verzweiflung, Nacht in traurigen Gehirnen:
Hier Evas Schatten, Jagd und rotes Geld.[12]

Der Krieg wird mit Hoffnungslosigkeit, geistiger Umnachtung, Sündenfall und lustvollem Gewinnstreben assoziiert; das Pathos der ersten drei Zeilen wird so problematisch.

Als Trakl das Gedicht »Trompeten« zu einem Heft der Zeitschrift »Der Ruf« (Abb. 1) beitrug, das aus Anlass des Balkankriegs erschien, machte er sich Sorgen, dass dessen Wirkung im Kontext kriegerischer Gesänge verzerrt würde.[13] In der ersten Strophe spielen Kinder in einer Sommerlandschaft, die von Soldaten durchritten wird, deren aktueller Kriegsbezug nicht erst erwähnt werden muss:

Unter verschnitteten Weiden, wo braune Kinder spielen
Und Blätter treiben, tönen Trompeten. Ein Kirchhofsschauer.
Fahnen von Scharlach stürzen durch des Ahorns Trauer,
Reiter entlang an Roggenfeldern, leeren Mühlen.[14]

Gefühle über Tod und Verlust werden mit Bildern lebendiger Naturfülle aufgeschönt, doch das Motiv der verschnittenen Weiden verweist auf menschliche Eingriffe, die den Eigensinn der Natur brechen, während die leeren Mühlen auf eine zukünftige Ern-

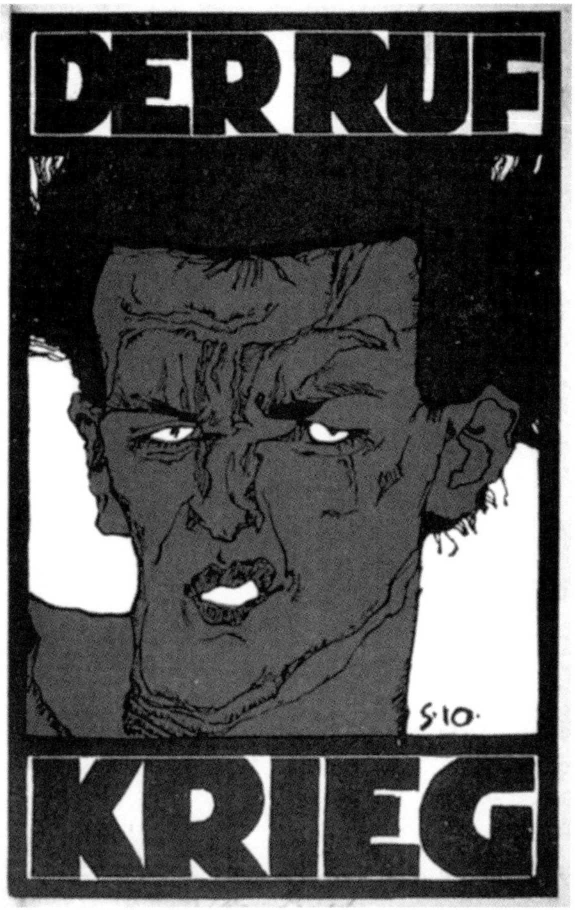

1 Der Ruf. Ein Flugblatt an junge Menschen. Sonderheft Krieg, November 1912, Verlag Brüder Rosenbaum, Wien

te anspielen, bei der ein natürlicher Lebenszyklus von Menschenhand unterbrochen wird; wer die Ernte mit dem Schnitter als Symbol des Todes assoziiert, mag an bevorstehende Kriegstode denken. Ob sich die Soldaten harmonisch ins Bild der Naturfülle fügen oder deren Unterwerfung fortsetzen, bleibt zunächst offen. Die zweite Strophe setzt mit einem Versöhnungsbild ein, intensiviert aber fortschreitend den kritischen Blick auf die Entzweiung von Mensch und Natur:

Oder Hirten singen nachts und Hirsche treten
In den Kreis ihrer Feuer, des Hains uralte Trauer,
Tanzende heben sich von einer schwarzen Mauer;
Fahnen von Scharlach, Lachen, Wahnsinn, Trompeten.

Die Versöhnung von Hirten und wilden Tieren vollzieht sich in einer Natur, die angesichts der menschlichen Verfügung übers Feuer bereits melancholische Züge trägt; Tanz und Gesang werden mit einem negativen Symbol menschlicher Kultur verknüpft; und am Ende wird das Motiv der reitenden Soldaten wieder einbezogen und nun kritisch mit Wahnsinn als einer Form menschlicher Selbstentzweiung assoziiert. Auch das lyrische Ich gerät in den Sog einer Fragmentierung, die im Reihungsstil kritisch ausgedrückt wird.[15]

III.

Ab Herbst 1912 entwickelt Trakl seine mythisch-narrative Lyrik. Wechselfälle von poetisch-sinnlicher Erfüllung und untröstlichen Sinnkrisen werden hier als Aspekte *eines* historischen Prozesses imaginiert. Das lyrische Ich durchläuft uneinheitliche Perspektiven einer Lebens- oder Menschheitsgeschichte, die scheinbar auf heilsgeschichtlichen Sinn verweist. Die entsprechenden Zeichen sind jedoch als ungesicherte poetische Konstrukte erkennbar; der Sinnentzug erstreckt sich nun einmal mehr auf die poetische Setzung idealer Welten.

Kriegsmotive möglicher Welten oder vergangener Epochen nehmen ab der dritten Schaffensstufe oft auch positive Bedeutungen an.[16] Krieg bleibt Zeichen der Entfremdung, doch verweist er meist zugleich auf maskuline Tugenden, die für einen heilsgeschichtlichen Prozess unabdingbar wären: Glaubensstärke, Standhaftigkeit, asketische Bescheidenheit und klare Orientierung; im Spätwerk tritt männliche Schwermut hinzu.[17] Trakls »Abendländisches Lied« imaginiert zunächst eine archaische Kulturstufe, auf der friedliche Demut und blutige Opfer zusammengehören; die »Kriegsleute« in der Nachfolge Christi, »Kreuzzüge« und »glühende[n] Martern« schreiben die Entzweiung von Leben und Sakralem auf ihre Weise fort, und noch die friedlich-frommen Mönche suchen – bei aller Versöhnung mit einer nunmehr wohltätigen Natur – nach Gott. Geistige Sakralität und leiblich-lebendige Schönheit werden erst endzeitlich in einer androgynen Daseinsform der gleichsam Auferstandenen versöhnt.[18] Der religiöse Krieg erscheint in diesem Kontext als innerweltlich vergebliche, bei aller Selbstentzweiung aber auch positiv-heroische Suche nach heiligem Sinn, dessen apokalyptisch erlösende Offenbarung allerdings bloßes poetisches Wunschbild bleibt.[19] In den letzten Werkphasen sind auch Bilder von Kriegern ambivalent: zwar verkörpern sie eine positive, maskulin-geistige Haltung, verweisen aber zugleich auf einen leidhaft erfahrenen Erfahrungszusammenhang. Das gilt auch für den toten Soldaten, der inmitten von Szenen des Verfalls in der melancholischen Erinnerung an einstmaligen Glauben und Stärke aufgeht: »Am Abend versinkt ein Glockenspiel, das nicht mehr tönt, / Verfallen die schwarzen Mauern am Platz, / Ruft der tote Soldat zum Gebet.«[20]

IV.

Trakls späte Lyrik aus dem Jahre 1914 klagt mit trotziger Empörung vergeblich über das Leiden an einer unerlösbaren Welt, die in den Sog eines umfassenden endzeitlichen Verfalls geraten ist; andererseits wird die reinigende Kraft des Untergangs aber auch hymnisch besungen. Einmal mehr werden die Sinnkrisen bisheriger poetischer Idealisierungen als Voraussetzung kritischer Welterkenntnis anerkannt.

Zunächst geht der Sinn der Geschichte im Untergang des Falschen auf, und sofern es sich nicht um empirisch identifizierbare Kriege handelt, kann der militärische Kampf als treibende Kraft eines positiven Endgerichts vorgestellt werden. So wird ein Gewitter als läuternder Ausbruch eines zürnenden Gottes imaginiert, mit dem sich die Jüngsten zwar im Kriegsschrei identifizieren, doch noch die kommende Generation scheint unerlöst:

Der Väter gewaltiger Groll, die Klage
Der Mütter,
Des Knaben goldener Kriegsschrei
Und Ungebornes
Seufzend aus blinden Augen.
O Schmerz, du flammendes Anschaun
Der großen Seele![21]

Der endzeitlich-reinigende Einbruch des Göttlichen wird zwar hymnisch begrüßt, doch das Leid der weiter unerlösten Menschen wird beklagt.

In »Das Herz« markiert ein symbolischer Krieg den Höhepunkt innerer Reinigung von wilder Todesangst. Zunächst dient der Krieg als Kontrastfolie eines noch in der Abwesenheit mitgedachten Friedens:

Des Abends blaue Taube
Brachte nicht Versöhnung.
Dunkler Trompetenruf
Durchfuhr der Ulmen
Nasses Goldlaub,
Eine zerfetzte Fahne
Vom Blute rauchend,

Er löst dabei aber auch melancholische Erinnerungen an die heroische Größe vergangener Zeiten aus:

Daß in wilder Schwermut
Hinlauscht ein Mann.
O! Ihr ehernen Zeiten
Begraben dort im Abendrot.

Am Ende deutet die »steile Festung« zerknickter Tannen auf die kriegerische Bezwingung des angstvoll-unruhigen Herzens, dem nun »[d]ie goldne Gestalt / Der Jünglingin« erscheint.[22]

V.

Im Zusammenhang mit dem Ersten Weltkrieg verweigert sich Trakl erneut der poetischen Aufrüs-

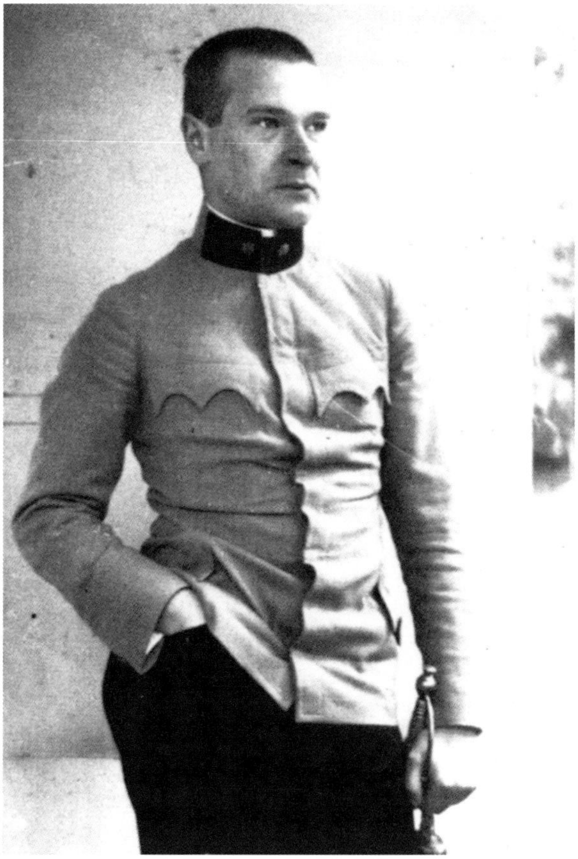

2 Georg Trakl als Medikamentenakzessist (Sanitätsoffizier), Fotografie um 1912

tung; ein Kriegslied, zu dem er sich hinreißen ließ, hatte er schnell wieder vernichtet.[23] Dass er sich freiwillig zum aktiven Dienst gemeldet haben soll (Abb. 2) und in gelöster Stimmung in den Krieg zog, mag auf Kriegsbegeisterung oder die Aussicht auf Entlastung vom überfordernden Zwang des bürgerlichen Zivillebens zurückgehen;[24] auf die Lyrik schlagen positive Kriegsgefühle allerdings nicht durch. Das Gedicht »Im Osten« stellt den Krieg als eine naturwüchsige Entladung »finstre[n] Zorn[s]« dar, und es bezieht würdevoll stilisierte Bilder des Kriegs und seiner Opfer in Szenen eines leidhaften kosmischen Verfalls ein.[25] Diese Endzeit ist aber keine bejahenswerte Reinigung mehr; sie erscheint vielmehr im erprobten Reihungsstil als negative Entfesselung animalischer Gier:

Dornige Wildnis umgürtet die Stadt.
Von blutenden Stufen jagt der Mond
Die erschrockenen Frauen.
Wilde Wölfe brachen durchs Tor.

Die Dornen- und Blutsymbolik spielt auf das Leiden Christi an, suggeriert aber nur noch ein Martyrium ohne verständlichen Sinn.

Auch in Trakls letztem Gedicht »Grodek« (Abb. 3), benannt nach dem Ort einer Schlacht in Ostgalizien, wird der Krieg zum endzeitlichen Ereignis, an dem jede Sinnsuche im Lichte apokalyptischer Denkformen scheitert: poetische Fantasien über erlösende oder zumindest leidhaft reinigende Apokalypsen werden in der Konfrontation mit unausdeutbarem Kriegsleid von innen heraus grundsätzlich zum Scheitern gebracht. Anfangs erscheint das Sterben der Soldaten als empört beklagtes Leiden, das die Schönheit der herbstlichen Natur verdunkelt:

Am Abend tönen die herbstlichen Wälder
Von tödlichen Waffen, die goldnen Ebenen
Und blauen Seen, darüber die Sonne
Düstrer hinrollt; umfängt die Nacht
Sterbende Krieger, die wilde Klage
Ihrer zerbrochenen Münder.

Trakls erster heilsgeschichtlicher Deutungsversuch erwägt die Sicht eines zürnenden Gottes. Offen bleibt, ob sich hier ein Gott des Zorns von Blut gleichsam nährt oder ob dieser Gott vergossenes Blut sammelt, um die Substanz des geopferten Lebens zornig zu retten. Der heilige Urgrund totalen Leidens entzieht sich jeder gesicherten Deutung:

Doch stille sammelt im Weidengrund
Rotes Gewölk, darin ein zürnender Gott wohnt
Das vergoßne Blut in sich, mondne Kühle;
Alle Straßen münden in schwarze Verwesung.

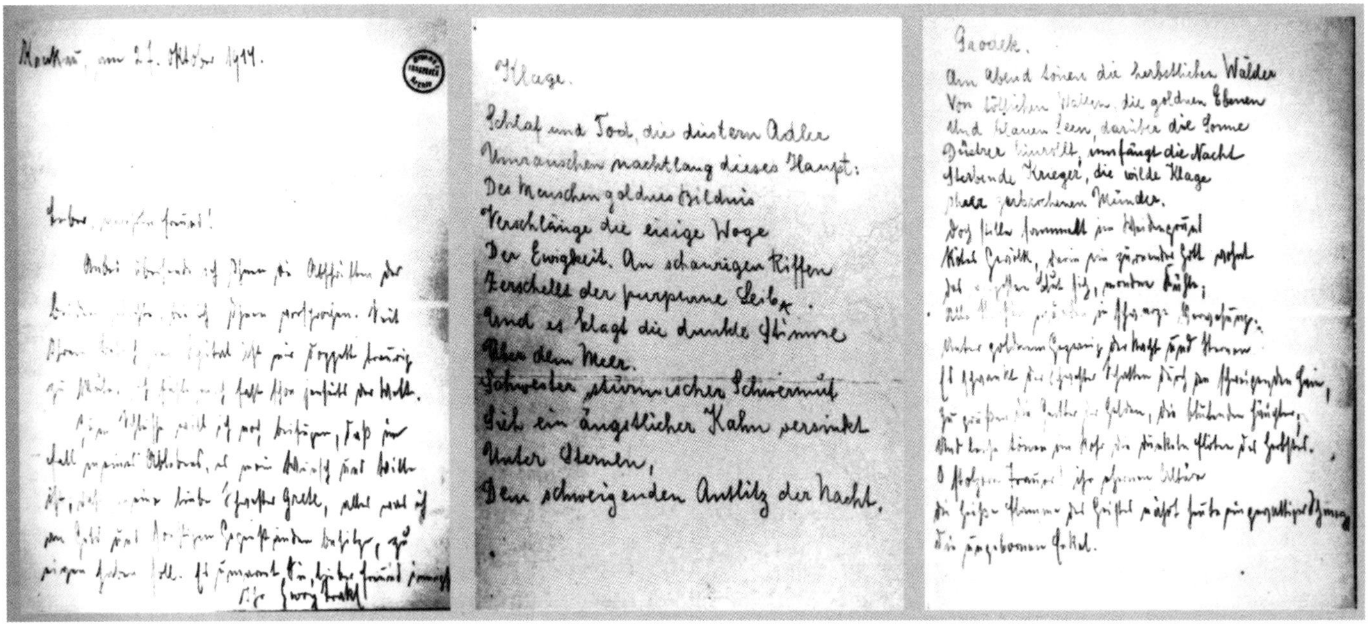

Klage.

Schlaf und Tod, die düstern Adler
Umrauschen nachtlang dieses Haupt:
Des Menschen goldnes Bildnis
Verschlänge die eisige Woge
Der Ewigkeit. An schaurigen Riffen
Zerschellt der purpurne Leib.
Und es klagt die dunkle Stimme
Über dem Meer.
Schwester stürmischer Schwermut
Sieh ein ängstlicher Kahn versinkt
Unter Sternen,
Dem schweigenden Antlitz der Nacht.

Grodek.

Am Abend tönen die herbstlichen Wälder
Von tödlichen Waffen, die goldnen Ebenen
Und blauen Seen, darüber die Sonne
Düstrer hinrollt; umfängt die Nacht
Sterbende Krieger, die wilde Klage
Ihrer zerbrochenen Münder.

3 Georg Trakl: »Testamentsbrief« mit den Gedichten »Klage« und »Grodek«, 3. Blatt [unpag.], 1914

Im zweiten Anlauf erwägt Trakl die geistige Perspektive der Gefallenen. Diese werden von einer versöhnlich anmutenden Figur als Helden begrüßt, bleiben mit blutenden Häuptern aber unerlöst; die Figur ist überdies nicht real präsent, sondern nur als schwankender Schatten. Ob dieser instabile Schein die Substanz geopferter Menschen rettet oder das Sterben im Rahmen herbstlichen Verfalls nur ästhetisiert, bleibt offen:

Unter goldnem Gezweig der Nacht und Sternen
Es schwankt der Schwester Schatten durch den schweigenden
Hain,
Zu grüßen die Geister der Helden, die blutenden Häupter;
Und leise tönen im Rohr die dunkeln Flöten des Herbstes.

Der dritte Deutungsansatz bezieht sich auf den Geist der Lebenden. Deren Versuch, Trauer und Opfer mit Stolz und Härte im Namen eines höheren Sinns anzunehmen, nährt sich aber einzig vom Schmerz, und die Zukunft bleibt unbestimmt. Der endzeitliche Untergang wirkt weder erlösend noch kathartisch:

O stolzere Trauer! ihr ehernen Altäre
Die heiße Flamme des Geistes nährt heute ein gewaltiger
Schmerz,
Die ungebornen Enkel.[26]

Die Sinnsuche in den Formen des religiösen Glaubens, der verklärenden Poesie und eines stoischen Ethos scheitert. Ob der Gott gut ist oder böse, ob der ästhetische Schein erweckt oder verdunkelt, und ob sich der stoische Geist im Schmerz erhält oder verzehrt, ist nicht mehr zu entscheiden.

VI.

Punktuell können Trakls Lebenskrisen und seine apokalyptischen Perspektiven einander wechselseitig erhellen;[27] sein Todeswunsch angesichts des Kriegsleidens bei »Grodek« und sein Ende durch eine Überdosis Kokain in der Militärpsychiatrie verweisen ebenso auf eine umfassende Sinnkrise wie das Endzeitbewusstsein der letzten Gedichte. Diese Bezüge haben die ältere Forschung teils dazu verleitet, die zeitgeschichtlichen, biografischen und poetischen Perspektiven seines Spätwerks als Endpunkte einer teleologischen Verfallsgeschichte zu betrachten;[28] solche Spekulationen sind indessen unbelegbar, und sie lassen die Brüche zwischen jenen Blickwinkeln sowie den spezifisch konstruktiven Aspekt der letzten Kriegsgedichte außer Acht. So hatte der Österreicher Trakl in Deutschland vor allem das Zentrum eines abstoßend mächtigen Erwerbsbürgertums erblickt und die Religiosität der russischen Kultur als Gegengewicht zur ökonomischen und urbanisierten Moderne begrüßt, was seiner Teilnahme an einem Krieg gegen Russland an der Seite Deutschlands indessen nicht im Wege stand,[29] und noch in den letzten Gedichten gelingt es Trakl, sein poetisches Verfahren der Beschwörung gestörten Sinns zu erneuern.

Das Vorkriegsgedicht »Die Schwermut« verwendet die Kriegerfigur noch als Symbol für den endzeitlichen Heroismus, sich der vergeblichen Empörung über leidhaften Sinnentzug hinzugeben, und der Kriegstod symbolisiert die selbstzerstörerisch genossene Hingabe an einen ausweglosen Widerstand. Der abschließende Übergang zu einem friedvollen, androgyn erlösten Weltzustand bringt zwar kein neues Leben mehr mit sich, offenbart aber Schönheit im Verfall:

Ihr Soldaten!
Vom Hügel, wo sterbend die Sonne rollt
Stürzt das lachende Blut –
Unter Eichen
Sprachlos! O grollende Schwermut
Des Heers; ein strahlender Helm
Sank klirrend von purpurner Stirne.
Herbstesnacht so kühle kommt,
Erglänzt mit Sternen
Über zerbrochenem Männergebein
Die stille Mönchin.[30]

Die beiden Weltkriegsgedichte Trakls harren in einem anderen Widerspruch aus; hier ist das Kriegsleid mit der ästhetischen Bejahung apokalyptischer Ambivalenzen grundsätzlich unvereinbar. Das faktische Leiden ist so unsäglich, dass die Idee leidhafter Reinigung nicht mehr greift, und es ist so umfassend, dass der Glaube an einen erlösenden Übergang nicht mehr überzeugt. Das lyrische Ich erhält sich im Konflikt von apokalyptischer Sinnsuche und mehrdeutiger Kriegserfahrung, und dieses produktive Verfahren sollte über dem Befund einer umfassenden Sinnkrise von Leben, Krieg und Werk nicht vernachlässigt werden.

VII.

Die Verwandtschaften der Werke, deren Fortsetzung durch den Kriegstod vereitelt wurde, spiegeln oft allgemeinere kulturhistorische Zusammenhänge, die hinlänglich bekannt sind; vitalistische und apokalyptische Denkformen bei Trakl und anderen Frühverstorbenen sind nur ein Beispiel dafür. Wie Trakl, so verwendet auch Ernst Stadler Motive des militärischen Kampfes als positive Symbole des Ausbruchs von Vitalität, ohne diese Methode auf reale Kriegserfahrungen zu übertragen. Doch während Stadler aus messianischer Sicht den Aufbruch zur Erfüllung zelebriert, zeigen Trakls Symbole des reinigenden Kampfes »kupierte« Apokalypsen ohne Erlösung; vitalistische Kampfbilder und kupierte Apokalypsen finden sich vielmehr in expressionistischen Gedichten Alfred Lichtensteins, der an der Westfront fiel.[31] Ob prägnante Übereinstimmungen einzelner Spielarten allgemeiner Trends auf ein besonderes Profil kriegsbedingter Verluste verweisen, wäre im Rahmen einer Gesamtschau freilich erst noch zu ermitteln; auch die folgenden Vergleiche sind heuristischer Natur.

Trakls Betonung der formalen Bezüge poetischer Gebilde mag an Kompositionsverfahren in Bildwerken von Hermann Stenner oder Franz Nölken erinnern; die formgläubige Lyrik Trakls verdankt sich aber dem paradoxen Glauben an einen Eigensinn poetischer Prozesse, die den Geltungsanspruch ihrer eigenen Formen relativieren. Poetische Gebilde dienen der Bezugnahme auf ein Anderes, dessen Macht sich in der Diskontinuität ihrer Effekte anzeigt, ohne in deren verrätselten Formen aufzugehen.[32] Die Formgebung ist kein ästhetischer Selbstzweck oder bloßes Mittel zur Weltflucht; sie ist ein kunstreligiöses Exerzitium mit zeitkritischem Anspruch.[33] Für die Methode, das metaphysische Andere mit autonomen Chiffren einzukreisen, findet sich im Formbewusstsein bei Stenner oder Nölken jedoch keine Entsprechung.

Mit August Stramm teilt Trakl den Anspruch, einen unpersönlichen Gehalt des Ausdrucks von beschädigter Identität herauszuarbeiten. Beide arbeiten sich an der Krise der Erlebnislyrik ab, die Ausschnitte der Umwelt eines Betrachters als Symbol innerer Sinnzusammenhänge vor Augen führen will, und in beiden Fällen erleidet das Ich, das um einen sinnfälligen Ausdruck innerer Kohärenz ringt, eine Grundlagenkrise. Diese Krise ist eine besondere Variante der Ich-Problematik, die den literarischen Expressionismus insgesamt kennzeichnet: die Suche nach einem metaphysisch gerechtfertigten Ursprung innerer Kontinuität scheitert an unpersönlichen Prozessen, die jeden Anspruch auf subjektive Autonomie durchkreuzen.[34] Wenn Trakl und Stramm das Unpersönliche ihrer Gedichte unterstreichen und Ansprüche auf lyrische Selbstaussprache zurückweisen, betonen sie die anonyme Eigendynamik poetisch evozierter Prozesse;[35] dass diese Anonymität im Unterschied zum Symbolismus immer auch ein beschädigtes Ich ausdrückt,[36] lassen sie tendenziell in den Hintergrund treten. Ob das Gewicht solcher Bezüge für die Werke der Frühverstorbenen einen besonderen Schwerpunkt kriegsbedingter Verluste anzeigt, sei dahingestellt.

Zwar führt Trakl ab der zweiten Werkphase unermüdlich vor Augen, dass die Suche nach substanzieller Wahrheit in der sinnlichen Erfüllung ästhetischer Ansprüche nicht aufgehen kann; andererseits stellt er religiöse Praktiken, die für leibliche Bedürfnisse nach sinnlicher Fülle unempfindlich sind, kritisch dar. Trakl harrt in einem unlösbaren Konflikt zwischen vitaler Diesseitsbejahung und religiösem Sündenbewusstsein aus, was auch auf religiöse Motive durchschlägt: so kann die Figur des Mönchs auf ein friedliches Leben verweisen (s. »Abendländisches Lied«), dient aber meist einer vitalistisch geprägten Kritik pervertierender Folgen eines leib- und sinnenfeindlichen Christentums.[37] Mit Franz Marc teilt Trakl den Versuch, mit Bildern animalischen Leids zur Epiphanie vorzudringen; beide assoziieren blaufarbene Motive jagdbaren Wildes mit der Passion Christi,[38] um kritisch nach dem geistigen Sinn des leidenden Körpers zu fragen. Ob Konstellationen von Animalität und Sakralität gerade für die Werke der im Ersten Weltkrieg früh verstorbenen Poeten und bildenden Künstler besonders relevant sind, wäre noch zu prüfen.

1 Siehe dazu Hans-Georg Kemper: »Und dennoch sagt der viel, der ‚Trakl' sagt.« Zur magischen Verwandlung von sprachlichem »Un-Sinn« in Traklschen »Tief-Sinn«, in: Károly Csúri (Hg.): Georg Trakl und die literarische Moderne, Tübingen 2009, S. 20–30.

2 Die Phaseneinteilung und -darstellung orientiert sich eng an Hans-Georg Kemper: Nachwort, in: ders. und Frank Rainer Max (Hg.): Georg Trakl. Werke – Entwürfe – Briefe, Stuttgart 1995, S. 269–320; zu Unterschieden der dritten und vierten Phase siehe auch Kemper 2009 (wie Anm. 1).

3 Brief an Hermine von Rauterberg, Wien, 5.10.1908, in: Kemper/Max 1995 (wie Anm. 2), S. 214–215, hier S. 214.

4 Trakl hat den Militärdienst im Einklang mit familialen Statusvorstellungen klaglos, aber auch leidenschaftslos abgeleistet; bei aller Abneigung gegen

formelle Reglements hebt sich die soldatische Askese von der Gewinnorientierung eines Erwerbsbürgers für Trakl angenehm ab (siehe Hans Weichselbaum: Georg Trakl. Eine Biographie mit Bildern, Texten und Dokumenten, Salzburg 1994, S. 37, 68, 91, 99 u. 124); siehe auch Anm. 13.

5 In: Kemper/Max 1995 (wie Anm. 2), S. 14–15, hier S. 15.

6 »Heiterer Frühling« (2. Fassung), ebd., S. 31–33, hier S. 31.

7 »An Angela« (2. Fassung), ebd., S. 138–140, hier S. 140 (vermutl. zwischen zweiter Hälfte 1911 und April 1912 geschr.; zur Datierung beider Fassungen vgl. Walther Killy und Hans Szklenar (Hg.): Georg Trakl. Dichtungen und Briefe, 2 Bde. (Salzburg 1969), Bd. II, S. 381). Die erste Fassung assoziiert die Schlacht zwar mit verworrener Triebhaftigkeit, doch im ambivalenten Gesamtbild überwiegen positive Züge: »Doch machmal kehrt der Geist zu Kampf und Spiele (.) // In goldnen Wolken wohnt ein Schlachtgewühle. / Und Hyazinthnes treibt aus wirren Kressen.« (Killy/Szklenar 1969 (wie Anm. 7), Bd. I, S. 284–285, hier S. 284). Eine verwandte Spielart dieses Bildes findet sich in »Märchen«: »Und manchmal hört den Faun man gräßlich schrein. // Sein goldnes Grinsen zeigt sich grell im Hain. / In Kressen tobt der Hummeln Schlachtgetümmel, / Ein Reiter trabt vorbei auf fahlem Schimmel. / Die Pappeln glühn in ungewissen Reihn.« (ebd., Bd. I, S. 161). »Entstanden« ist das Gedicht »vielleicht 1910 oder 1911« (ebd., Bd. II, S. 377). Hier wirkt die Schlacht noch nicht ekelhaft-abstoßend, erscheint aber bereits in einer Reihe ästhetisch ambivalenter Bilder und Klänge.

8 Brief an Erhard Buschbeck (in Salzburg), Wien, zweite Hälfte Juli 1910, in: Kemper/Max 1995 (wie Anm. 2), S. 219–220, hier S. 220.

9 Vgl. dazu Kemper 1995 (wie Anm. 2), S. 293–299 u. Kemper 2009 (wie Anm. 1), S. 5–9.

10 Brief an Irene Amtmann (in Wien), Salzburg, Frühherbst 1910 oder 1911, in: Kemper/Max 1995 (wie Anm. 2), S. 253–254, hier S. 254.

11 »In der Heimat«, ebd., S. 40. In »Unterwegs« verstärkt eine Wache den Eindruck einer vom Vogelflug suggerierten Bedrohung, ist aber als eine schützende Macht zugleich positiv konnotiert: »Der dunkle Flug der Dohlen; am Platz zog eine Wache auf.« (ebd., S. 54–55, hier S. 54).

12 In: Kemper/Max 1995 (wie Anm. 2), S. 27.

13 S. den Brief an Erhard Buschbeck (in Wien), Innsbruck, erste Hälfte (?) November 1912, in: Killy/Szklenar 1969 (wie Anm. 7), Bd. I, S. 494. Während seiner Arbeit in der Garnison hat Trakl die kriegsbedingte Steigerung beruflicher Anforderungen vornehmlich als Störung der literarischen Arbeit wahrgenommen; sein Ausruf »Es lebe der Krieg« ist in diesem Kontext ironisch zu verstehen (s. Weichselbaum 1994 (wie Anm. 4), S. 122).

14 In: Kemper/Max 1995 (wie Anm. 2), S. 30. »Das realitätsnähere Bild einer Variante: »Scharlachfarben, Marschtakt stürzt durch Staub und Stahlschauer« (1. Strophe, 3. Zeile) hat Trakl wieder fallengelassen.« (Weichselbaum 1994 (wie Anm. 4), S. 195, Fn. 102 zu Kp. 3). In der Schlussfassung wird der Bezug zur zeitgenössischen Kriegswirklichkeit nicht über Motive aus einer Schlacht, sondern mit Bildern aus dem militärischen Leben hergestellt, deren Situationsbezug unterbestimmt bleibt.

15 »Die letzte Zeile«, so Trakl in einem Brief (zit. in Anm. 13), »ist eine Kritik des Wahnsinns, der sich selbst übertönt.« (Killy/Szklenar 1969 (wie Anm. 7), Bd. I, S. 494).

16 Vgl. die Schlachtmotive im Gedicht »Nachtseele«: »Blut und Waffengetümmel vergessener Zeiten / Rauscht das Wasser im Föhrengrund«. In der zweiten Fassung ersetzt Trakl »vergessener« durch »vergangener« und streicht »das Wasser«; in der dritten wird »vergangener« zu »vergangner« (in: Killy/Szklenar 1969 (wie Anm. 7), Bd. I, S. 184–186).

17 Zur maskulinen Codierung der Schwermut vgl. Kemper/Max 1995 (wie Anm. 2), S. 73 u. 110; zur Kopplung von Krieg, Männlichkeit und Melancholie siehe ebd., S. 103–104 u. 108.

18 Ebd., S. 77–78.

19 Ähnlich verfährt Trakl in »Psalm«, in: ebd., S. 36–37.

20 Aus »Helian«, ebd., S. 46–49, hier S. 48. Als zürnend richtender Streiter für die Wahrheit trägt der als Magier verehrte Karl Kraus den »blaue[n] Panzer des Kriegers« (in »Karl Kraus«), und das soldatische Weitergehen eines Betrunkenen in feindlicher Umgebung in »Winternacht« bekundet Durchhaltevermögen (ebd., S. 80 u. 83).

21 Ebd., S. 105–106, hier S. 105.

22 Ebd., S. 103–104.

23 Zum Kontrast von Trakls »Grodek« mit der zeitgenössischen Kriegslyrik vgl. Johann Holzner: Lyrik im Umfeld von Georg Trakls »Grodek«, in Csúri 2009 (wie Anm. 1), S. 235–248; der Hinweis auf das verworfene Kriegsgedicht findet sich in von Fickers Entwurf eines Briefs vom 20.11.1914 an Karl Emerich Hirt (ebd., S. 236–237).

24 Vgl. dazu Eberhard Sauermann: Literarische Kriegsfürsorge. Österreichische Dichter und Publizisten im Ersten Weltkrieg, Wien 2000, S. 50–53, sowie Weichselbaum 1994 (wie Anm. 4), S. 166.

25 »Die purpurne Woge der Schlacht, / Entlaubter Sterne. // Mit zerbrochenen Brauen, silbernen Armen / Winkt sterbenden Soldaten die Nacht. / Im Schatten der herbstlichen Esche / Seufzen die Geister der Erschlagenen.« (in: Kemper/Max 1995 (wie Anm. 2), S. 111).

26 Ebd., S. 112. S. auch Holzner 2009 (wie Anm. 23), S. 245–246.

27 Vgl. Jacques Le Rider: Zur Intermedialität von Text und Bild bei Trakl, in: Csúri 2009 (wie Anm. 1), S. 113–122, hier S. 121–122.

28 Vgl. Erwin Mahrholdt: Der Mensch und Dichter Georg Trakl, in: Hans Szklenar (Hg.): Erinnerung an Georg Trakl: Zeugnisse und Briefe, Salzburg 1966, S. 21–90, hier S. 59 u. 61.

29 Weichselbaum 1994 (wie Anm. 4), S. 99 u. 166.

30 Kemper/Max 1995 (wie Anm. 2), S. 108 (entst. Juni 1914; s. Killy/Szklenar 1969 (wie Anm. 7), Bd. I, S. 298). Eine Variante des Helmmotivs findet sich in »An« (ebd., Bd. I, S. 413); hier dient der Schlachtentod als Bild des erlösenden, still-besänftigenden Beginns einer inneren Heimkehr; nicht der Krieg wird gefeiert, sondern die Befreiung von den Zwängen des Kampfes.

31 Vgl. Werner Kohlschmidt: Ernst Stadler, in: Wolfgang Rothe (Hg.): Expressionismus als Literatur. Gesammelte Studien, Bern u. München 1969, S. 277–294, hier S. 289–291, u. Klaus Vondung: Die Apokalypse in Deutschland, München 1988, S. 106 u. 369.

32 Frank Krause: Sakralisierung unerlöster Subjektivität. Zur Problemgeschichte des zivilisations- und kulturkritischen Expressionismus, Frankfurt a.M. 2000, S. 73–107 u. 478–516.

33 Zu sprachmagischen Ansprüchen solcher Übungen s. Kemper 2009 (wie Anm. 1), S. 20–28.

34 S. Hans-Georg Kemper: Im Winter (I), in: ders. (Hg.): Gedichte von Georg Trakl, Stuttgart 1999, S. 43–59, hier S. 44–48, Frank Krause: Literarischer Expressionismus, Paderborn 2008, S. 52–54, u. Krause 2000 (wie Anm. 32), S. 150–153.

35 Vgl. Weichselbaum 1994 (wie Anm. 4), S. 101 u. 117.

36 Rémy Colombat: Expressionismus und französischer Symbolismus im Zusammenhang der lyrischen Moderne, in: Frank Krause (Hg.), Frankreich und der deutsche Expressionismus, Göttingen 2008, S. 45–58.

37 Hans-Georg Kemper: Zwischen Dionysos und dem Gekreuzigten. Georg Trakl und der Expressionismus, in: Wolfgang Braungart, Gerhart Fuchs u. Manfred Koch (Hg.): Ästhetische und religiöse Erfahrungen der Jahrhundertwenden, II: um 1900, Paderborn 1998, S. 141–169, hier S. 148–153 u. 154–156, Fn 54, 56 u. 57.

38 Roland Mönig: Franz Marc und Georg Trakl. Ein Beitrag zum Vergleich von Malerei und Dichtung des Expressionismus, Münster 1996, S. 77–99.

HELDENSCHMIEDE JOHANN KINAU
GORCH FOCK UND DER KRIEG

RÜDIGER SCHÜTT

Gorch Fock: Unter diesem Namen publizierte der Schriftsteller Johann Kinau in den Jahren vor dem Ersten Weltkrieg und auch während des Krieges viel gelesene Erzählungen, einen überaus erfolgreichen Roman sowie einige Gedichte, darunter Kriegslyrik. 1916 starb er in der Seeschlacht am Skagerrak. Leben und Werk Kinaus wurden propagandistisch eingesetzt, im Ersten wie im Zweiten Weltkrieg.[1] Unter seinem markanten Pseudonym etablierte sich ein Mythos, der bis in die Gegenwart hinein strahlt. Bei der Analyse des Phänomens Gorch Fock (Abb. 1) geht der Blick auf den engen Zusammenhang von Krieg und Mythenbildung, auf Aspekte, die dazu beigetragen haben, dass Johann Kinau vom ›Sänger der See‹ zu einem Kriegs- und Heldendichter mutieren konnte, als der er ebenso gefeiert wie, später, geschmäht wurde.

DER MYTHOS

1926: Gorch Fock, obwohl seit zehn Jahren tot, ist auf einem Höhepunkt seines literarischen Erfolges. »Meyers Lexikon« schreibt über den Schriftsteller, dessen fünfbändige Werkausgabe[2] ein Jahr zuvor erschienen ist: »Fock ist ein starker, realistischer Darsteller, voll Gemütstiefe, Humor und Liebe zu Heimat und Volk.«[3] »Kindlers neues Literatur-Lexikon« von 1988[4] behandelt vier Werke von Gorch Fock: zwei Theaterstücke (»Cili Cohrs« und »Doggerbank«), den Erzählband »Hein Godenwind« sowie seinen einzigen Roman, seinen heute wohl bekanntesten Text »Seefahrt ist not!«. Nicht verzeichnet sind seine in hoher Auflage gedruckten Kriegsgedichte, erschienen 1914/15. Als Ursachen für Kinaus großen Erfolg nennt das Killy-Literaturlexikon von 2008 »neben der geschickten Verarbeitung populärer Stoffe des Abenteuerromans auch die Übereinstimmung mit herrschenden Zeitströmungen: Heimatliebe, Nationalismus, das martial.[ische] Männlichkeitsideal u.[nd] vor allem die wilhelmin.[ische] Begeisterung für Seefahrt u.[nd] Kriegsmarine«[5]. Heute ist Gorch Fock für viele zuallererst ein Mythos.[6] Ein Mythos von Seefahrt und Abenteuer, der sich am besten in der Popularität des nach ihm benannten Segelschulschiffes der Bundesmarine widerspiegelt und der auch außerhalb Deutschlands lebendig ist.[7]

Während der Mythos lebt, ist der Schriftsteller Gorch Fock weitgehend vergessen. Angehörigen der jüngeren Generation ist sein Werk zumeist unbekannt, und auch in der Literaturwissenschaft hat die ehemals so prominente Figur an Bedeutung verloren. Aus neueren Auflagen von Kindlers Literatur-

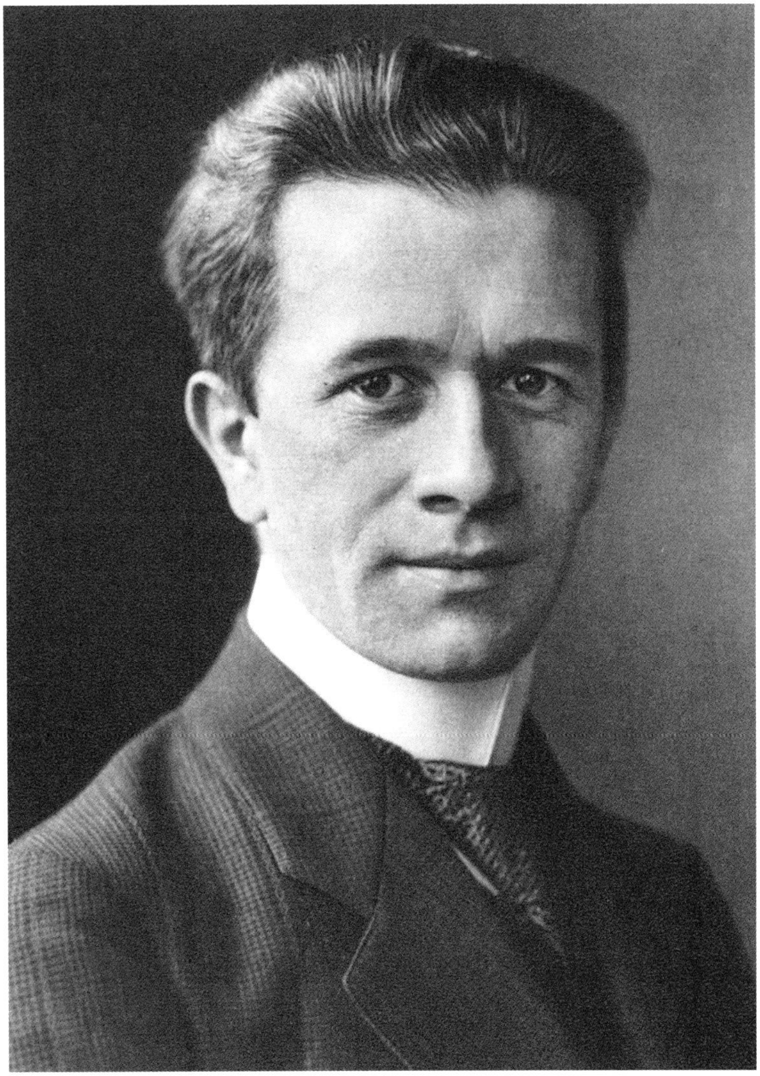

1 Johann Kinau alias Gorch Fock (1880–1916), um 1913

lexikon ist ihr Name verschwunden. Dabei hat Gorch Fock über Jahrzehnte ganze Schülergenerationen begleitet. Bis 1966 gehörten seine Werke zur Pflichtlektüre an deutschen Schulen.[8] Seine Schriften waren fester Bestandteil des Schulunterrichts, spätestens seitdem die Hamburger Oberschulbehörde 1913 »Seefahrt ist not!« (Abb. 2) an alle Schüler der Abschlussklassen als Weihnachtsgeschenk verteilt hatte – wohlgemerkt: nur an die männliche Jugend. Das im Roman gepriesene Männlichkeitsideal schien auch unter pädagogischen Aspekten verbreitungswürdig. Mit der Verankerung in den Lehrplänen begann die staatlich geförderte Rezeption seiner Schriften. Gorch Fock wurde zum »Dichter neuer deutscher Jugend«[9] ausgerufen und zur Leitfigur mit Vorbildcharakter stilisiert. Durch seinen frühen Tod als Soldat umwehte den Autor ja selbst »jener geheimnisvolle Zauber ewiger Jugend«,[10] wie der Hamburger Bürgermeister Werner von Melle bei der Gorch-Fock-Gedenkfeier 1916 feststellte: »Ein Tod aber, wie er ihm beschieden, ein echter Seemannstod, ein Tod im heißen siegreichen Kampfe für Deutschlands Seegeltung, er war, so sehr wir das frühe Scheiden des Dichters beklagen, doch ein volltönender Abschluß dieses ganz von der Liebe zur See und zur Seefahrt erfüllten Lebens. Ein Tod war es, wie er ihn selbst in ›Seefahrt ist not‹ aus begeistertem Herzen heraus geschildert. ›Groß‹, so heißt es dort, ›und königlich, wie er gelebt hatte, starb er, als ein tapferer Held, der weiß, daß er zu seines Gottes Freude gelebt hat, und daß er zu den Helden kommen wird.‹«[11]

Unmittelbar nach der Nachricht vom Tod des Schriftstellers setzte der Prozess seiner Glorifizierung ein. Sein ›Heldentod‹ wurde dazu genutzt, das Werk unangreifbar zu machen und die reale Person ins Übermenschliche zu stilisieren. Gorch Fock wurde zu einer Art Gott deklariert – unsterblich. Sein Freund Hinrich Wriede schrieb in seinem Nachruf: »Aber gerade weil Johann Kinau im Kampfe den Seemannstod gefunden hat, gerade daher wird Gorch Fock [...] ewig leben.«[12] Sicher ist, dass Kinaus Glorifizierung unmittelbar mit seinem Leben und Werk im Ersten Weltkrieg zusammenhängt. Ohne den Krieg wäre er womöglich die literarische Lokalgröße geblieben, die er lange Zeit war: ein Verfasser maritimer Angelegenheiten. Ohne Krieg kein Mythos.

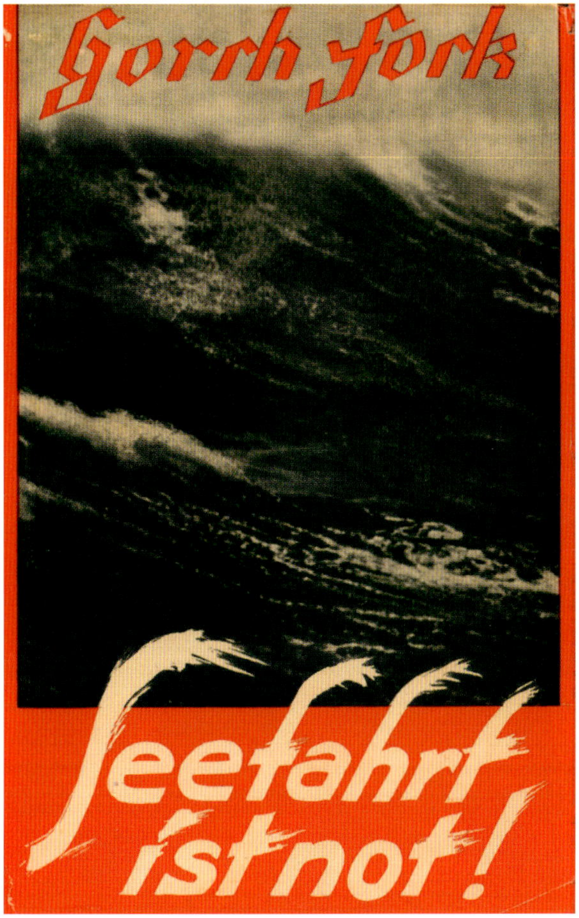

2 Umschlag der 1936 erschienenen Auflage (213.–218. Tausend) von Gorch Focks Erfolgsroman »Seefahrt ist not!«

ZWISCHEN KULTURLANDSCHAFT UND WILDNIS

Gorch Fock wurde als Johann Wilhelm Kinau am 20. August 1880 auf der Hamburger Elbinsel Finkenwerder geboren.[13] Er war das älteste von sechs Kindern des Hochseefischers Heinrich Wilhelm Kinau und der aus dem Alten Land stammenden Metta. In Finkenwerder hatte sich, bedingt durch seine abgeschiedene Lage, vieles erhalten, was in der benachbarten Großstadt schon nicht mehr vorhanden war: Traditionen, Brauchtum, Trachten waren hier noch lebendig. Kinau hat das Finkenwerder seiner Kindheit als ein Idyll beschrieben, als eine eigentümliche Mischung aus Kulturlandschaft und Wildnis.[14]

Aber es gab es auch die andere Seite: Die Unbilden der Natur, Wind und Wetter, waren eine ständige Bedrohung für die Küstenbewohner. Dazu kam die fortschreitende Industrialisierung des Fischfangs. Große Dampfer machten den Fischern Konkurrenz, da sie viel weiter aufs Meer hinausfahren konnten als die kleinen Segelschiffe (die sogenannten Ewer) und so die wirtschaftliche Existenz von Fischerfamilien wie den Kinaus gefährdeten. Ein gnadenloser Wettbewerb setzte ein, in dem die Finkenwerder immer weiter hinaus auf See und schließlich auch zu jeder Jahreszeit fahren mussten. In dieser Mischung aus Seefahrerromantik und harter ökonomischer Realität wuchs Kinau auf. Von der Seefahrt fasziniert, war sein Berufswunsch wie selbstverständlich Fischer. Doch stellte sich bald heraus: Johann Kinau litt unter Seekrankheit, war also vollkommen ungeeignet für den Beruf des Hochseefischers. Ein Schock! Der Jugendliche flüchtete in die Welt der Fantasie, schrieb erste Erzählungen und Gedichte, die das Leben an der Küste und den Alltag der Fischer thematisieren.

Ab 1895 absolvierte Kinau eine Kaufmannsausbildung bei Bremerhaven, anschließend arbeitete er mehrere Jahre als Buchhalter und Kontorist in Meiningen, Bremen und Halle, bevor er 1904 nach Hamburg zurückkehrte. Hier erhielt er eine Stelle bei der Zentraleinkaufsgesellschaft deutscher Kolonialwarenhändler, später, 1907, wechselte er zur Hamburger Großreederei HAPAG, wo er als leitender Buchhalter arbeitete. Kinau baute sich eine bürgerliche Existenz auf: 1908 heiratete er; mit seiner Frau Rosa Elisabeth hatte er drei Kinder. Allerdings pflegte er daneben eine außereheliche Beziehung zur Schauspielerin Aline Bußmann, die er als seine ›Muse‹ bezeichnete.[15]

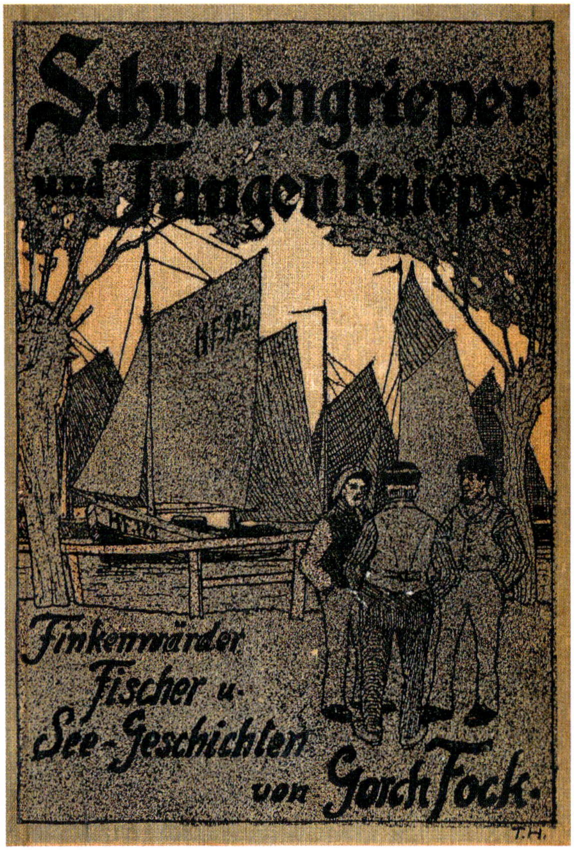

3 Gorch Fock: Schullengrieper und Tungenknieper: Finkenwärder Fischer- und Seegeschichten, Hamburg 1910. Einbandillustration von Theodor Herrmann

Nach der Arbeit im Büro – abends und nachts – schrieb Kinau unermüdlich. Seine vorwiegend auf Plattdeutsch verfassten Erzählungen gewannen an Farbe und Kontur und es gelang ihm, erste Texte in Hamburger Tageszeitungen unterzubringen.[16] Er engagierte sich in den literarischen Kreisen Hamburgs, knüpfte Kontakte und baute sich ein Netzwerk auf. Dann erschien 1910 sein erster Band mit Erzählungen »Schullengrieper und Tungenknieper«[17] (Abb. 3), der erfolgreich war und sich gut verkaufte. Weitere Erzählbände folgten und festigten Kinaus Ruf als humor- und gemütvoller, aber seichter Unterhaltungsautor. Doch Kinau – Gorch Fock – wollte mehr: Er brannte darauf, einen Roman zu schreiben, der sich nicht in der Widerspiegelung von Lokalkolorit erschöpfen sollte, sondern mit dem er Kritik an der rasanten Modernisierung und Industrialisierung Deutschlands zu Beginn des 20. Jahrhunderts üben wollte.

ZWISCHEN HOCHDEUTSCH UND PLATTDEUTSCH

Denn der sensible Fischersohn sah die Welt seiner Kindheit in Gefahr: die Welt der Segelschiffe, das dörfliche Miteinander, die gegenseitige Solidarität. Und er bemerkte, dass seine Muttersprache, das Plattdeutsche, von immer weniger Menschen gesprochen und verstanden wurde. Er schloss sich der »Freien Vereinigung von Freunden der niederdeutschen Sprache und Literatur«[18] an, wurde einer ihrer Wortführer. Wie ernst, fast schon fanatisch es Kinau mit der Bewahrung des Plattdeutschen und der Modernisierungskritik war, bezeugt ein Tagebucheintrag von 1909: »Ein plattdeutscher Sturmverein muß kommen, ein begeisternder und begeisterter Jugendbund! Alles ist so matt, so geschäftskühl: übers Ziel zu schießen wagt keiner, so wird es auch keiner erreichen! Ein Kerl müsste kommen, bereit, sich auslachen, kreuzigen oder krönen zu lassen, der auf den Tisch rammte und sagte: So! Van nu af an snack ick blos noch plattdütsch! Ick kann keen hochdütsch mihr!«[19]

Kinaus Roman »Seefahrt ist not!«, der ihn überregional bekannt machen sollte, erschien pünktlich zum Weihnachtsgeschäft im Dezember 1912 und wurde zu einem Bestseller, ja fast kann man sagen: zu einem Weltbestseller.[20] Aber das konnte nur gelingen, weil er den Text – entgegen seiner ursprünglichen Absicht – auf Drängen seines Verlages auf Hochdeutsch verfasst hatte, wegen der besseren Absatzmöglichkeiten.

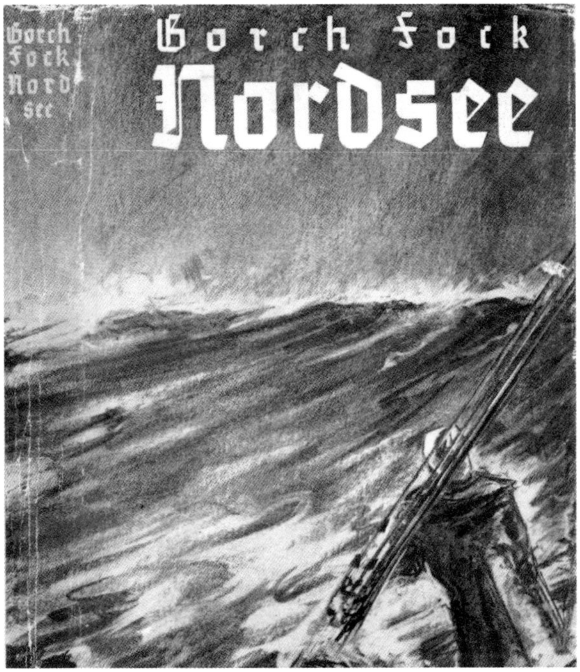

4 Gorch Fock: Nordsee. Erzählungen, hg. v. Aline Bußmann, Hamburg: Glogau 1942. Umschlagzeichnung von Franz Rauen

»Seefahrt ist not!« erzählt die dramatische Geschichte des Fischers Klaus Mewes und seines Sohnes, der in die Fußstapfen seines Vaters treten will. Sie endet tragisch, mit dem Tod von Mewes auf See. Eingebettet ist die Handlung in die Welt des Finkenwerder Dorflebens. Ausführlich geschildert ist das In-See-Stechen im Morgengrauen bei eisiger Kälte, das karge Essen an Bord, das mühsame Netzeflicken, die sonntäglichen Gottesdienste, bei denen für eine glückliche Heimkehr der Seeleute gebetet wird. Gorch Focks Romanfiguren sind mutige Männer, die Ideale wie Furchtlosigkeit und Opferbereitschaft verkörpern. Es sind Kämpfertypen, die sich gegen die Naturgewalten stemmen – gegen den Sturm auf See (Abb. 4), gegen die großen Dampfschiffe, gegen die Industrialisierung. Kinau schildert diese Eigenschaften als menschliche Größe. Dabei überzeichnet er so stark, dass das Bild eines Übermenschen entsteht, eines Kämpfers, der, trotz widrigster Umstände, seinen ›Feinden‹ furchtlos entgegentritt. Ein Held! Wo es Kinau jedoch zuallererst um die Verteidigung seiner niederdeutschen Welt ging, verfolgten die sich bei Gorch Fock bedienenden Kriegspropagandisten überregionale Interessen – zum ›Wohle der Nation‹! Und wie die meisten niederdeutschen Exponenten war auch Kinau empfänglich für Nationales, für Patriotisches. Er war Vertreter einer weit verbreiteten Heimatideologie mit ihrer tiefen Skepsis gegenüber den ökonomischen und sozialen Trends der Industrialisierung.[21]

In dem Gedicht »Hamborger Jung«[22], das Gorch Fock seinem im Dezember 1913 erschienenen Erzählband »Hamborger Janmooten« vorangestellt hat, geht es, so kann der Text gelesen werden, schon um eine deutsche Vorherrschaft:

Hamborger Jung: goh in de Welt,
lehr ingelsch un verdeen di Geld,
seuk di de besten Happen ut
un slog de annern op de Snut!
Paß op den Kneel und reih nich bi:
Di könt se all, versteihst du mi?
Spel jümmer leber Herr as Knecht:
De Boos is, de hett jümmer Recht.
Holl vull dien Seils, lot weihn dien Flagg,
segg de Schinesen Goden Dag,
goh gern mol op de Tigerjagd,
nimm gern mol Mexiko in Pacht,
stieg no de Pyramiden rop,
stell de Molukken op den Kopp,
keup bi de Lappen Tron und Smeer,
verkeup de Inkas Köm un Beer […][23]

Der »Hamborger Jung« soll die Welt erkunden und sie dabei am besten gleich »in Pacht« nehmen. Er soll sich durchsetzen, soll, so Gorch Focks Ratschlag, den anderen »op de Snut«, »auf die Schnauze«, schlagen. Er soll sich niemals einreihen und lieber »Herr« sein als »Knecht«, denn: »De Boos is, de hett jümmer Recht«, der Chef hat immer Recht.

Aus der Außenseiterposition des Niederdeutschen etabliert sich in Gorch Focks Texten ein Selbstbewusstsein, das zum einen – natürlich – Lokalpatriotismus beinhaltet, zum anderen aber auch ein stark ausgeprägtes Nationalgefühl.

In der unmittelbaren Vorkriegszeit waren die Vorstellungswelten aller Niederdeutschen und darüber hinaus vieler junger hochdeutscher Schriftsteller, auch derjenigen, die sich zur Avantgarde zählten, eingenommen von einem diffusen Ideal von Heimat, oft beeinflusst von der damals populären Heimatschutzbewegung. An die Heimatbegeisterung eng gekoppelt war eine anti-industrielle Sozialromantik, die auch in Kinaus Werk zum Ausdruck kommt. Und: Wer sich so nachdrücklich auf das Volk, die Volkssprache, das Volkstum berief wie die Niederdeutschen, für den stand außer Frage, dafür auch im Krieg zu kämpfen – im Feld oder aber am Schreibtisch, so wie (zunächst) Gorch Fock.

KRIEGSLYRIK

Denn bevor Johann Kinau in den Krieg zog, steuerte er mit hurra-patriotischen Versen gegen ›John Bull‹ sein Scherflein zur moralischen Aufrüstung bei.[24] Während Gorch Focks Gedicht »Hamborger Jung« noch unterschiedliche Lesarten zulässt, lassen diese Gedichte keinen Zweifel mehr daran, worum es ihrem Verfasser ging – um Deutschlands Weltherrschaft:

hißt in London mol jon Flagg,
Seggt den Grey mol goden Dag,
stellt jo mol bi Churchill vor,
kloppt mol bi de Times ant Door […][25]

Zwischen Kriegsausbruch und etwa April 1915 erschienen in vier Heftchen zu je acht Seiten insgesamt 18 Gedichte in Form von Flugschriften mit Titeln wie »John Bull, John Bull«[26], »Uns Mariners«[27], »Op em, Jungs!«[28] und »Zeppelin kummt!«[29]. Der Untertitel lautet immer gleich: »Plattdeutsche Kriegsgedichte« (Abb. 5). Als »schiere Dutzendware«[30] hat der Bremer Literaturwissenschaftler Claus Schuppenhauer Kinaus Texte klassifiziert und festgestellt: »das alles beginnt und endet bei Schuldzuweisungen, Beschimpfungen des Gegners und Drohgebärden hier, beim Lob und Preis des verratenen, missgünstig verfolgten, aber so mutig-wehrhaften Deutschland dort. Anderes fällt Gorch Fock zum Krieg nicht ein.«[31] Es sei eine Art von »Pseudo-Krieg«, so Schuppenhauer, »der private vaterländische Kampf des Literaten Gorch Fock, vom Schreibtisch aus mit höchst begrenzten, weil fremdbestimmten Erfahrungen und Einsichten geführt«.[32] Es scheint, als wusste Gorch Fock wenig über die wahren Ursachen des Krieges und reproduzierte daher die gängige Propaganda vom Deutschland aufgezwungenen Krieg: Schuld waren für ihn immer die anderen.

Wie intensiv Gorch Focks Kriegsgedichte rezipiert wurden, lässt sich kaum mehr feststellen. Damalige Rezensenten betonten allerdings, dass »Gorch Fock einer der ersten« gewesen sei, »der mit plattdeutschen Kriegsgedichten auf dem Plane war«[33]. Die Frage, inwieweit ihn dies aus der regelrechten Flut von Kriegslyrik, auch niederdeutscher, hervorhob, bleibt unbeantwortet. Einer zeitgenössischen Quelle zufolge belief sich die Zahl der im gesamten Deutschen Reich veröffentlichten Kriegsgedichte allein im August 1914 auf anderthalb Millionen, unglaubliche 50 000 pro Tag.[34]

Aber Kinau trieb es weg vom Schreibtisch. In sein Tagebuch notierte er: »Das Schicksal Deutschlands ist auch mein Schicksal!«[35] und »Ruf mich, Vaterland, wenn Du mich brauchst!«[36] Denn es stellte sich ihm die Frage: »nicht, was soll aus Deutschland? – sondern: was soll aus der Welt werden, wenn wir nicht siegen?«[37] Kinau wollte Soldat werden, wie Richard Dehmel: »Sühso, – nu kummt een annern Stremel: ik ward Suldot as Richard Dehmel«,[38] reimte er im März 1915. Dehmel, einer der ›Stars‹ der Literatur um 1900 und Vorbild der literarischen Jugend, hatte sich 1914 – über 50-jährig – als Freiwilliger gemeldet.[39] Über die große Verantwortung von Vorbildern wie Richard Dehmel für die Kriegsbegeisterung vieler junger Schriftsteller schrieb Stefan Zweig in seinen 1944 erschienenen Lebenserinnerungen: »Fast alle deutschen Dichter, Hauptmann und Dehmel voran, glaubten sich verpflichtet, wie in urgermanischen Zeiten als Barden die vorrückenden Kämpfer mit Liedern und Runen zur Sterbebegeisterung anzufeuern. Schockweise regneten Gedichte, die Krieg auf Sieg, Not auf Tod reimten.«[40]

GERMANENKULT

In Zweigs Erinnerung findet sich ein weiteres Motiv für Kinaus Kriegsbegeisterung: Nämlich in der Beobachtung, dass viele Schriftsteller an die »urgermanischen Zeiten« anknüpfen wollten. Auch Kinau und viele seiner Hamburger Schriftstellerkollegen[41] waren von der Germanenbegeisterung der Jahrhundertwende ergriffen, von einer diffusen, im Kaiserreich weit verbreiteten nordisch-neuheidnischen Ideologie.[42] Verweise darauf finden sich zahlreich in Kinaus Werk. In »Seefahrt ist not!« etwa werden Donar und Wotan beschworen, wird die Edda zitiert.[43] Aber die germanische Götterwelt lieferte nicht nur literarische Motive, sondern spielte auch in außerliterarischen Zusammenhängen eine große Rolle. In einem Brief an Aline Bußmann formulierte Kinau gar eine Art germanisches Glaubensbekenntnis:

Ich steck noch tief im Heidentume
und glaube nicht an Zebaoth:
mein Zion ist Walhall, das hehre,
und Wotan ist mein Herr und Gott![44]

Kinaus Begeisterung ging so weit, dass er Norwegen, die »Wiege im Norden«[45], im Juni 1913 zwei Wochen lang bereiste, an Bord des Passagierdampfers »Meteor«.[46] Als Höhepunkt seiner Pilgertour schilderte er eine Vision, in der er sich den nordischen Göttern selbst gegenübersah: »Ich stand Wotan und Donar gegenüber, Auge in Auge, ich fühlte ihren eisigen

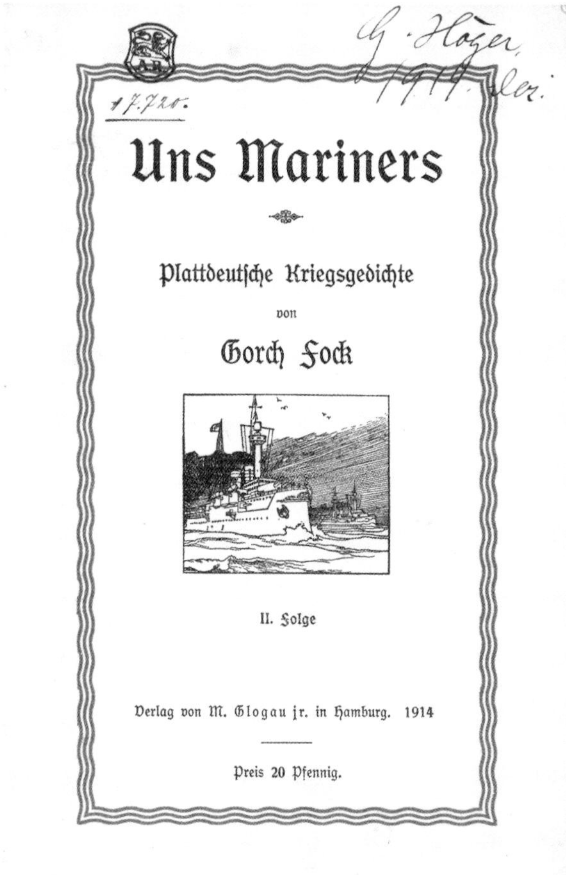
Uns Mariners

Plattdeutsche Kriegsgedichte

von

Gorch Fock

II. Folge

Verlag von M. Glogau jr. in Hamburg. 1914

Preis 20 Pfennig.

5 Gorch Fock: Uns Mariners. Plattdeutsche Kriegsgedichte. II. Folge, Hamburg 1914. Illustration von Theodor Herrmann

Atem, ich sah ihre Throne, von der Sonne beschienen und mit Schneeteppichen belegt. Ich verstand, daß hier ein Heldenglaube wie der germanische entstehen mußte, daß hier Männer lebten, die glaubten, daß sie von Odin selbst abstammten, daß hier die Germanenbibel, die Edda geboren werden mußte.«[47]

Vor allem »die von Pathos gesättigte« Heldenvorstellung der nordisch-germanischen Mythologie, ihren gewaltigen Pathos, übernahm Kinau für sein Werk. Und Heldenfiguren gibt es reichlich darin. Es sind die Finkenwerder Seeleute, die gegen das wilde Meer ankämpfen, gegen den industriellen Fischfang. Da kann der Dampfer noch so groß sein, der Fischer steht auf seinem kleinen Ewer und hält dagegen – und wenn er dabei untergeht. Es ist der Kampf David gegen Goliath, oder besser: Alberich gegen Wotan! Es ist auch ein Kampf gegen ›die bösen Mächte‹, die das Althergebrachte bedrohen. Gorch Focks Heldenbild, geformt aus Germanenkult und Brauchtumspathos, war massenkompatibel und bot allen Kriegspropagandisten ideale Anknüpfungspunkte. Und der Autor war produktiv. Für Nachschub aus der Hamburger Heldenschmiede war gesorgt. Die Politik brauchte Helden? Gorch Fock produzierte Helden!

DER »HELD« IM KRIEG

Im April 1915 wurde Kinau einberufen und, nach einer Ausbildungszeit in Bremen, einem Reserve-Infanterie-Regiment zugeteilt. Das Warten auf den Marschbefehl ertrug er kaum – das dokumentieren seine Tagebucheinträge. Dann – endlich – kam er zum Landsturm und erreichte im Juli 1915 die Front. Er kämpfte in Russland und Verdun und nahm an dem blutigen, strapazenreichen Feldzug nach Serbien teil. Der harte Stellungskrieg dort und die mühsamen Gebirgsmärsche bewirkten zwar gelegentliche Kriegsmüdigkeit, an seiner patriotischen Grundeinstellung änderte sich aber nichts. In sein Tagebuch notierte er am 10. Juli 1915: »Morgen soll die große Reise ins Feld angetreten werden. Urplötzlich ist dieser Hornruf erschollen, dem ich folgen muss nach meinem Fahneneide und meinem Willen, denn ich kann nicht hinterm Ofen hocken, wenn das deutsche Volk in tiefster Not um sein Dasein kämpfen muss. Ich gehöre in die erste Reihe der Kämpfer.«[48]

Neben patriotischen Motiven gab es auch ganz andere Gründe, die dazu beitrugen, dass sich insgesamt der Krieg für Kinau als etwas Positives darstellte. Denn er bot dem jungen Mann, dem Ehemann,

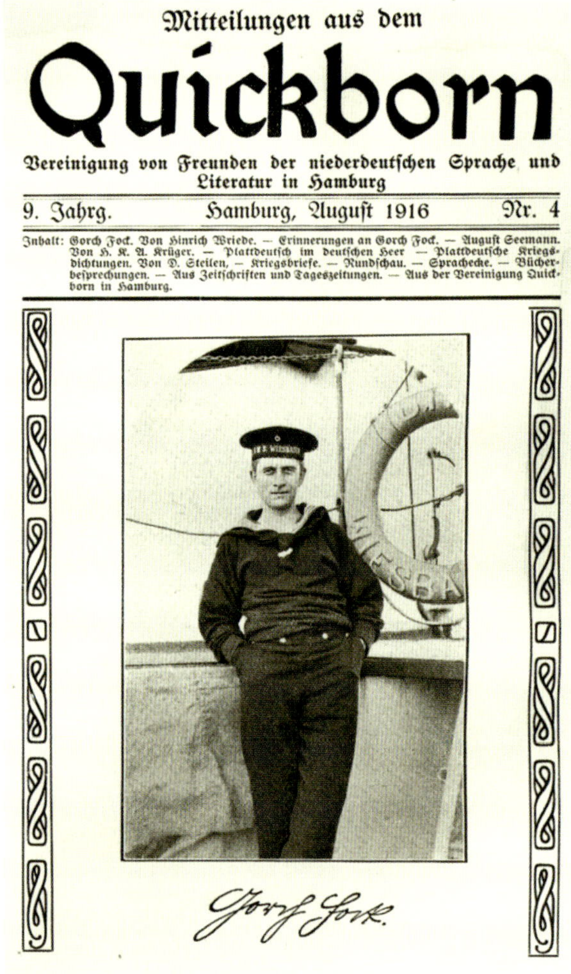
Mitteilungen aus dem
Quickborn
Vereinigung von Freunden der niederdeutschen Sprache und Literatur in Hamburg
9. Jahrg. Hamburg, August 1916 Nr. 4
Inhalt: Gorch Fock. Von Hinrich Wriede. — Erinnerungen an Gorch Fock. — August Seemann. Von H. K. A. Krüger. — Plattdeutsch im deutschen Heer — Plattdeutsche Kriegsdichtungen. Von D. Steilen, — Kriegsbriefe. — Rundschau. — Sprachecke. — Bücherbesprechungen. — Aus Zeitschriften und Tageszeitungen. — Aus der Vereinigung Quickborn in Hamburg.
Gorch Fock.

6 Umschlag der Zeitschrift »Quickborn«, August 1916

dem Vater, dem Buchhalter mit literarischen Ambitionen, die Möglichkeit auszubrechen aus seiner beschaulichen, aber engen Welt, wegzukommen von der Niederelbe, dem Mief norddeutscher (Klein-)Bürgerlichkeit hinterm Deich zu entfliehen.

Im März 1916 gelang es Kinau sogar, zur Marine überzuwechseln. In Wilhelmshaven wurde er dem Kreuzer »SMS Wiesbaden« zugeteilt. Sein Traum war in Erfüllung gegangen: Erst der Krieg hatte aus dem

Buchhalter einen Seemann gemacht (Abb. 6). Als Matrose erlebte Kinau die Vorstöße gegen die englische Küste. In seinem Bordtagebuch sammelte er Rohstoff für seine literarische Arbeit. Gleichzeitig verklärte und überhöhte Kinau das Erlebte. Die von ihm etablierte ›Marke‹ Gorch Fock, sein literarisches Alter Ego, nahm er inzwischen auch selbst als einen »Prediger der Furchtlosigkeit« wahr, als ein Ideal, das es für ihn, den eigentlich sensibel-introvertierten Menschen, unter allen Umständen zu erreichen galt. Nur durch die Überwindung seiner Angst, so war er überzeugt, könne diese Metamorphose gelingen:

Seefahrt ist not, auch meine Seefahrt! Der Krieg wird die große Sonnenwende auch meines dichterischen Schaffens. [...] Furcht habe ich verloren, je mehr ich Gorch Fock geworden bin; de lütte Jan Kinau wür een Bangbüx, aber Gorch Fock, der Prediger der Furchtlosigkeit, muß selbst schwindelfrei sein.[49]

In anderen Tagebuchpassagen präsentiert sich Kinau als widersprüchliche Persönlichkeit, die darum ringt, das angestrebte Ideal Gorch Fock (mit »stahlharten Nerven«[50]) mit der Realität Johann Kinau (das »weichste, mitleidigste Herz von der Welt«[51]) in Einklang zu bringen:

Ich mit meinen stahlharten Nerven kann Toten ruhig in die gebrochenen Augen schauen, kann schwerverwundete Kameraden stöhnen hören, ohne zu zerbrechen, und kann noch viel mehr, das ich gar nicht nennen mag. In vielen Dingen bin ich mir selbst ein Rätsel geworden und erschauere oft vor mir selbst, schrecke oft zusammen. Dann wieder weiß ich, daß ich das weichste, mitleidigste Herz von der Welt habe. Und wenn es zu arg wird, wenn ich die Widersprüche in mir und um mich herum nicht mehr ertragen kann, dann wende ich mich an Gott und sehe dann die Menschen, wie ich sie sehen muß. Ich und meine Welt bleiben eins, und so lange ich lebe, lebt auch meine Welt.[52]

Anders als der gottgleiche Gorch Fock war Johann Kinau sterblich. Und für ihn wurde das Schiff zur Todesfalle. Wochenlang trieb seine Leiche im Meer, bis sie schließlich, nördlich von Göteborg, an Land gespült und von Fischern auf der kleinen, unbewohnten Schäreninsel Stensholmen beigesetzt wurde, zusammen mit anderen deutschen und englischen Seeleuten. Ein Grabstein mit den eingemeißelten Worten »Seefahrt ist not« erinnert dort noch heute an Gorch Fock.

Mit dem Tod von Johann Kinau war der Mythos Gorch Fock erst geboren. Zur Mythisierung beigetragen hat nicht zuletzt auch der Schluss seines Romans »Seefahrt ist not!«: Denn die Figur des Fischers Klaus Mewes stirbt genau wie Kinau am Skagerrak. Und auch sonst fanden Interpreten und Biografen zahlreiche Gemeinsamkeiten zwischen den literarischen Figuren Kinaus und seinem Leben: Das qualvolle Leid, weil er nicht Fischer werden konnte wie sein Vater. Das tapfere Überwinden seiner Seekrankheit. Überhaupt: Das lebenslange Kämpfen um die Verwirklichung seiner Ideale. Leid, Überwindung und Kampf – im Leben wie im Werk: das waren hervorragende Zutaten für ein Heldenepos, die Parameter für jenen Mythos, der bis heute lebt. Allerdings muss festgehalten werden, dass Kinau selbst an dieser Mythenbildung nicht alleinigen Anteil hatte. Mitverantwortlich waren die späteren Verwalter und Herausgeber seiner Werke, Tagebücher und Briefe, vor allem seine Brüder Rudolf und Jakob, aber auch Aline Bußmann und andere.

MANIPULATION?

So wurden vor allem Kinaus Tagebücher von den Herausgebern manipuliert und für propagandistische Zwecke hemmungslos geplündert.[53] Vergleicht man die als ›Nachlassbände‹ deklarierten Bücher mit den originalen Schriftstücken im Nachlass[54] (Abb. 7), zeigt sich, vor allem bei den Tagebüchern, dass zahlreiche Streichungen vorgenommen wurden.[55] So konnte durch gezielte Auswahl das bekannte Bild des furchtlosen Helden und patriotischen

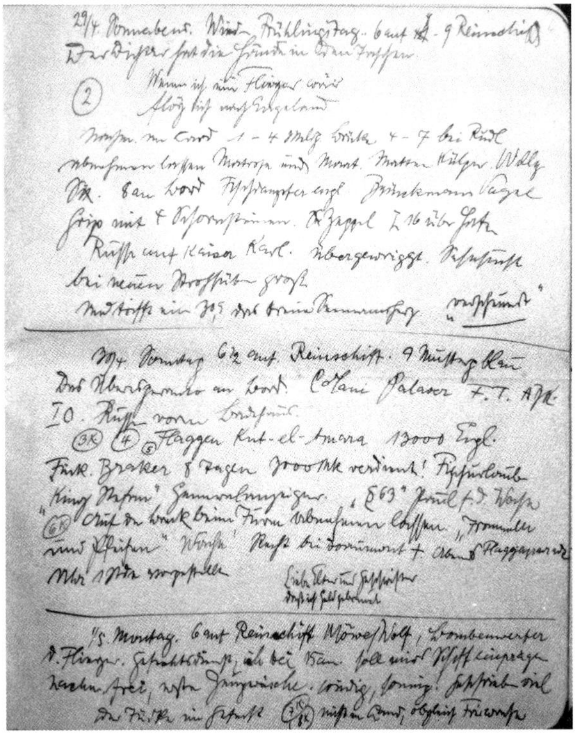

7 Ausschnitt aus Johann Kinaus »Kriegstagebuch«, 1916

Kämpfers etabliert werden, des ›Sängers des Krieges‹ und ›tapferen Heldendichters‹, der Kinau – jedenfalls in dieser Dimension – nicht war. Passagen, die ein differenzierteres Bild hätten zeichnen können, zum Beispiel einen zweifelnden, verunsicherten Menschen, wurden einfach nicht veröffentlicht. Seine innere Zerrissenheit etwa, weil er zwischen einer bürgerlichen Existenz und seinen eigenen künstlerischen Erwartungen zu scheitern drohte, wurde systematisch ausgeblendet.[56]

Keine Frage: Johann Kinau war kriegsbegeistert, seine unter dem Namen Gorch Fock verfassten Texte eigneten sich ideal für jede Art von kriegspropagandistischem Einsatz, da ›soldatische Tugenden‹ wie Tapferkeit und Durchhaltewillen gefeiert werden beziehungsweise sie offen für den Krieg werben, wie im Falle seiner Kriegsgedichte. Dass Gorch Fock aber zum Herold aller ›Kriegshelden‹ wurde, zu einem Idealbild des deutschen Soldaten, der aus Vaterlandliebe in den Kampf zieht und in freudiger Erfüllung seiner Pflicht auf dem Feld sein Leben lässt, daran haben andere zumindest Anteil gehabt. Um diesen Anteil genauer bestimmen zu können, wäre eine an den Quellen orientierte Edition der Texte Gorch Focks nützlich. Freilich, auch eine kritische Edition würde wohl keinen Pazifisten zutage fördern, zumindest aber ein authentischeres Bild von Johann Kinau alias Gorch Fock zeichnen – jenseits von Glorifizierung und Mythos.

1 Über die Rezeption Gorch Focks im »Dritten Reich« vgl. Reinhard Goltz: Der Gott der Heimat, der beste Kamerad und der geschaßte Gewerkschafter. Die Schriftsteller Johann, Rudolf und Jakob Kinau in der Nazi-Zeit, in: Niederdeutsch im Nationalsozialismus. Studien zur Rolle regionaler Kultur im Faschismus, hg. v. Kay Dohnke, Norbert Hopster, Jan Wirrer, Hildesheim 1994, S. 342–386.

2 Gorch Fock: Sämtliche Werke in fünf Bänden, hg. v. Jakob Kinau, Hamburg 1925.

3 Meyers Lexikon, Bd. 4, Leipzig 1926, S. 922.

4 Kindlers neues Literatur-Lexikon, hg. v. Walter Jens, München 1988.

5 Killy-Literaturlexikon: Autoren und Werke des deutschsprachigen Kulturraumes, Bd. 3, hg. v. Wilhelm Kühlmann, Berlin 2008, S. 486.

6 Vgl. Gorch Fock. Mythos, Marke, Mensch. Aufsätze zu Leben, Werk und Wirkung des Schriftstellers Johann Kinau (1880–1916), hg. v. Rüdiger Schütt, Nordhausen 2010.

7 Vgl. z. B. Rüdiger Schütt: Gorch Fock kam bis nach Texas. Wie der Mythos Gorch Fock eine amerikanische Metal-Band inspiriert, in: Schütt 2010 (wie Anm. 6), S. 191–197.

8 Vgl. Rüdiger Schütt: »Beflaggt eure Schiffe und grüßt die deutsche See, ihr deutschen Jungen!« Gorch Fock im Schulunterricht des »Dritten Reichs«, in: Schütt 2010 (wie Anm. 6), S. 43–59.

9 Vgl. z. B. Otto Brües: Gorch Fock. Ein Dichter neuer deutscher Jugend, in: Tägliche Rundschau, 28.5.1921.

10 Werner von Melle: Gorch Fock zum Gedächtnis. Eröffnungsansprache bei der Gorch-Fock-Gedenkfeier am 24. Oktober 1916, in: Mitteilungen aus dem Quickborn, Bd. 10, Winter 1917, H. 2, S. 43.

11 Ebd.

12 Hinrich Wriede: Gorch Fock (Johann Kinau), in: Mitteilungen aus dem Quickborn, Bd. 9, August 1916, H. 4, S. 132.

13 Zwei aktuellere (eher populärwissenschaftliche) biografische Untersuchungen zu Gorch Fock stammen von Günter Benja: Gorch Fock. Poet mit Herz für die See, Erfurt 2005; Günter Benja, Werner Marquart: Gorch Fock – nomen est omen. Ein biografischer Essay, in: Schütt 2010 (wie Anm. 6), S. 7–31. Vgl. außerdem Klaas Jarchow: »Soweit, was Johann Kinau betrifft. Im übrigen bin ich Gorch Fock«. Eine Sozioanalyse, in: »Liebe, die im Abgrund Anker wirft«. Autoren und literarisches Feld im Hamburg des 20. Jahrhun-

derts, hg. v. Inge Stephan und Hans-Gerd Winter, Hamburg 1990, S. 83–110.
14 Vgl. z.B. Aline Bußmanns Vorwort in: Dies. (Hg.): Gorch Fock. Sterne überm Meer: Tagebuchblätter und Gedichte. Aus dem Nachlaß ausgewählt und mit einer Lebensbeschreibung des Dichters, Hamburg 1918, S. 13–15. Vgl. auch Rudolf Kinau: Finkwarder. Gorch Fock sien Fischerinsel, Hamburg 1936. Harald Schloz: Finkenwerder. Vom »Fischeridyll« zum »Industriestandort«? Strukturwandlungen in einer großstadtnahen Gemeinde im ausgehenden 19. und beginnenden 20. Jahrhundert und deren Widerhall in der fiktionalen Literatur, Hamburg 1996.
15 Aline Bußmann (1889–1968) gehörte zum Ensemble der Niederdeutschen Bühne Hamburg, dem späteren Ohnsorg-Theater. Als Herausgeberin Gorch Focks hatte sie großen Einfluss auf die Rezeption seiner Werke; ihr Briefwechsel mit ihm ist veröffentlicht in: Da steht ein Mensch: Briefe an Aline Bußmann. Gorch Fock, hg. v. Hugo Sieker, Hamburg 1971. Zur Biografie Aline Bußmanns vgl. Dirk Hempel [Art.]: Bußmann, Aline, in: Hamburgische Biografie. Personenlexikon, Bd. 4, hg. v. Franklin Kopitzsch, Dirk Brietzke, Göttingen 2008, S. 77–78.
16 Kinaus erste Erzählungen erschienen ab 1905 im »General-Anzeiger für Hamburg-Altona«. Vgl. Birgitta Esser, Regina Kirchhof: Bibliographie Gorch Fock (1880–1916), in: Hapag-Fahrt zu Odins Thron. Gorch Focks Norwegenreise 1913. Tagebuch, Romanfragment, Erzählung, hg. v. Mathias Mainholz, Hamburg 1999, S. 154–174.
17 Gorch Fock: Schullengrieper und Tungenknieper. Finkenwärder Fischer- und Seegeschichten, Hamburg 1910.
18 Gegründet am 17.2.1904 auf Initiative des Hamburger Schulrats Adolf Stuhlmann, 1906 umbenannt in »Quickborn, Vereinigung von Freunden der niederdeutschen Sprache und Literatur«. Das erklärte Ziel der Vereinigung, die bis heute existiert, war und ist die »Pflege der niederdeutschen Sprache und Literatur«.
19 Kinau zit. n. Bußmann 1918 (wie Anm. 14), S. 82.
20 Der in viele Sprachen übersetzte Roman wird bis heute immer wieder aufgelegt. Vgl. Esser/Kirchhof 1999 (wie Anm. 16). Vgl. auch Dieter Möhn: Gorch Focks Roman »Seefahrt ist not!«. Überlegungen zu einer Grammatik des Abenteuers, in: Gorch Fock. Werk und Wirkung. Vorträge und Diskussionen des Kolloquiums »Mundartliteratur/Heimatliteratur am Beispiel Gorch Fock« am 25. Februar 1983 in Hamburg, hg. v. Friedrich W. Michelsen, Hamburg 1984, S. 111–124. Eine Verfilmung des Romans von 1921 unter der Regie von Rudolf Biebrach ist verschollen, vgl. Robert Wohlleben: Seefahrt ist not! Beschau eines ungesehenen Films, in: Schütt 2010 (wie Anm. 6), S. 155–176.
21 Zu dem Themenfeld vgl. z.B.: Antimodernismus und Reform. Zur Geschichte der deutschen Heimatbewegung, hg. v. Edeltraud Klueting, Darmstadt 1991.
22 Gorch Fock: Hamborger Jung, in: Ders.: Hamborger Janmooten. Een lustig Book. Mit een Wordverklorung (for de leben quiddjes), Hamburg 1914, S. 9–10.
23 Ebd., S. 9.
24 Gorch Fock: Plattdeutsche Kriegsgedichte. Folge 1–4, Hamburg 1914/15.
25 Gorch Fock: Op em, Jungs! Plattdeutsche Kriegsgedichte. III. Folge, Hamburg 1915, S. 2.
26 Gorch Fock: John Bull, John Bull! Plattdeutsche Kriegsgedichte. I. Folge, Hamburg 1914.
27 Gorch Fock: Uns Mariners. Plattdeutsche Kriegsgedichte. II. Folge, Hamburg 1914.
28 Fock 1915 (wie Anm. 25).
29 Gorch Fock: Zeppelin kummt! Plattdeutsche Kriegsgedichte. IV. Folge, Hamburg 1915.
30 Claus Schuppenhauer: Anmerkungen zu Gorch Focks Kriegsgedichten, in: Michelsen 1984 (wie Anm. 20), S. 95.
31 Ebd., S. 96.
32 Ebd.
33 Diedrich Steilen: Plattdeutsche Kriegsdichtungen, in: Quickborn, Bd. 8, Oktober 1914, H. 1, S. 139. Steilen stellt in seinem Beitrag weitere Autoren plattdeutscher Kriegsgedichte vor, u.a. Hermann Claudius, Ludwig Frahm, Fritz Husmann, Fritz Lau, Hans Much.
34 Vgl. den Hinweis von Jörgen Bracker: »Kamikaze Held« und »Ökologischer Protagonist«? Begriffe und Fehlgriffe im literarischen Urteil über Gorch Fock, in: Michelsen 1984 (wie Anm. 20), S. 76. Bracker stützt sich auf Angaben in: Deutsche Kriegslieder 1914/16, hg. v. Carl Busse, Bielefeld 1916, S. VI.
35 Kinau zit. n. Bußmann 1918 (wie Anm. 14), S. 135, Tagebucheintrag vom 31.7.1914.
36 Ebd., S. 136, Tagebucheintrag vom 4.8.1914.
37 Ebd., S. 137.
38 Tagebucheintrag vom 30.3.1915, in: Kinau. 1925 (wie Anm. 2), S. 271.
39 Über Richard Dehmels Einsatz im Krieg vgl. Mathias Mainholz: Leutnant Dehmel – Eine Polemik, in: Sabine Henning u.a.: WRWlt – o Urakkord. Die Welten des Richard Dehmel, Herzberg 1995, S. 147–199.
40 Stefan Zweig: Die Welt von Gestern. Erinnerungen eines Europäers. (Gesammelte Werke in Einzelbänden, 5), Frankfurt am Main 1981, S. 265.
41 Vgl. z.B. die späteren Publikationen von Hans Friedrich Blunck, Gustav Frenssen oder Hermann Krieger: Hans Friedrich Blunck: Die Urvätersaga (Romantrilogie der germanischen Vorzeit), Jena 1934 (zuerst in 1925, 1926 und 1928 erschienenen Einzelbänden); Gustav Frenssen: Der Glaube der Nordmark, Stuttgart 1936; Hermann Krieger: Not-Wende. Vom Aufstieg des germanischen Abendlandes, Braunschweig, Hamburg 1923.
42 Zu Gorch Focks Germanenbegeisterung vgl. Kai-Uwe Scholz: Hapag-Fahrt zu Odins Thron. Gorch Focks Nordlandbegeisterung und seine Norwegenreise 1913, in: Schütt 2010 (wie Anm. 6), S. 107–125. Eine kürzere Fassung des Beitrags von Scholz ist erschienen als: Hapag-Fahrt zu Odins Thron. Gorch Fock in Norwegen, in: Mainholz 1999 (wie Anm. 16), S. 143–152.
43 Gorch Fock: Seefahrt ist not! Roman. 131.–140. Tausend, Hamburg 1922 (Erste Auflage 1913), S. 184, 90, 125.
44 Kinau zit. n. Sieker 1971 (wie Anm. 15), S. 79.
45 Ebd., S. 61.
46 Zu Gorch Focks Norwegenreise vgl. Mainholz 1999 (wie Anm. 16).
47 Kinau zit. n. Sieker 1971 (wie Anm. 15), S. 66.
48 Kinau zit. n. Bußmann (wie Anm. 14), S. 144–145.
49 Tagebucheintrag vom 29.4.1916, in: Kinau 1925 (wie Anm. 2), S. 313.
50 Tagebucheintrag vom 24.10.1915, in: Kinau 1925 (wie Anm. 2), S. 295.
51 Ebd.
52 Ebd.
53 Vgl. Birgitta Esser: Der Nachlass Gorch Focks in der Staats- und Universitätsbibliothek Hamburg, in: Schütt 2010 (wie Anm. 6), S. 33–42.
54 Johann Kinaus Nachlass befindet sich seit 1995 in der Staats- und Universitätsbibliothek Hamburg Carl von Ossietzky.
55 Vgl. Esser 2010 (wie Anm. 53).
56 Birgitta Esser nennt in ihrer Untersuchung (Esser 2010, wie Anm. 53) mehrere Beispiele, etwa auch folgende nicht veröffentlichte Passage, die alles andere als einen selbstsicher-entschlossenen Kinau zeigt, sondern einen von Todessehnsucht geplagten: »Ich gehöre zu den Menschen, die aus einem Traum in den anderen fallen: Erde und Stoppeln und Steine kenne ich nicht – und wenn ich zuletzt den Boden erreiche, dann sinke ich in weichen, weißen Todesschnee […]« (zit. n. Esser 2010, wie Anm. 53, S. 40).

WILHELM MORGNER: »ALLEIN STEHE ICH ALS FREMDLING …« DER KRIEG ALS BEFREIENDE PERSPEKTIVE AUS PROVINZIELLER ENGE UND KREATIVEM UNMUT

NICOLE PETERLEIN

Wilhelm Morgners (1891–1917) Biografie ist untrennbar mit seiner Heimatstadt verbunden: Die westfälische Kleinstadt Soest mit ihren mittelalterlichen Kirchen und westfälischen Adelshöfen inmitten der ehemaligen Stadtbefestigung als anschauliche Zeugnisse einer florierenden Vergangenheit als Hansestadt bis ins 17. Jahrhundert. Die fruchtbare Soester Börde mit ihren weiten Wiesen- und Ackerflächen in sanft geschwungener Landschaft prägt das Umland. Und auch als um die Jahrhundertwende die Industrialisierung einsetzte, schien Soest von den Entwicklungen weitgehend unbeeinflusst. Im nicht weit entfernten Bielefeld entstanden Webereien und Spinnereien, Nähmaschinen und Fahrräder wurden produziert, im Ruhrgebiet pulsierte die Industrie, und Soest schlief inmitten der Börde seinen Dornröschenschlaf. Die Gesellschaft war überwiegend bürgerlich, ländlich orientiert, bodenständig.

Wilhelm Morgner war ein unangepasster Künstler, der als »Sonderling« und »Außenseiter« tituliert wurde. Er litt unter der kleinbürgerlichen Enge, in der es wenig Spielraum gab. Was für andere Künstler Inspiration war – Soest als eine heile Welt inmitten des Umbruchs –, wirkte auf Morgner bedrückend, er empfand seine Heimatstadt als Inbegriff der Spießbürgerlichkeit. Morgner ersehnte sich wie viele Expressionisten eine lebhafte, vitale Erneuerung der Kunst und parallel dazu eine allgemeine Erneuerung des Lebens. Er wütete gegen sein Umfeld mit Leidenschaft, Provokation und Aggression. Zeugnisse dafür sind Morgners Briefe, in denen er sein geistiges Innenleben und seine Konflikte offenlegt. Als Künstler, der fernab aller Bürgerlichkeit nach seinen eigenen Regeln zu leben strebte, verachtete er jene, die seine Kunst nicht verstanden und ihn und sein Leben missachteten. »Es giebt nur eine Wahrheit das Leben, alles andere ist Schein. […] Es ist zum Verzweifeln, wenn ich sehe, daß alle aber auch alle Menschen mir gegenüber stehen, daß alle mir sagen möchten daß das Leben Unsinn und die Materie Wahrheit ist. Die Menschen wissen nicht was sie sagen. Allein stehe ich als Fremdling als Offenbarungswille des Lebens unter den anderen Menschen, den Propheten des Todes der Lebensverneinung. Fressen, Furzen und Scheißen ist die Parole dieser Idioten.«[1] Diese Briefstelle offenbart, welches Bild der junge Morgner in der Zeit vor dem Ersten Weltkrieg von seiner Umwelt hatte.

Der Autodidakt, dessen Ausbildung sich auf das Einjährige (also die Mittlere Reife) und einen dreimonatigen Aufenthalt in der Malschule Georg Tapperts in Worpswede beschränkt, provozierte und rebellier-

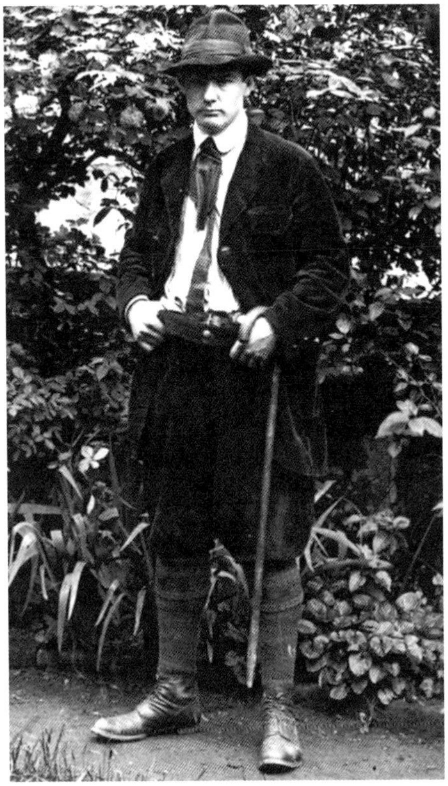

1 Wilhelm Morgner, Fotografie um 1913

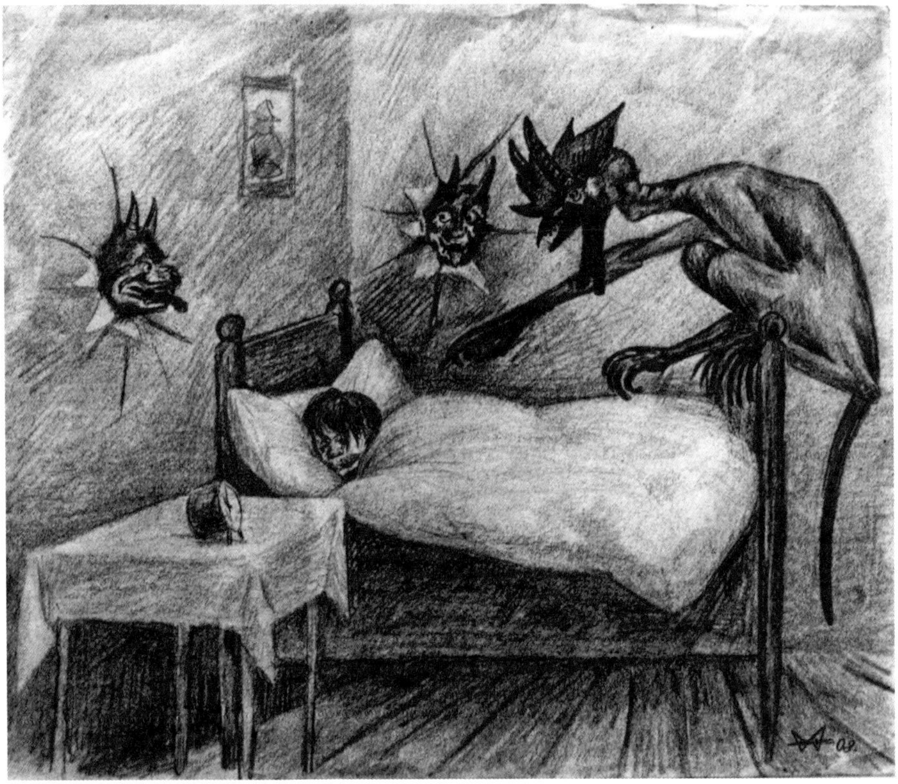

2 Wilhelm Morgner: Der Traum, 1908, Bleistift, Papier, 25,8 × 30,8 cm, Kunstmuseum Wilhelm-Morgner-Haus, Soest

te – durch seinen Lebensstil, seine Äußerungen, seine Kunst. Morgners Ablehnung richtete sich gegen die Bildung im bürgerlichen Sinn, gegen Konventionen, gesellschaftliche Normen, gegen Ehe und sogar gegen Partnerschaft: »Bildung ist ja eigentlich Kennen der Formen, die andere Menschen festgesetzt haben. Man wird von anderen Menschen gebildet und geknetet. [...] Ist man dann so weit, daß man sagen kann, jetzt bist du ein kompletter gebildeter blühender Jüngling, dann kann man als Häring [sic] sich in die Räucherbühne hängen alias verheiraten lassen und Kinder zeugen. Unsereins hat dann nach diesem Bildungsgang Last, sich diesen Ballast vom Leibe herunterzurollen.«[2] Schon zu Schulzeiten krankte Morgner an autoritären Richtlinien, unumstößlichen Unterrichtsinhalten und Gehorsam, die keinen Platz für gestalterische Fantasie oder Kreativität ließen. Folgerichtig wurden seine Zeichnungen von den Lehrern abgelehnt und die Karikaturen, die er von ihnen anfertigte, mit Bestrafung bedacht. Als 15-Jähriger wagte er einen ersten Ausbruch. Er wollte mit einem Schulkameraden nach Amerika reisen. Doch das Unternehmen endete in Amsterdam nach einer Nacht im Wartesaal. Den Freund soll der Mut verlassen haben. Doch es sollte Morgner auch in den folgenden Jahren nicht gelingen, seine Heimatstadt längerfristig zu verlassen, in der er litt und an der er gleichzeitig so hing: »Wenn ich nicht die braunen Ackerschollen und die wehenden Kornfelder so lieb hätte wäre ich überhaupt schon längst in Berlin«[3],

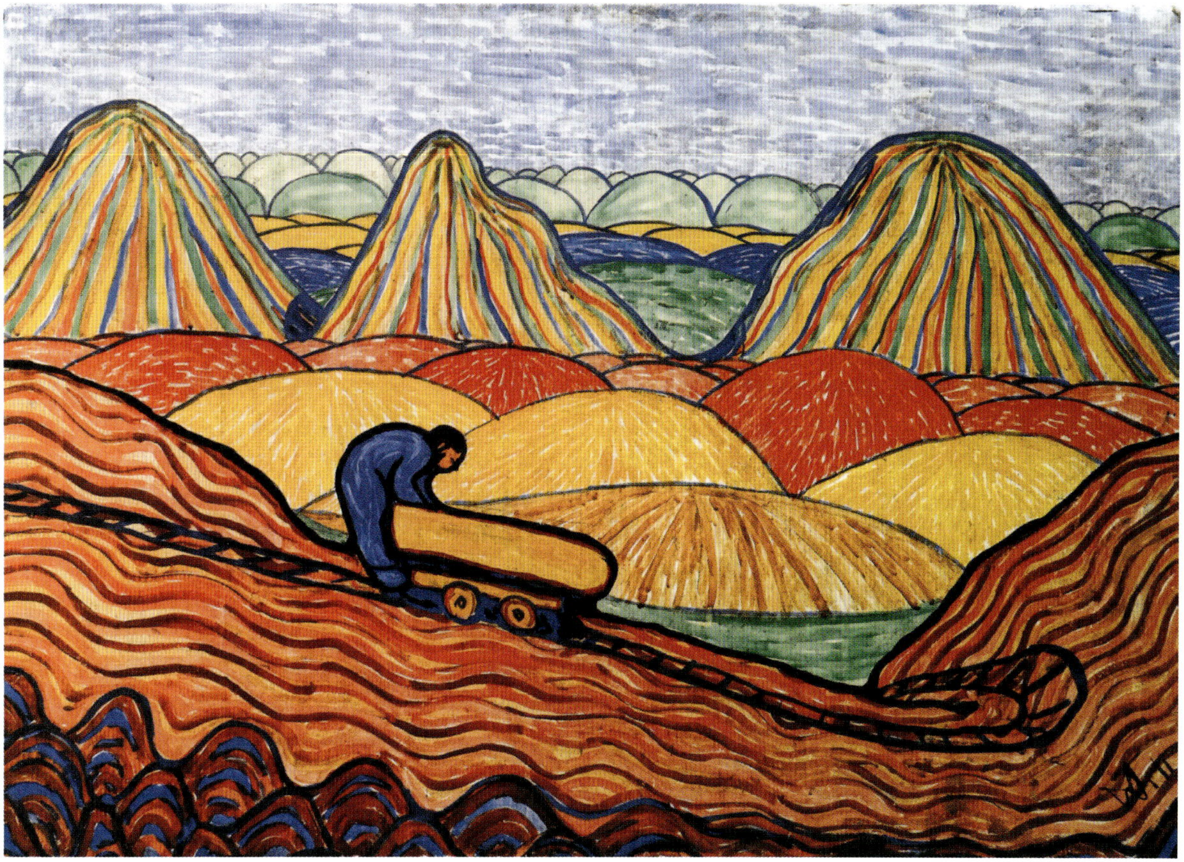

3 Wilhelm Morgner: Lehmarbeiter mit gelber Karre, 1911, Mischtechnik auf Pappe, 81 × 117 cm, Kunstmuseum Wilhelm-Morgner-Haus, Soest

erklärt er 1912. Morgner suchte trotzdem weiter nach Fluchtmöglichkeiten, um das Gefühl des Eingesperrtseins in den bestehenden Strukturen zu ertragen, mit mehr oder weniger Erfolg. Die Flucht vor der Realität in den Spiritismus und in mystische Themen spiegeln sich in Morgners Werken: Ein verängstigtes Kind liegt in seinem Bett und wird von Wesen bedrängt, deren Fratzen aus einer Wand heraustreten (Abb. 2). Auch später im Krieg wird Morgner seine Ängste in dieser Form in seinen Zeichnungen verarbeiten.

Ein Gegengewicht bildete wiederum die Natur, die ihn wieder erdete und Anhaltspunkte verschaffte: Naturstudien, arbeitende Menschen in der heimatlichen Landschaft, die Symbiose von Mensch und Umwelt. Morgner suchte bei Wanderungen im Taunus oder im Erzgebirge Abstand von den gesellschaftlichen Strukturen und die Freiheit, die er sich auch von einem einfachen Leben erhoffte, das er zwischenzeitlich plante: ein einsames Atelier mit einem kleinen Stall, sodass er sich selbst versorgen könnte. Künstlerisch widmete er sich in großen Bildformaten der Arbeit auf den Feldern der Börde. Die Werke sind geprägt von pathetischer Monumentalität: der Mensch steht in der Weite der Landschaft und des Kosmos[4] (Abb. 3).

Das Jahr 1912 markiert den künstlerischen Höhepunkt in Morgners kurzem Leben, bereits 1911 war er auf einigen Ausstellungen vertreten. Im Sommer 1912 wird in Köln bei der »Sonderbundausstellung« sein »Lehmarbeiter« gezeigt, im Almanach »Der Blaue Reiter« wird seine Zeichnung »Ziegelbäcker« abgebildet, in der Zeitschrift »Der Sturm« werden Holz- und Linolschnitte von Morgner veröffentlicht. Seit Mitte des Jahres wird die Farbe zum dominierenden Element in seinen Arbeiten, nachdem bereits zuvor Flächen ohne eine feste Raumzuordnung, Körpersilhouetten ohne Volumen und Farben ohne bindende Naturvertretung sein Werk prägten.[5] Morgner löste sich von Körperlichkeit, Kontur und Perspektive und überließ die Ausformung von Gegenständen und Flächen der Farbigkeit. Georg Tappert schreibt über die Gemälde: »Keine noch so farbempfindliche Platte kann auch nur eine ungefähre Vorstellung dieser apokalyptischen Farbensymphonie geben.«[6] Es finden sich stark abstrahierte gegenständliche Themen neben rein abstrakten Darstellungen. Farbkompositionen, die ihren Ursprung jedoch noch immer in einer gegenständlichen Form haben. Mittels der Farbe erstrebte Morgner den Geist der Unendlichkeit auszudrücken, die Farbe ist das bildnerische Mittel, sie ist gleichzeitig Inhaltsträger, Symbolträger als auch Form bildend. Morgner war auf der Suche, mittels der Kunst sein eigenes Ich darzustellen: »Ich glaube, daß in mir Kraft genug ist, um mein Ich in Form zu kleiden.«[7]

Doch sein Umfeld begegnete seiner Kunst weiter mit Skepsis, trotz seiner Erfolge in Berlin und Köln. Und Morgner reagierte darauf wiederum mit Wut, so in einem Brief von 1913: »Ein in Soest angesehener Herr empfahl mir, ich sollte in Soest jetzt eine Ausstellung veranstalten. Ich habe ihm natürlich gesagt, erst müßten sich meine Mitbürger meiner würdig erweisen. Ich weiß jetzt augenblicklich nicht recht, wie ich die Leute aufeinander hetzen kann. Ich möchte gern, daß sich die Menschen gegenseitig die Schädel einschlagen so daß dann eine große Kultur des Gott Geistes entstehen kann. Vielleicht stecke ich die Malerei doch noch auf und gehe in das Ruhrkohlenrevier um die Arbeiter zu organisieren. Alles muss umgestürzt werden. Es darf nichts bestehen bleiben wie nur die Quintessenz aller Dinge das Göttliche, der Wille.«[8]

Im Juli 1913 hielt er sich für kurze Zeit in Berlin auf. Seine Aussage dazu: »Berlin soll leben und Soest möge verrecken.«[9] Aus diesem schwierigen Verhältnis ergibt sich aber gleichzeitig ein Zugang zu Wilhelm Morgner als auch zu seinem Werk und zu den allgemeinen gesellschaftlichen Vorstellungen der Zeit.[10] Soest stellte für Morgner den Inbegriff an Spießertum und Intoleranz dar. Es diente ihm als Spiegel seiner persönlichen Probleme als Künstler. Morgner rang darum, in seiner Kunst sein Weltgefühl darzustellen – die Abstraktion ist eine Schlussfolgerung. In vereinfachten Darstellungen suchte er nach einer adäquaten Ausdruckform für die geistigen Inhalte seiner Überlegungen.

In sein künstlerisches Werk fließen vermehrt Themen des Neuen Testaments ein. Neben der eigenen christlichen Erziehung und der allgegenwärtigen religiösen Kunst in den Soester Kirchen wird auch die Beschäftigung mit der Gedankenwelt Friedrich Nietzsches ein Grund für Morgners Auseinandersetzung mit der christlichen und göttlichen Thematik gewesen sein. Vermutlich beeinflusst durch den von Nietzsche wiederbelebten Geniekult äußerte er: »Es gibt jetzt keinen Unterschied mehr zwischen mir und Gott, jetzt bin ich Gott.«[11] Ein Jahr später, 1913, identifizierte er sich mit Christus: »Ich bin der Gekreuzigte.«[12] Die christliche Ikonografie diente Morgner als Vorwand zur Darstellung eigener Überhöhungen. In der Leidensgeschichte Jesu sah er Parallelen zu seinem eigenen Verspottetwerden und Nichtverstandenwerden[13] (Abb. 4). Er entwickelte in dieser Zeit eine Bildsprache, in der seine religiöse Gedankenwelt Gestalt annimmt. In augenscheinlich christlich motivierten Themen verarbeitete er seine Gedanken über die Mysterien des Lebens. Eingebun-

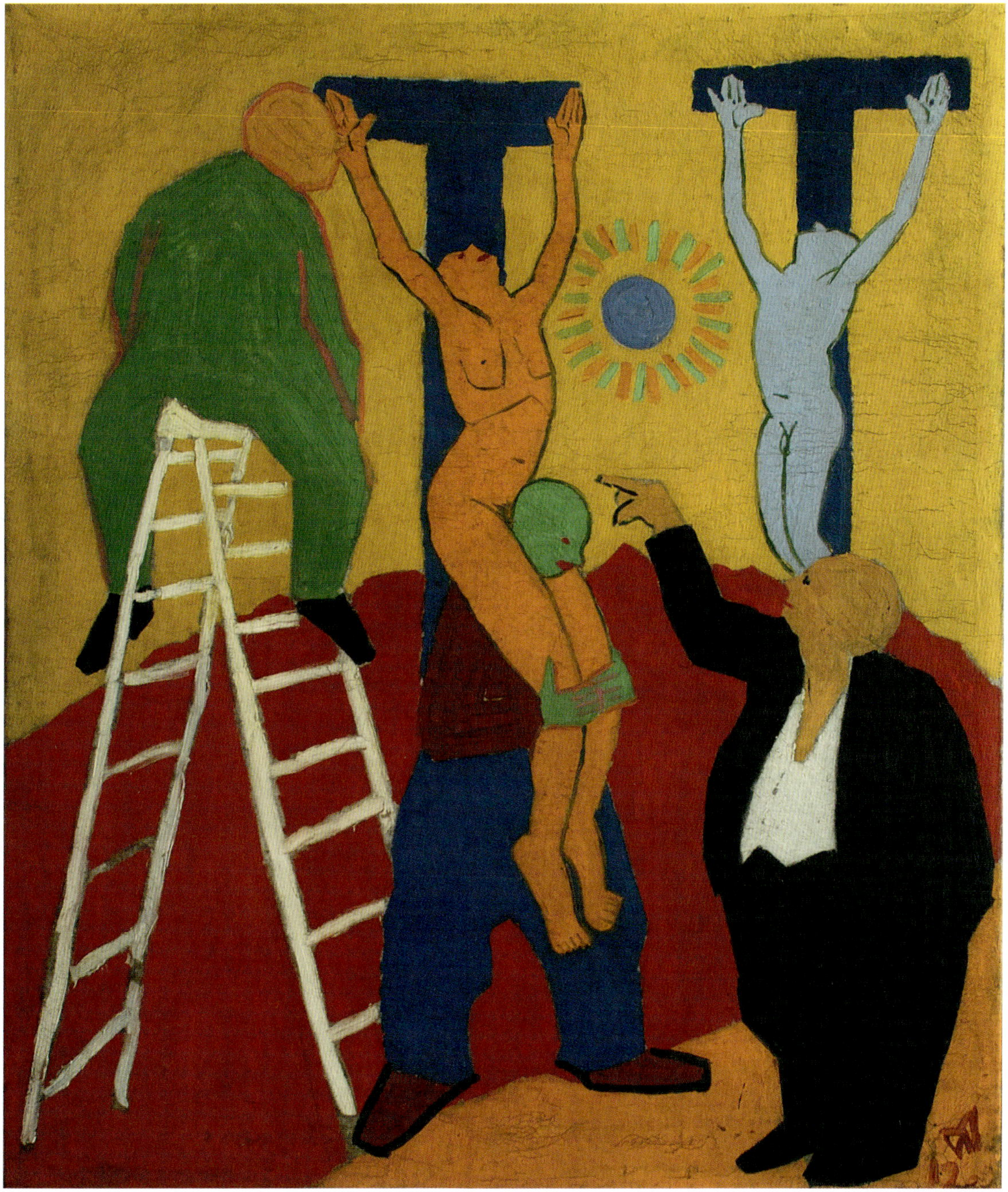

4 Wilhelm Morgner: Kreuzabnahme und Mann im Frack, 1912, Öl auf Leinwand, 117 × 100 cm, Kunstmuseum Wilhelm-Morgner-Haus, Soest

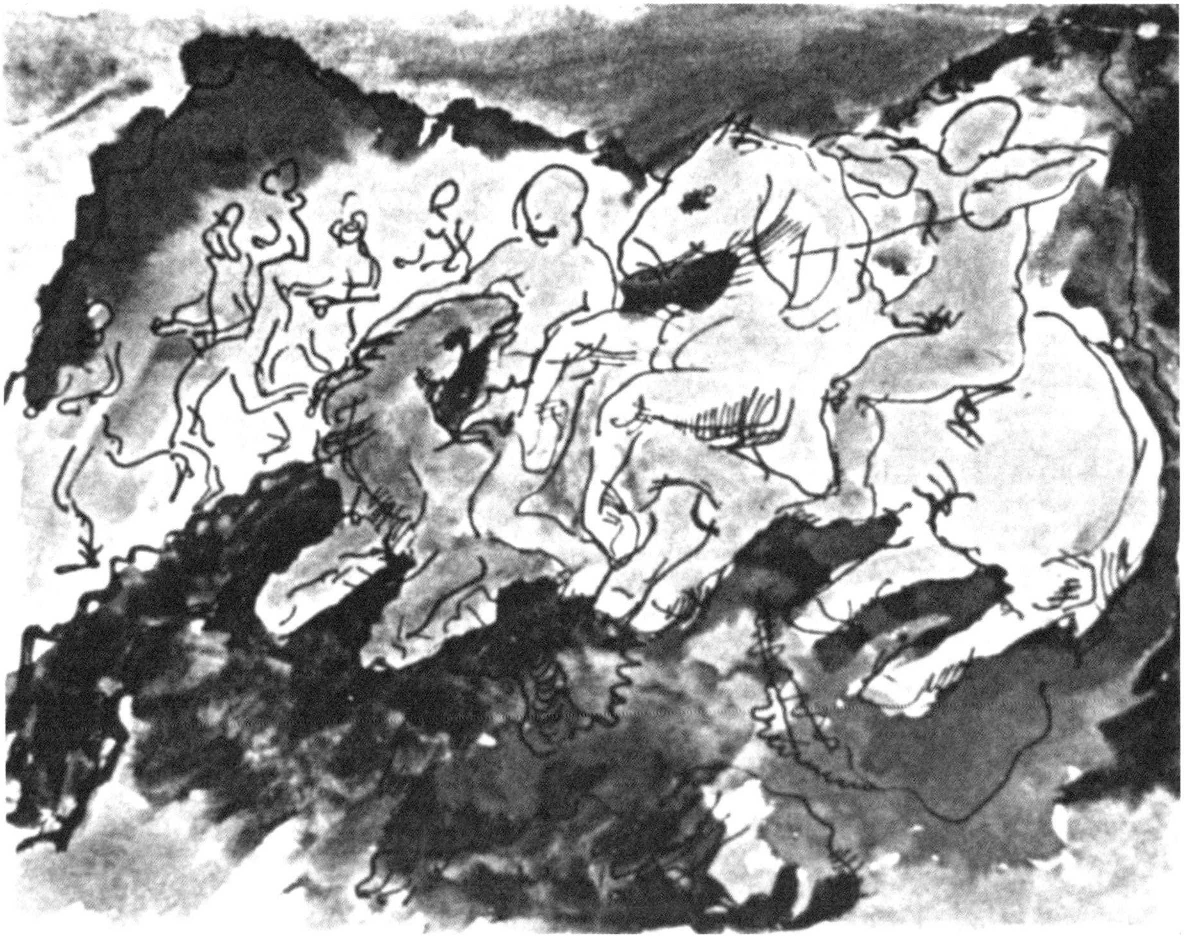

5 Wilhelm Morgner: Kampf IV, 1913, Aquarell, Tusche, Feder, Papier, 20,2 × 26,4 cm, Lehmbruck-Museum, Duisburg, Inv. Nr. 955/1057

den in strenge Dreieckkompositionen werden Geburt und Kreuzigung in fließenden Linien umgesetzt.

Aber auch »die Sehnsucht nach verlorener Einheit, nach Unendlichkeit und Ewigkeit«[14], die Morgner seit seinen frühen Bildern vom Menschen in der Landschaft antrieb, beschäftigte ihn weiter. Er setzte sie in Arbeiten mit Titeln wie »Kampf«, »Streit«, »Mann und Weib« um (Abb. 5). Dabei ging es darum, dass das Werden den Kampf und die Überwindung einschließt.[15] Ernst-Gerhard Güse bezeichnet die Bibel und die Werke Nietzsches, dabei vor allem »Also sprach Zarathustra«, als Schlüsselbücher für die Schriftsteller und Künstler vor dem Ersten Weltkrieg – so auch für Morgner. Das Ringen um eine künstlerische Identität und um künstlerische Wahrheiten, die Auseinandersetzungen mit der Welt und mit sich waren Grundlagen seiner künstlerischen

Einsichten. Er erstrebte mittels seiner emotionalen Kraft eine Übereinstimmung zwischen Idee und bildnerischem Mittel.[16] »Ich will dazu kommen, daß das was ich tue [...], selbstverständliche Äußerung meines Ichs also des Lebens ist. Dann erst bin ich ein Mensch.«[17] Seine Kunst war dementsprechend unmittelbar von seiner psychischen Verfassung abhängig. Und seine Gedanken um die Kunst hatten wiederum Einfluss auf seinen Zustand. Er selbst spürte in sich das Leben in einem »genialisch-leidenschaftlich übersteigerten Ich«[18].

Bedrängt wurde Morgner zusätzlich durch die drohende Einberufung: »Ich kann so recht nicht zum Malen kommen, weil immer und immer wieder ein bekrallter Unteroffizier vor meinen entsetzten Blicken auftaucht.«[19] Er fürchtete die Einberufung, weil er Sorge hatte, als Künstler sein Werk nicht mehr vollenden zu können. Er rang um eine Kunst, in der Farbe und Form Ausdruck des Lebens sind, in der das »unbegreifliche Mysterium« Gestalt annimmt. Eine Vision war das originäre Leben in enger Verbindung mit der Natur ohne Störungen von Außen durch Bürgerlichkeit, Normen und Ablehnungen: »Wenn ich [vom Militär] frei geschrieben werde will ich im nächsten Sommer ganz unter die Bauern gehen und mir dann später das, was ich esse und trinke selbst aus der Erde holen; denn ich bin der Ruf der Erde nach dem Mysterium der blutig versinkenden Sonne.«[20] Zeitweilig träumte er auch von einer weiten Reise: »Erst nach Brasilien, dann zu den Südseeinseln und nach Indien.«[21] Doch real wurde vielmehr seine Einberufung im Herbst 1913 zum Militärdienst, zum Regiment »Elisabeth« in Berlin. Vor seiner Entlassung brach der Erste Weltkrieg aus. Erst durch den Militärdienst wurde er gezwungen, seine Heimat zu verlassen, und er erhielt die zweifelhafte »Chance«, frei von zivilen gesellschaftlichen Strukturen, denen er in seiner Heimat unterworfen war, zu leben und zu arbeiten. Dass er dabei Bestandteil der militärischen Struktur und der Kriegsmaschinerie war, schien ihn anfangs kaum zu stören.

LEBEN IM KRIEG

Künstlerische Bestätigung fand Morgner vor dem Krieg in Ausstellungsbeteiligungen in der »Neuen Secession«, den »Berliner Juryfreien« und Abbildungen seiner Holzschnitte im »Sturm«. Tief gekränkt war er aber durch negative Kritiken, durch die er immer wieder in tiefe Krisen geriet. Obwohl Morgner die eigene Einberufung 1913 fürchtete, begrüßte er den Krieg, weil er sich von ihm die Entstehung einer neuen Kultur erhoffte: »Es ist gut, daß endlich der Krieg gekommen ist. Es ist die Erleichterung. Der Erdgeist bricht durch die Menschen heraus. [...] Oh heissa, der Tod ist mein Freund, er ist's mit dem ich den Reigen tanze.«[22] Auch die Perspektive, durch den Krieg Mitglied einer Gemeinschaft zu sein, war für Morgner, den Außenseiter, scheinbar verlockend. Dass die autoritären Militärstrukturen ihn – den Freigeist – einengen könnten, spielte dagegen keine besondere Rolle.[23]

Abgelenkt durch die äußeren Geschehnisse scheinen die inneren Kämpfe abzuklingen. Die reale Bedrohung durch den Krieg »gab seiner Existenz eine Intensität, die der künstlerischen Übersteigerung nicht mehr bedurfte.«[24] So empfand Morgner selbst den Krieg als Befreiung, als Erleichterung.[25] 1915 schrieb er: »Ich habe jetzt meinen eigentlichen Beruf entdeckt. Am liebsten tue ich garnichts. [...] Wenn ich mir dann so richtig meiner ganzen Taugenichtigkeit bewußt bin, dann setze ich mich hin und fange an zu zeichnen [...]. Hoffentlich dauert der Krieg noch recht lange.«[26] Dabei scheint Morgner, von Abenteuerlust beseelt, den Krieg tatsächlich als Chance zu sehen: Er entkam der Beengtheit Soests, er lernte fremde Länder kennen – erst Frankreich, dann Polen und Russland, später die südliche Landschaft Serbiens und die Türkei. Er führte das Leben eines Reisenden und wurde durch die realen Gefahren von seinen persönlichen und künstlerischen Kämpfen befreit.[27] So schilderte er in seinen Briefen lange Zeit immer wieder, wie gut es ihm ginge: »Ich habe im Schützengraben ganz quietschvergnügt Bil-

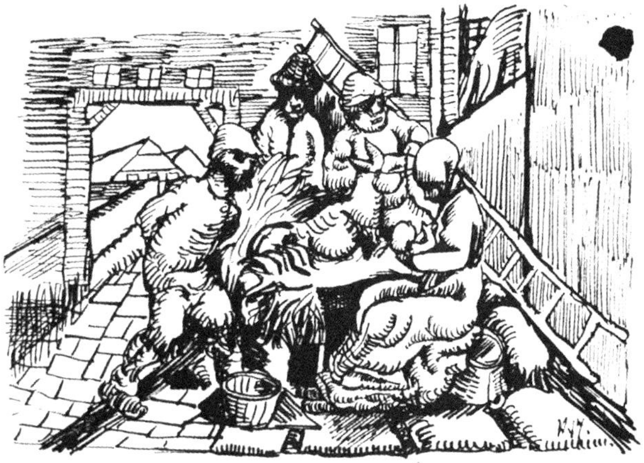

6 Wilhelm Morgner: Anbetung der Hirten, 1914, Tusche, Feder, Papier, 17,56 × ca. 25 cm, Kunstmuseum Wilhelm-Morgner-Haus, Soest

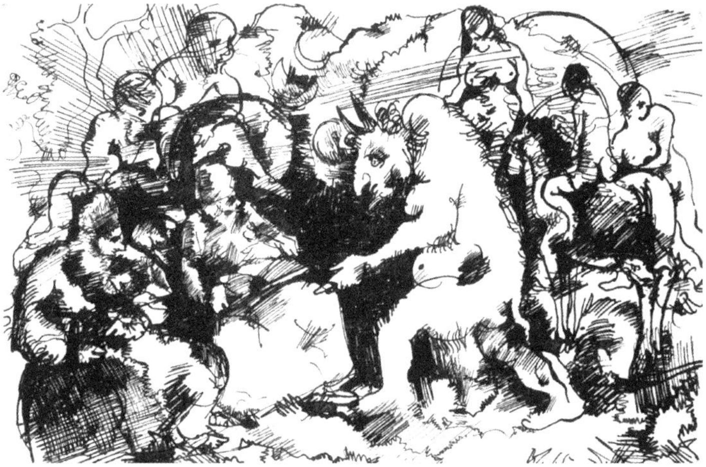

7 Wilhelm Morgner: Das Ungeheuer, 1915, Tusche, Feder auf Papier, 15,6 × 24,1 cm, Kunstmuseum Wilhelm-Morgner-Haus, Soest

der gemalt.«[28] In den Zeichnungen werden weiter Themen wie Geburt, Mutter und Kind, Anbetung und andere christliche Sujets in linearen figürlichen Kompositionen umgesetzt (Abb. 6). Die Gedanken, die Wilhelm Morgner vor dem Krieg beschäftigten, behielten ihre Gültigkeit: Er erhoffte sich keine christliche Wandlung als Erneuerung des Menschen und auch keine politische Wandlung, vielmehr ersehnte er eine Erneuerung im Sinne des Vitalismus – als eine Bejahung des Lebens. So fand der Gedanke vom neuen Menschen immer wieder Einfluss in Morgners Welt, sei es in der Erweckung des Lazarus oder in den Geburtsszenen, die er darstellte. Hinzu kamen aber auch Zeichnungen, die die Gräuel des Krieges zeigen und Titel wie »Totentanz« oder »Kampf« tragen. Auch die Dämonen seiner Kindheit tauchten wieder auf und verliehen dem Schrecken des Krieges in übertragenem Sinne ein Gesicht. Der Krieg wird von Morgner in diesen Arbeiten als mystisches Geschehnis gewertet, bei dem Urgewalten die Strukturen durchbrechen (Abb. 7).

Hinzu kommen Porträts der Bevölkerung, je nach Kriegsschauplatz, an dem er sich gerade befand, sind es Russen, Polen oder Serben. Während des Krieges wurden die Zeichnungen zunehmend realistischer – vor allem bei den Zeichnungen, die 1916 in Mazedonien entstanden. Motivisch knüpfte er hier an die frühen Soester Kopfstudien an, in denen er seine Umwelt porträtierte.[29] Meisterhaft hielt er in den Tuschfederzeichnungen jede Furche in den gegerbten Gesichtern fest (Abb. 8). Der antinaturalistische Weg wurde aufgegeben, sei es bei den Landschaften, die von einer ruhigen, ausgeglichenen Stimmung in ihrer Exaktheit geprägt sind, den Porträts der Bevölkerung oder den christlichen Themen, deren Stil ruhiger wurde. Geradezu sachlich werden die Sujets geschildert. Die Auseinandersetzung mit dem künstlerischen Problem der Gestaltung von Linie und Fläche wurde verdrängt durch den primären Anspruch Morgners in dieser Situation: die Verarbeitung seiner eigenen Seelenwelt in einer Extremsituation.[30] Morgner scheint zunehmend ausgeglichener, sein aufbrausender Charakter und sein expressiver Stil scheinen zu schwinden. »Mit einfachsten Mitteln und einer neu gewonnenen Leichtigkeit im Umgang mit der Feder erreicht Morgner in diesen Blättern

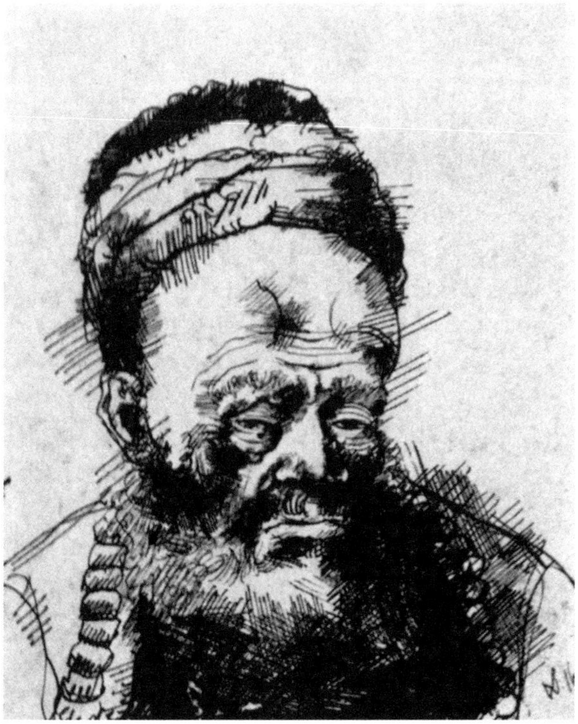

8 Wilhelm Morgner: Kopf eines Mannes mit Vollbart, 1916, Tusche, Feder auf Papier, 26,8 × 21,6 cm, Wilhelm-Morgner-Haus, Soest

das, was ihm in den Jahren zuvor nach eigenem Empfinden oftmals versagt blieb: das Einfühlen in die Natur und die Sichtbarmachung ihrer Seele.«[31]

In seinen Briefen wird deutlich, in welcher Form sich Morgners Einstellung zum Krieg mit der Zeit ändert. Schrieb er 1914 aus Frankreich noch an seine Mutter nach einer Fußverletzung, die gerade ausheilte: »In drei bis vier Wochen bin ich sicher wieder im Feld. Du kannst aber meinetwegen beruhigt sein. Ich glaube nicht, daß mich eine Kugel treffen wird. Ich habe so im Kugelregen gestanden, daß ich heute selbst nicht weiß, wie es gekommen ist, daß mich keine Kugel getroffen hat. Aber mitten im Feuer war es mir immer, als hätte mir jemand gesagt: Nur ruhig, und dann habe ich lachen können, als ob nichts los wäre. Das verschiedenartige Brummen der Geschosse machte mir sogar Spaß. Und im Schützengraben habe ich mitten im Granatfeuer gezeichnet wie zu Hause...« Es folgt in dem Brief eine der seltenen Stellen, in denen sich Morgner konkret zum Kriegsgeschehen äußerte: »Ich glaube nicht, daß der Krieg sobald beendet sein wird. Es wird wohl so kommen, daß in Rußland die Russen in Schach gehalten werden. Ebenso im Süden von unserer westlichen Schlachtreihe die Franzosen. Dann wird wohl im Norden die Entscheidung fallen und zwar glaube ich, daß es bald hauptsächlich gegen die Engländer gehen wird. Wenn die klein sind, ist der Krieg vorbei.«[32]

Eine wirkliche politische Haltung zu den Kriegsgeschehnissen lässt sich aus Morgners Briefen ansonsten kaum ablesen, vielmehr wählte er für die Beschreibung der Abläufe verharmlosendes Vokabular, das über die reale Gefahr hinwegtäuschte: »Die Hauptsache ist, die Welt verwalkt sich. Egal wer Keile bekommt. Ich freue mich immer nur, wenn ich höre, ein neues Volk prügelt sich jetzt wieder. Jetzt auch die Italiener. Das wird eine ganz famose Weltpelzerei. Nur noch toller muß es werden. Niemand darf zu Hause gelassen werden.« Und weiter: »Mir geht es immer noch so, wie sich das gehört, ganz ausgezeichnet.«[33] Auch die Tatsache, dass durch den Krieg die Einbindung in das Kunstgeschäft abgeschnitten war, bedeutete für Morgner eine Erleichterung, die er über die Beschwernisse des Lebens als Soldat im Krieg stellte: »Ich habe keine Lust mehr zum Zeichnen, wenn ich nur an Kritiker, Kunsthändler, Ausstellungen u.s.w. denke«[34], schrieb er aus Litauen. In weiteren Briefen berichtete er begeistert von den Gegenden, die er als Soldat kennenlernte. 1916 schwärmte er: »Ich bin vom Kriegsministerium abkommandiert als Zeichner bei der bulgarischen Commission zur Instandsetzung der Gräber der Gefallenen. [...] Also es ist eine schöne Sache. [...] Wir fangen an bei Belgrad gehen durch das ganze Gebirge bis nach Saloniki runter. Unterwegs gehen wir

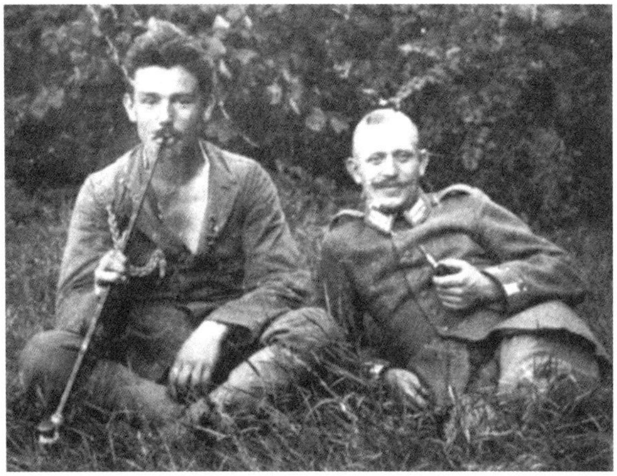

9 Wilhelm Morgner (links) und Kamerad in Serbien, Fotografie 1916/17

auch ans Meer. Eine schönere Sommerreise kann ich mir gar nicht denken«[35] (Abb. 9). Er berichtete von der Donau, vom serbischen Gebirge und von der Türkei: »O, was war es da unten schön.«[36] Doch im August 1917 hat sich Morgners innere Verfassung deutlich gewandelt, wie in einem Brief an seinen Freund Wilhelm Wulff deutlich wird: »Daß ich aber auch wieder in diesen Massenbetrieb der Infanterie geraten mußte, ist zum Kotzen. [...] Der ganze Mist hängt mir zum Halse raus bis zum Koppelschloß. Jeden Tag derselbe Unsinn. [...] Wohin gerät eigentlich die europäische Menschheit. Sag mal, glaubst Du im Ernst, daß dieser Krieg etwas einbringt für Europa oder auch nur für irgendeinen europäischen Staat?«[37] Im Juni wurde Morgner an die Westfront versetzt – erst war er in Frankreich, dann nahm er an der Flandernschlacht teil, die letzte Feldpostkarte an seine Mutter stammt aus Knokke. Morgner war zunehmend ernüchtert und vom Kriegsgeschehen ausgezehrt. In einem seiner letzten Briefe an Georg Tappert schrieb er: »Mich selbst packt vor mir der unglaublichen Bestie ein Grauen. Und doch wieder grenzenlose Sehnsucht nach weiter, weiter Ferne. [...] Ich bin dazu verflucht ein Gefäß und die Wohnung zu sein meines zweiten Ichs und das Zentrum liegt im eigenen Gehirn. Und so wandere ich umher im Innern der Welt. Weite, weite Wanderung. Aber ich bin bei klarem Verstand. Ich bin der Mensch, durch den sich die Welt selbst erkennt.«[38]

Als Wilhelm Morgner am 16. August 1917 an der Front bei Langemarck bei einem englischen Artillerieangriff auf die deutsche Front beim Versuch, sich seiner Gefangennahme zu widersetzen, starb, fand man in seinem Gepäck auf einer Konservendose die Radierung »Große Kreuzigung« (Abb. 10). Ernst-Gerhard Güse schreibt über ihn: »Wilhelm Morgner wurde nicht einmal 27 Jahre alt und gehörte jener Generation von Künstlern an, die in den Jahren vor 1914 gegen die als eng und philiströs empfundene Gesellschaft der Kaiserzeit rebellierte, den Neuen Menschen ersehnte und in ihren Werken dem Geistigen in der Kunst Bahn zu schaffen suchte.«[39]

1 Brief an Georg Tappert vom 21.2.1912, in: Wilhelm Morgner – Briefe und Zeichnungen: Briefe an Georg Tappert, an die Mutter und an Wilhelm Wulff, hg. v. Christine Knupp-Uhlenhaut, Soest 1984, S. 38–39, hier S. 39.
2 Brief an Georg Tappert vom 21.10.1911, ebd., S. 22–24, hier S. 22.
3 Brief an Georg Tappert vom 22.2.1912, ebd., S. 40–41, hier S. 41.
4 Vgl. Ernst-Gerhard Güse: Wilhelm Morgner: »Alle Dinge sind Leben«, in: Der Westfälische Expressionismus, hg. v. Jutta Hülsewig-Johnen und Thomas Kellein, München 2010, S. 129–135, hier S. 133.
5 Vgl. Lucja Nerowski-Fisch: Wilhelm Morgner (1891–1917): Ein Beitrag zum deutschen Expressionismus, Soest 1984, S. 123 f.
6 Georg Tappert, in: Die schöne Rarität, H. 5, 2. Jg., Kiel August 1918, S. 66–79, hier S. 79.
7 Brief an Georg Tappert vom 10.3.1912, in: Knupp-Uhlenhaut 1984 (wie Anm. 1), S. 42.
8 Brief an Georg Tappert vom 13.2.1913, ebd., S. 96.
9 Brief an Georg Tappert, ohne Ort und Datum (Soest 1913), ebd., S. 117.

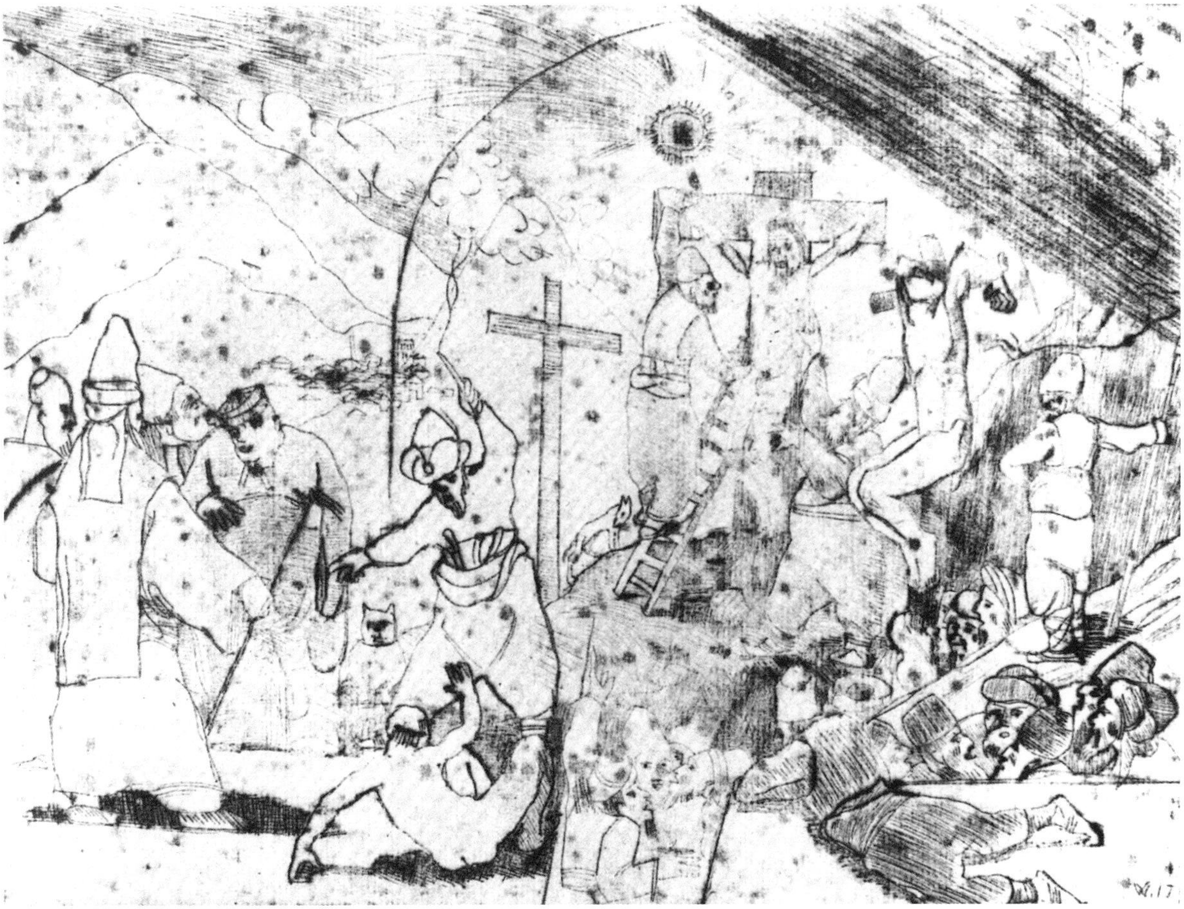

10 Wilhelm Morgner: Große Kreuzigung, 1917, Kaltnadelradierung, 18,4 × 24,3 cm (Druck), Gustav-Lübcke-Museum Hamm, Inv. Nr. 13699

10 Vgl. Ernst-Gerhard Güse: Wilhelm Morgner und der Vitalismus, in: Wilhelm Morgner, Bildhefte des Westfälischen Landesmuseums für Kunst- und Kulturgeschichte, H. 20, Münster 1983, S. 8.
11 Brief an Georg Tappert vom 20.8.1912, in: Knupp-Uhlenhaut 1984 (wie Anm. 1), S. 70–73, hier S. 70.
12 Brief an Georg Tappert vom 19.1.1913, ebd., S. 84–86, hier S. 84.
13 Vgl. Güse 2010 (wie Anm. 4), S. 134.
14 Güse 1983 (wie Anm. 10), S. 21.
15 Ebd., S. 21.
16 Vgl. Siegfried E. Fuchs: Die Einheit im Gegensätzlichen des Werkes von Wilhelm Morgner, in: Wilhelm Morgner 1911–1913, Astral-Ornamental-Linear-Komposition, Ausst.-Kat. Wihelm-Morgner-Haus Soest und Städtische Galerie Haus Seel in Siegen, Soest 1987, S. 6–9, hier S. 7.
17 Brief an Georg Tappert vom 8.10.1911, in: Knupp-Uhlenhaut 1984 (wie Anm. 1), S. 20–21, hier S. 20.
18 Güse 2010 (wie Anm. 4), S. 132.

19 Brief an Georg Tappert vom 22.2.1913, in: Knupp-Uhlenhaut 1984 (wie Anm. 1), S. 101–102, hier S. 102.
20 Ebd., S. 102.
21 Brief an Georg Tappert ohne Ort und Datum (Soest 1913), ebd., S. 126–127, hier S. 127.
22 Brief an Georg Tappert vom 29.5.1915, ebd., S. 140–142, hier S. 142.
23 Katrin Winter: Krieg! – Rückkehr zum Realismus und Flucht ins Surreale (1914–1917), in: Ich und die anderen – Wilhelm Morgner: Zeichnungen des Expressionismus, Ausst.-Kat. Westfalen-Lippe Museumsamt in Münster, Wilhelm-Morgner-Haus in Soest, Kolvenburg in Billerbeck, Stadtmuseum Beckum, Münster 2005, S. 115–121, hier S. 116.
24 Knupp-Uhlenhaut 1984 (wie Anm. 1), S. 10.
25 Brief an Georg Tappert, Russland/Polen, 29.5.1915, ebd., S. 140–142, hier S. 142.
26 Brief an Georg Tappert, ohne Ort und Datum (Polen 1915), ebd., S. 138.
27 Vgl. Andrea Witte: Wilhelm Morgner: 1891–1917, Zeichnungen und Aquarelle, Textteil, Münster 1998, S. 64.
28 Unveröffentlichter Brief, zit. n. Klaus Kösters: Das grenzenlose Schöpfer-Ich – Zum Weltbild Wilhelm Morgners, in: Wilhelm Morgner – Ich und die anderen, Ausst.-Kat. Westfalen-Lippe Museumsamt in Münster, Wilhelm-Morgner-Haus in Soest, Kolvenburg in Billerbeck, Stadtmuseum Beckum, Münster 2005, S. 162, hier zit. n. Witte 1998 (wie Anm. 27), S. 50.
29 Vgl. Winter 2005 (wie Anm. 23), S. 119.
30 Vgl. Harald Seiler: Wilhelm Morgners Werk, in: Westfalen, Hefte für Geschichte, Kunst und Volkskunde, Bd. 30, 1952, H. 1, S. 58–76, hier S. 58.
31 Winter 2005 (wie Anm. 23), S. 120.
32 Brief an die Mutter, ohne Ort und Datum (Frankreich, 1914), in: Knupp-Uhlenhaut 1984 (wie Anm. 1), S. 175.
33 Brief an Georg Tappert, Russland/Polen, 29.5.1915, ebd., S. 140–142, hier S. 140.
34 Brief an Georg Tappert, ohne Ort und Datum (Litauen 1915), ebd., S. 144.
35 Brief an die Mutter, 9.6.1916, ebd., S. 180.
36 Brief an die Mutter, Serbien 27.8.1916, ebd., S. 180.
37 Brief an Wilhelm Wulff, 10.8.1917, ebd., S. 194.
38 Brief an Georg Tappert, ohne Ort und Datum (Serbien, 1917), ebd., S. 170.
39 Güse 2010 (wie Anm. 4), S. 129.

»ALLES SO WIDERSPRÜCHIG« KRIEGSERLEBNIS UND SPRACHE BEI AUGUST STRAMM

ANDREAS KRAMER

»Es ist alles so widersprüchig ich finde nicht durch das Rätsel«[1], so schreibt August Stramm am 6. Oktober 1914 an Herwarth Walden, den Herausgeber der expressionistischen Zeitschrift »Der Sturm«. Stramm, der zu diesem Zeitpunkt seit knapp acht Wochen als Kompanieführer in Neubreisach eingesetzt war (Abb. 3) und die Kampfhandlungen um Mühlhausen am Rande miterlebte, bezeichnet mit diesem Satz eine Erfahrung, die für zahlreiche Kriegsteilnehmer typisch war, nämlich die Verunsicherung und Orientierungslosigkeit des Subjekts angesichts des unfassbaren, überwältigenden Kriegsgeschehens.

Ich möchte im Folgenden Stramms Hinweis auf das »Widersprüchige« dieser Erfahrung beim Wort nehmen und der Frage nachgehen, wie seine literarischen Reaktionen auf den Krieg den Zusammenhang von Kriegserlebnis, Sprache und Ich gestalten. Als literarische Reaktionen kann man in diesem Falle die Kriegsbriefe und die Kriegsgedichte auffassen. Dabei von einem Kriegsbrief auszugehen, rechtfertigt sich zum einen wegen des relativ frühen Zeitpunkts dieser Reaktion, die der Entstehung der ersten Kriegsgedichte wohl um einige Wochen voranging, und zum anderen wegen der sprachlichen Gestalt dieser Briefe.[2] In Stramms Brief von Anfang Oktober finden sich eine ganze Reihe kühner Formulierungen, die sich zum Teil wohl, wie bei Kriegsbriefen auch anderer Autoren, der raschen beziehungsweise mehrfach unterbrochenen Niederschrift verdanken, hier aber zur schroffen, unvermittelten Gegensätzlichkeit widersprüchlicher Empfindungen und Haltungen gesteigert wird. So gibt Stramm Walden gegenüber seiner Freude über den Erhalt der soeben erschienenen Ausgabe seines Kurzdramas »Die Haidebraut« Ausdruck, um im selben Satz dieses vor dem Krieg verfasste Stück als »Gestotter« zu bezeichnen, als unzulänglichen sprachlichen Ausdruck von etwas, das im Zeichen des aktuellen Kriegsgeschehens keine Gültigkeit mehr habe beziehungsweise überholt sei. Auch das Erlebnis der unheimlichen Nähe von Leben und Tod, die der Krieg mit sich bringt und die Stramm in unmittelbarer Abfolge notiert, findet einen widersprüchlichen sprachlichen Ausdruck. Stramm beschreibt in fast lyrischen Sätzen die Intensivierung des Lebensgefühls, die er auf einem langen Marsch mit seiner Truppe durch die Vogesen erlebte, ehe er unvermittelt die Erfahrung des Todes dagegensetzt, der zugleich verinnerlicht erscheint: »Es ist unendlich viel Tod in mir Tod und Tod«; und weiter: »Lebe gestorben, und bin gesund dabei und stark wie eine starkwandigtaube Nuß. Ich verlange nach nichts. Ich möchte morden morden dann bin ich wenigstens eins mit dem ringsum.«[3] Ein unerhörtes Erlebnis, die Erfahrung des Lebens im Zeichen des allgegenwärtigen Todes, findet hier seinen paradoxen Ausdruck (»Lebe gestorben«). Die uralte Differenzierung zwischen Ich und Welt – Voraussetzung jeder Identitätsbildung – ist unter den Bedingungen des Krieges, der die konventionellen Grenzen zwischen Leben und Tod aufzulösen scheint, nicht mehr möglich; einziger Ausweg ist der Wunsch nach Aufhebung dieser Differenz, nach Verschmelzung und ›Eins‹-Sein »mit dem ringsum« durch Ausleben der Mordlust – eine psychologisch plausible, aber in ihrer Radikalität inhuman anmutende Reaktion. Mehr noch: Auch das Verhältnis des Ich zu sich selbst ist vom Widerspruch geprägt; nicht nur ist das Ich kriegsbedingt, durch das Erlebnis des »Widersprüchigen«, ein Anderer geworden (eine Grunderfahrung und -voraussetzung der literarischen Moderne seit Rimbaud), auch seine Fähigkeit, einen derartigen Widerspruch für sich selbst aufzuzeichnen und anderen mitzuteilen, wird in Zweifel gezogen: »Und ich sitz jetzt hier fern vom Schuß. Etappe! Ist das meine Sehnsucht? Nein und ja und nein. Es ist alles nicht wahr und alles Lüge. Infam. Jetzt möcht ich den Brief schon nicht mehr abschicken ich hab schon mal einen auch geschrieben und zerrissen.«[4]

Diese Zitate aus ein und demselben Kriegsbrief geben nicht nur einen Eindruck von der tiefen Verunsicherung, die Stramm kurz nach Beginn des Krieges durchmachte, sondern sie zeigen in ihren widersprüchlichen Formulierungen, welche sprachlichen Anstrengungen die Verarbeitung des Kriegserlebnisses erfordert. Ehe ich mich Stramms Kriegsgedichten zuwende, möchte ich Stramms Biografie und Weltanschauung am Leitfaden des Widerspruchs beleuchten. Stramm, Jahrgang 1874, war nicht nur ein bis eineinhalb Jahrzehnte älter als die meisten seiner expressionistischen Kollegen, sondern im Unterschied zu diesen fest im bürgerlichen Leben etabliert. Stramm (Abb. 1) schlug eine Verwaltungslaufbahn im Postdienst ein und wurde nach Auslandsaufenthalten und Promotion 1909 zum Postinspektor in der Berliner Reichspostverwaltung ernannt. Ähnlich zielstrebig wie sein beruflicher Werdegang verlief Stramms militärische Laufbahn: Nach dem Pflichtdienst Unteroffizier, stieg er 1902 zum Leutnant, 1909 zum Oberleutnant (Abb. 2) und 1913 zum Hauptmann der Reserve auf. Im Krieg umgehend eingezogen, diente er zunächst als Kompanieführer und sodann als Gerichtsoffizier in der elsässischen Etappe, ehe er im Januar 1915 zum Kompanieführer eines neu aufgestellten Reserve-Infanterie-Regiments ernannt wurde und zuerst an der Westfront in der Nähe der Somme, dann an der Ostfront in Galizien eingesetzt wurde, wo er am 1. September 1915 als Letzter seiner Kompanie fiel.

Als Verfasser unveröffentlichter Theaterstücke stand Stramm lange im Schatten seiner Ehefrau, der erfolgreichen Unterhaltungsschriftstellerin und Journalistin Else Krafft, ehe er 1914 Herwarth Walden kennenlernte, der das Neue an Stramms Dramen und Gedichten erkannte und sie nach und nach in seiner Zeitschrift »Der Sturm« und in Einzelausgaben des gleichnamigen Verlags publizierte, so auch die beiden Gedichtbände »Du. Liebesgedichte« (1915), von Stramm selbst zusammengestellt, und »Tropfblut. Gedichte aus dem Krieg« (1919), den Walden zusammenstellte. Aus dieser Vita und Werkbiografie konstruiert man häufig einen Widerspruch zwischen Stramms Beamten- und Offizierslaufbahn einerseits, in der sich die Bürokratisierungs- und Disziplinierungstendenzen der Moderne exemplarisch verkörpern, und seiner Existenz als Schriftsteller andererseits, der mit seiner Dichtung Einspruch gegen die Erfahrung der Entfremdung erhebt.

Auch Stramms Weltanschauung kann man als Reaktion auf die Widersprüche der Moderne, die Erfahrung der Entfremdung und des Verlusts einer ursprünglichen Einheit betrachten. Dass sich diese Weltanschauung aus dem Gedankengut des 19. Jahrhunderts speist, ist seit Langem bekannt und auch einigermaßen gut belegt. Stramm, der während sei-

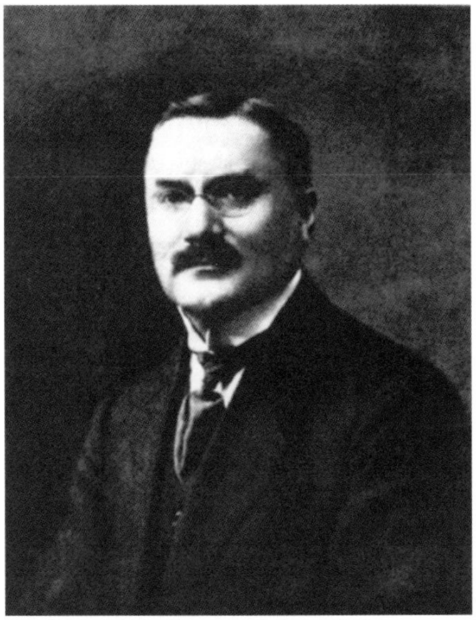

1 August Stramm, um 1911

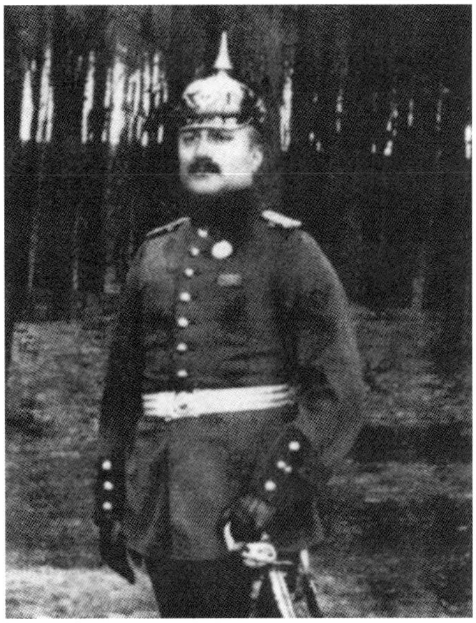

2 August Stramm als Oberleutnant der Reserve im Hohenzollernschen-Füsilier-Regiment Nr. 40, 1912

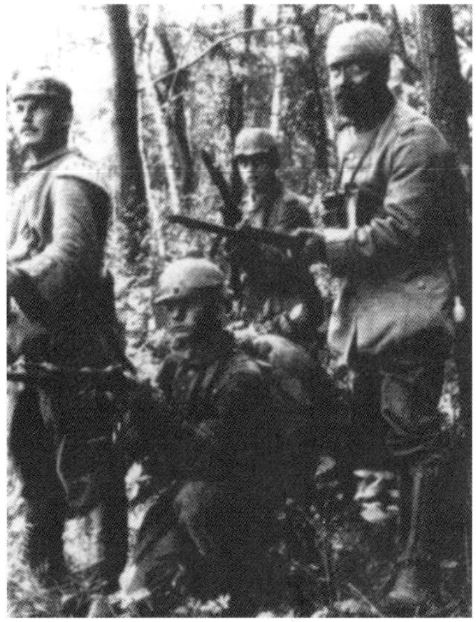

3 August Stramm an der Westfront (rechts stehend); vermutlich in den Vogesen, Herbst 1914

nes Promotionsstudiums auch Philosophie belegte, entnahm den Schriften Friedrich Nietzsches, Fritz Mauthners und Hans Vaihingers bestimmte Versionen der Erkenntnis- und Sprachkritik, die sich wie folgt zusammenfassen lassen: Die Wirklichkeit außerhalb des Subjekts gilt als bloße Fiktion; einzig seiner eigenen Wahrnehmungen und Empfindungen kann sich das Subjekt sicher sein; auch die Sprache kann nicht auf irgendeine äußere Wirklichkeit verweisen, sondern lediglich subjektive Zustände ausdrücken.[5] Stramms Weltanschauung wird weiterhin von der idealistischen Lebensphilosophie und ihren irrationalen Aus- und Mitläufern geprägt, die Einspruch gegen ein mechanistisches und rationalistisches Weltbild erheben, wobei für Stramm zwei populäre amerikanische Lebensphilosophen wichtig wurden. Prentice Mulfords »Der Unfug des Lebens und des Sterbens« deutet das menschliche Leben antilinear und dynamisch, als dauernden Wechsel von Zuständen, der paradoxerweise auch den Tod einbezieht. Ralph Waldo Trine spekuliert in dem Buch, das Stramms Lieblingsbuch werden sollte, »In Harmonie mit dem Unendlichen« (»In Tune with the Infinite«; 1897, dt. 1904) darüber, dass jeder Mensch bewusst oder unbewusst nach Vereinigung mit einem kosmischen Prinzip, der »Einheit« des »unendlichen Lebens« strebe, um so wieder in eine ursprüngliche Harmonie einzutreten, auch in eine Harmonie mit sich selbst.[6] In solchen Gedanken wird populärer Kosmo-Mystizismus fast zur praktischen Lebenshilfe. Es verwundert nicht, dass Stramm Trines Buch stets bei sich trug; nach seinem Tod fand man ein blutbeflecktes Exemplar an seiner Leiche.

Stramm konzipierte keine eigenständige Poetik, doch geben die überlieferten Briefe einigen Aufschluss über seine Auffassung von Kunst und Dichtung. Stramms Ästhetik fügt sich in sein idealistisches Weltbild, in dem ein hoher Begriff von KUNST neben dem des LEBENS steht. In der Forschung ist die Literatur des Expressionismus mit einigem Recht als vitalistischer Protest gegen die Modernisierung, gegen Entfremdung und Rationalität gelesen worden[7]; dieser Einspruch im Namen des »Lebens« und des subjektiven Erlebnisses wird bei Stramm und vielen seiner »Sturm«-Kollegen von einem emphatischen Kunstbegriff getragen. Kunst und Dichtung dienen nicht der realistischen Darstellung beziehungsweise der Nachahmung äußerer Wirklichkeit oder ihrer moralischen Bewältigung, sondern der möglichst unverstellten Mitteilung von subjektivem Erleben.[8] Bei Stramm nun gibt es eine enge (und nicht immer widerspruchsfreie) Verbindung aus traditionellen und avantgardistischen Positionen – sein antimimetischer, auf das Erlebnis abzielender Kunstbegriff ist durchaus traditionell und in bestimmten Zügen der idealistischen Ästhetik verpflichtet; aber Stramms eigenwillige Sprachgestaltung, vor allem in den Gedichten aus den letzten anderthalb Lebensjahren, ist avantgardistisch. Durch extreme Reduktion und Intensivierung der sprachlichen Mittel und durch den Abbau grammatischer und syntaktischer Bezüge geht Stramm nicht nur auf subjektive Weise mit der Sprache um, sondern versucht auch, die konventionellen Formen der poetischen Mitteilung beziehungsweise des Ausdrucks zu verändern; dabei privilegiert er Klang und Rhythmus, um auf einer emotiven, sinnlichen Ebene etwas von der Macht des übergreifenden Lebensstroms, der ultimativen Einheit des »unendlichen Lebens« mitzuteilen.

Ab dem Frühjahr 1914 propagierte Walden Stramms Schreibweise unter dem von Arno Holz geborgten Stichwort »Wortkunst« als genuin deutschen Beitrag zur internationalen Avantgarde, mit dem er ausländische Vorbilder wie die italienischen Futuristen oder die französischen Dichter Guillaume Apollinaire und Blaise Cendrars und auch Vorbilder aus der bildenden Kunst wie den Kubismus und den Blauen Reiter ablösen konnte. Im »Sturm« selbst stilisierte man, auch in Folge der durch den Krieg begünstigten Nationalisierung der Avantgarden, den »deutschen Expressionismus«, dem Stramm zugeschlagen wurde, zum ideellen Ziel und geistigen Gipfelpunkt der avantgardistischen Kunstentwicklungen, wobei man dem Kubismus und Futurismus lediglich eine anregende Funktion zugestand.[9]

Stramms innovative Erlebnisästhetik, die radikale Subjektivierung des Ausdrucks und die intendierte Aufhebung erfahrungsmäßiger Widersprüche, bringt ihrerseits widersprüchliche Tendenzen in der Sprache und Textur seiner Gedichte hervor.[10] Stramm verzichtet weitgehend auf vorgegebene poetische Formen und schreibt Gedichte in individueller, freier Form; darin unterscheiden sich seine Kriegsgedichte von der Lyrik zahlreicher, auch expressionistischer Zeitgenossen, die in ihrer Mehrzahl formal konservativ beziehungsweise epigonal sind.[11] Mit Blick auf Stramms Kriegslyrik, die den Horror des Krieges so wiedergibt oder wiedergeben will, wie der Autor ihn erlebt hat, ist das Kriterium der Kriegsgegnerschaft oder gar Kriegskritik eher äußerlich; im Unterschied zur patriotischen und zur pazifistischen Kriegslyrik orientieren sich Stramms Kriegsgedichte nicht an gängigen Feindbildern. Diese Zurückhaltung prägt auch die ersten brieflichen Reaktionen Stramms auf den Krieg. Im Unterschied zur Kriegseuphorie vieler Zeitgenossen findet sich eine akzeptierende Einstellung, die an Tapferkeit und Mut als ethischen Tugenden und an die Offizierspflicht appelliert, ehe sie insofern kriegskritischer wird, als sie organisatorische Formen der Kriegsführung bemängelt. Aber auch dort, wo in den Briefen direkt vom Horror des Krieges die Rede ist, stehen die Erlebnisqualität, das Problem ihrer Mitteilbarkeit und die Ersatzreaktionen des Subjekts im Vordergrund (Abb. 4): »Aber ein Grauen ist in mir ein Grauen ist um mich wallt wogt umher, erwürgt verstrickt, es ist nicht rauszufinden. Entsetzlich. Ich habe kein Wort. Ich kenne kein Wort. Ich muß immer nur stieren, stieren um mich stumpf zu machen, um all das Gepeitschte niederzuhalten.«[12]

Das Thema des Kampfes hatte Stramm bereits in den Liebesgedichten des Bandes »Du« aufgegriffen.

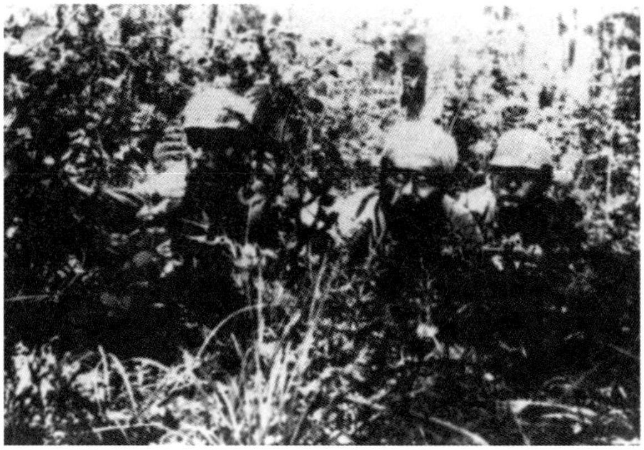

4 August Stramm (Bildmitte) an der Westfront, vermutlich in den Vogesen, Ende 1914

In »Liebeskampf«, das programmatisch an erster Stelle des Bandes steht, führt Stramm das erotische Verlangen eines Ich nach einem Du zu einer erlebnismäßigen Einheit zusammen, das er als Wirken eines abstrakten, überpersönlichen Verlangen gestaltet (»Das Wollen steht« ist eine mehrfach wiederholte Zeile).[13] Vom Konflikt bis zur Zusammenführung des Konfligierenden gibt es mehrere Bewegungsphasen: Das Du entzieht sich dem rohen Zugriff des Ichs, woraufhin das Ich sein Begehren zu sublimieren scheint, ehe Gewalt ausbricht und zu einer Kette einander entgegengesetzter Tätigkeiten führt (»Treten / Streicheln / Fluchen / Segnen«), ehe sich die Grenzen des Ich und Du auflösen (»Im gleichen Krampfe / Pressen unsere Hände / Und unsere Tränen / Wellen / Auf den gleichen Strom!«), was das Gedichtende auf abstrakte Weise so resümiert: »Das Wollen steht! / Nicht Du! / Nicht Dich! / Das Wollen steht! / Nicht / Ich.«

Auch das Gedicht »Trieb« gestaltet diverse Stadien des Geschlechterkampfes unter Verwendung substantivierter Verben und der generischen Pronomina Ich und Du. In sprachlicher Hinsicht ist es jedoch radikaler, da es auf syntaktische Zusammenhänge weitgehend verzichtet und vitalistische Metaphern, Klang und Euphonie einsetzt, um die Lösung des Konflikts anzuzeigen: »Lösen Gleiten / Stöhnen Wellen / Schwinden Finden / Ich / Dich / Du!«[14]

In den Kriegsgedichten geht es dagegen weniger um solche ekstatischen Konfliktlösungen als um die Auswirkungen des Konflikt- oder Kampferlebnisses auf das Subjekt. Dabei gibt Stramm seine vitalistische Grundhaltung nicht auf, wohl aber wird sie im Zeichen des Krieges ambivalent, wofür sich etwa das Gedicht »Sturmangriff« heranziehen ließe:

Aus allen Winkeln gellen Fürchte Wollen
Kreisch
Peitscht
Das Leben
Vor
Sich
Her
Den keuchen Tod
Die Himmel fetzen.
Blinde schlächtert wildum das Entsetzen.[15]

Stramms lexikalische, morphologische, syntaktische Manipulationen lassen hier im Unklaren, was grammatisches Subjekt und Objekt ist. Der »aus allen Winkeln« hervorbrechende Sturmangriff wird ambivalent als Lebens- und als Todesäußerung gesehen, wobei es (wie in dem Gedicht »Liebeskampf«) ein abstraktes »Wollen« ist, das das Leben und »den keuchen Tod« vor sich herpeitscht und auch »die Himmel« (im Plural, nicht den einen Himmel der christlichen Heilslehre) zerfetzt. Der Reim der letzten beiden Zeilen ist wegen der stark unterschiedlichen Zeilenlänge kaum auf den ersten Blick sichtbar (wobei die letzte Zeile ein Spiegelbild der ersten ist, eine Zangenbewegung veranschaulichend) als vielmehr erst zu hören – ein passender formaler Einfall für die Blindheit des Geschehens und die akustische Dimension des Erlebens. Diese vitalistische Sicht auf den Krieg findet sich in zahlreichen Kriegsgedichten Stramms, aber man muss sie von der Sicht vieler Zeitgenossen und Dichterkollegen differenzieren.

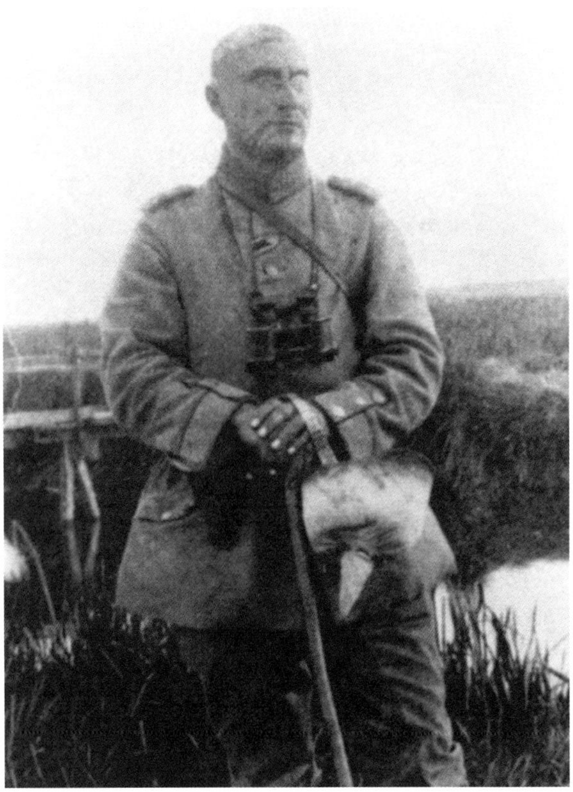

5 August Stramm am Bug, August 1915

Das intensive Miterleben von Grauen und Todesnähe wird bei Stramm nicht eindeutig als Steigerung des Lebens, als existenzielle Grenzerfahrung oder gar als Befreiung von Starrheit und Enge der bürgerlichen Existenz gefeiert, sondern fast durchweg ambivalent und widersprüchlich markiert, wozu die komprimierte sprachliche und lyrische Form nicht unerheblich beiträgt (Abb. 5). Ein Beispiel hierfür ist die paradoxe Verschränkung von Geburt und Tod in dem Gedicht »Haidekampf«: »Sonne Halde blumet knosper Tod«.[16]

Die Wahrnehmung des äußeren Kriegsgeschehens hat in Stramms Lyrik drastische Auswirkungen auf das Subjekt; sinnliche Wahrnehmung geht dabei in Affekt und Trauma über, wobei Stramm (auch dies im Unterschied zu vielen seiner Zeitgenossen, auch der Expressionisten) häufig das Pronomen »ich« ausspart, wie hier in »Granaten«:

Das Wissen stockt
Nur Ahnen webt und trügt
Taube täubet schrecke Wunden
Klappen Tappen Wühlen Kreischen
Schrillen Pfeifen Fauchen Schwirren
Splittern Klatschen Knarren Knirschen
Stumpfen Stampfen
Der Himmel tapft
Die Sterne schlacken
Zeit entgraust
Sture weltet blöden Raum.[17]

Mit »Wissen«, mit rationalen und kognitiven Mitteln, ist dem Geschehen nicht beizukommen. In der enormen Komprimierung der Reaktionen – »trügerisches« Ahnen und »betäubender« Schrecken davor, getroffen beziehungsweise verwundet zu werden – zeigt Stramm etwas von dem Trauma an, dem der ungenannt bleibende Sprecher – oder besser: das affektive Zentrum der Wahrnehmung – unterliegt. Nicht nur das Erlebnis, auch der sprachliche Ausdruck des Erlebnisses zeigt Spuren dieses Traumas, die über die Abwesenheit des Pronomens »ich« hinausgehen. Die Klanggestalt des Mittelteils kann man als widersprüchliche Einheit aus Dissonanz und Assonanz lesen: Substantivierte Infinitive geben dissonante Höreindrücke wieder, und die Konsonantenfolgen (sch-, f-, pf-) und Vokalgegensätze (a, au // i, ei), ergeben eine Kreuz- oder Gegensatzstruktur. Die in den letzten Versen erwähnten Himmel, Sterne, Zeit und Welt-Raum weisen über das lokale Geschehen hinaus, aber sie scheinen die Möglichkeit einer Harmonie mit dem »unendlichen Leben« zu verneinen; ihre Attribute und Aktivitäten sind dem gewalttätigen Kriegsgeschehen unterworfen.

Die Entmachtung des rationalen, begreifenden Subjekts ist in Stramms Kriegsgedichten oft mit einer widersprüchlichen psychischen Konstruktion des Subjektiven verbunden, wie beispielsweise in »Triebkrieg«, wo ein Schauen, eine Anschauung des Krieges als Blickbeziehung zwischen Ich und Du inszeniert wird (Blick, Auge, männliches Schauen waren bereits in »Du. Liebesgedichte« wichtige Motive).[18] Das »Blitzen« und »Aufknallen« des Blicks, das anschließende Strömen des Blutes sind wiederum ambivalent gestaltet; erotische und militärische Bedeutungen sind miteinander verschränkt; die Steigerung des erotischen Begehrens beim lyrischen Ich ist als Folge einer Kriegsverwundung lesbar, und umgekehrt. Wenn Gewalt erotisiert wird, ist sie als unbewusstes Triebgeschehen auch dem Wiederholungszwang unterworfen, wie es die Mittelzeile »Du blitzt und blitzest« suggeriert, die das Faszinosum der Schaulust mit ihren sadistischen und masochistischen Folgen verallgemeinert. Werden Krieg und Sexualität miteinander verschränkt, so treten sie am Ende des Gedichts auseinander, wenn den »lodernden Lebenskräften« das Vermodern und schließlich das Ersticken der Lebensflamme entgegengesetzt wird, zusätzlich markiert durch die Paronomasie in der unvermittelten Aufeinanderfolge von »Lodern« und »Moder«.[19] Im Gedicht »Schlachtfeld« führt die Wahrnehmung des tödlichen Geschehens zu einschläfernder, traumartiger Regression und wird mit Kinderblicken assoziiert, einer vorödipalen Schaulust, die zugleich begehrt und gefürchtet wird[20]:

Schollenmürbe schläfert ein das Eisen
Blute filzen Sickerflecke
Roste krumen
Fleische schleimen
Saugen brünstet um Zerfallen.
Mordesmorde
Blinzen
Kinderblicke.

Im Gegensatz hierzu steht etwa »Schrapnell«, das eine radikale Störung des Sehsinnes und des visuellen Begehrens durch ein männliches Wahrnehmungszentrum inszeniert.[21]

Entmachtung des Subjekts, Destabilisierung seiner Wahrnehmungsfähigkeiten und seiner psychischen Konstitution – diese thematischen Orientierungen bringen in Stramms komprimierten Kriegsgedichten auch ein eigentümlich verschränktes, überkreuztes Sprechen hervor. Ein solches Sprechen manifestiert sich gelegentlich als offene Widersprüchlichkeit, wie in »Werttod«, einem der seltenen Reimgedichte Stramms[22]:

Fluchen hüllt die Erde
Wehe schellt den Stab
Morde keimen Werde
Liebe klaffen Grab
Niemals bären Ende
Immer zeugen Jetzt
Wahnsinn wäscht die Hände
Ewig
Unverletzt.

Die formalen Parallelen zwischen Anfang und Ende einerseits und im Mittelteil andererseits deuten die zwei divergierenden Sprechrichtungen und Kehrtwendungen des Gedichtes an. Zum einen inszeniert es die »Morde«, das gewaltsame Töten im Krieg, als Teil des Kreislaufs von Werden und Vergehen. Die Verse 3 bis 6 sind verbunden durch formale Parallelen, die antagonistische Begriffe und sogar Oxymora in eine chiastische Struktur einbetten, um die Dynamik von Werden und Vergehen vor Augen zu führen. Die Zeitbestimmungen in Vers 4/5 bilden sich überkreuzende Gegensatzpaare, die sich gegenseitig außer Kraft zu setzen scheinen und auf das »Ewig« vorausweisen, den Zustand, in dem jede Zeiteinheit aufgehoben ist. Zum anderen jedoch benennt das Gedicht »Fluch« und »Wehe« im Krieg, den »Wahnsinn« des Krieges und sein unaufhörliches Weiterwirken, das zum Titel gebenden »Werttod«, dem Zerfall jeglicher Wertmaßstäbe, führt. Der Schluss des Gedichts stellt in der Aufspaltung »Ewig / Unverletzt« in zwei Ein-Wort-Zeilen einen formalen Bruch dar, der die formal regelmäßige Struktur des Gedichts (dreihebige Trochäen, Kreuzreim, alternierend männlicher und weiblicher Ausgang) stört. Durch diesen Bruch wird der Vers »Niemals bären Ende« zur Mittelzeile des Gedichts. Doch trotz dieser Mittelstellung wäre es schwierig, dieser Deutung des Krieges als Affirmation eines unendlich zerstörerisch-kreativen Lebens den Vorzug vor der Kritik am »Wahnsinn« des Krieges zu geben; denn mir scheint, gerade in seinen rhetorischen Wendungen (der Begriff »Tropus« hat ja die eigentliche Bedeutung »Wendung«) und der bei aller Eingängigkeit des Reims widersprüchlich gekreuzten Form gestaltet das Gedicht einen Widerspruch, der sich nicht auflösen lässt – eine Aporie, die aus der formalen und sprachlichen Gestalt des Gedichts, nicht erst der hermeneutischen Methode hervorgeht.[23]

Ganz ähnliche Kreuzformen weist das Gedicht »Schrei« auf, dessen Titel auf unartikuliertes Sprechen verweist. Die Schlussverse lauten:

Stürmen
Strömen
Wirbeln
Ballen
Knäueln
Wehe Wehe
Wehe
Wehen
Nichtall.[24]

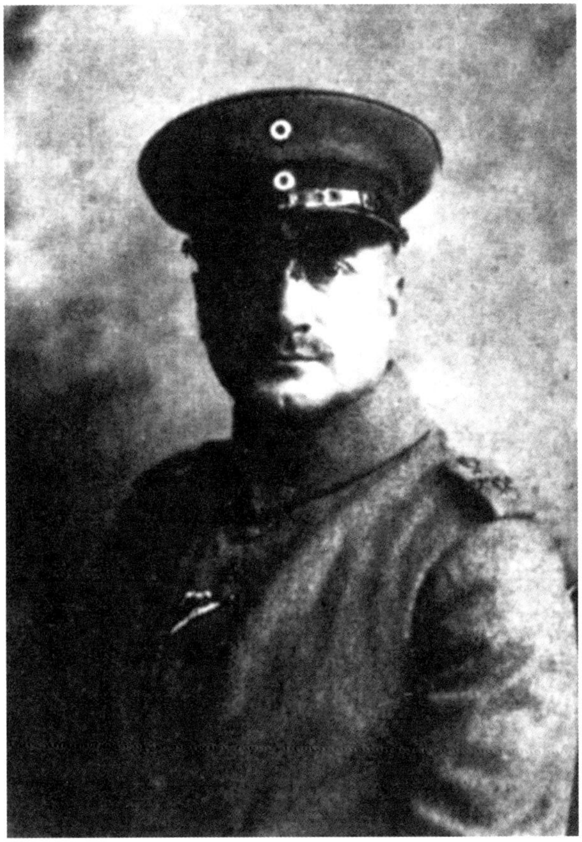

6 Porträtaufnahme August Stramms bei seinem letzten Besuch in Berlin, August 1915. Die Aufnahme wurde von Walden als »STURM-Postkarte 1« verbreitet.

Auch hier werden einzelne Bilder und Eindrücke aus dem Krieg in ein kosmisches Geschehen eingeordnet, aber die verschiedenen sprachlichen Hin- und Herbewegungen scheinen im Kreise zu verlaufen, ehe der insistente »Wehe«-Schrei in ein animiertes »Nichtall« übergeht, ein Neologismus, der sich als dialektisches Wort lesen lässt, das als These und Antithese zugleich den Widerspruch zwischen Leben und Tod, Ganzem und Teil, Sinn und Nichtsinn verkörpert.

Eine Eintragung aus einem unveröffentlichten Notizbuch Stramms lautet: »nicht ethisieren, alles ist gleichwertig«.[25] Das scheint in direktem Gegensatz zur Formel »alles so widersprüchig« zu stehen, die ich eingangs zitierte. Nimmt man aber beide Formeln zusammen, dann ergibt sich eine neue Perspektive auf den Zusammenhang von Sprache und Krieg. Gerade weil Stramm (Abb. 6) weitgehend auf eine ethisch-moralische Beurteilung des Krieges verzichtet, kann er seinen Blick auf alles prinzipiell »gleichwertige« Geschehen richten und nach Maßgabe seiner Weltanschauung und Kunstauffassung, aber auch seiner Erlebnisästhetik gestalten. Stramms Kriegserlebnis weist zwar einige Gemeinsamkeiten mit den typischen und vorherrschenden Formen des Kriegserlebnisses auf, aber es steht in radikalem Widerspruch zu den Konventionen, die im ersten Kriegsjahr die sprachliche Mitteilung und künstlerische Gestaltung dieses Erlebnisses strukturieren. Mit wenigen, aber genau gesetzten poetischen Mitteln gelingt es Stramm in seinen Briefen und Gedichten, grundlegende Widersprüche des Kriegserlebnisses und des davon affizierten Subjekts zur Sprache zu bringen.

1 August Stramm: Gedichte, Dramen, Prosa, Briefe, hg. v. Jörg Drews, Stuttgart 1997, S. 173.

2 Adler datiert die frühesten Kriegsgedichte Stramms tentativ auf November 1914; s. August Stramm: Die Dichtungen. Sämtliche Gedichte, Dramen, Prosa, hg. v. Jeremy Adler, München 1990, S. 396. Stramms Briefe sind Adler zufolge »häufig als Prosagedichte komponiert« und stellenweise futuristisch; Jeremy Adler: Nachwort, in: ebd., S. 372. – Auch Drews schätzt Stramms Kriegsbriefe nicht nur als psychologische, sondern auch als künstlerische Dokumente ein und vergleicht sie mit denen Trakls; Jörg Drews: Nachwort, in: Stramm 1997 (wie Anm. 1), S. 230 ff.

3 Stramm 1997 (wie Anm. 1), S. 173 f.

4 Ebd., S. 174. Die Erfahrung des Widerspruchs ist jedoch ein Movens. In Stramms Brief vom 14.12.1914 heißt es: »Aber diese sinnlosen Widersprüche lassen keine Ruhe«; ebd., S. 175.

5 Weitere Hinweise zur Sprachauffassung bei Stramm und seinen Zeitgenossen in Adlers Nachwort, in Stramm 1990 (wie Anm. 2), S. 352 ff.

6 Zit. n. Jeremy Adler: »Alles ist Gedicht« oder: Kunst und Krieg, in: Stramm 1990 (wie Anm. 2), S. 87.

7 Vgl. Thomas Anz: Literatur des Expressionismus, Stuttgart/Weimar 2002, S. 49–60.

8 »Künste taumeln dahin! Kunst bleibt! Sie ist nicht Schöpfung! Sie ist Urquell!«, Brief vom 7./8.3.1915, in: Stramm 1997 (wie Anm. 1), S. 185.

9 S. beispielsweise Adolf Behne: Deutsche Expressionisten, in: Der Sturm, Bd. 5, 1914, H. 17/18 (1. u. 2. Dezemberheft 1914), S. 114.

10 Zur Bedeutung des Widerspruchs bei Stramm vgl. Richard Sheppard: The Poetry of August Stramm. A Suitable Case for Deconstruction, in: Journal of European Studies, Bd. 15, 1985, S. 261–294.

11 Thomas Anz und Joseph Vogl (Hg.): Die Dichter und der Krieg. Deutsche Lyrik 1914–1918, München/Wien 1982, S. 235.

12 Stramm: Brief vom 14.2.1915, in: Stramm 1997 (wie Anm. 1), S. 181.

13 Stramm 1997 (wie Anm. 1), S. 19 f.

14 Ebd., S. 35.

15 Ebd., S. 62.

16 Ebd., S. 73.

17 Ebd., S. 74 f. Es ist Konsens der Stramm-Forschung, dass der Autor weitgehend Wörter vermeidet, die seine Gedichte zeitlich oder geografisch spezifizieren. Doch ließe sich darauf hinweisen, dass das Wort »Taube« , das hier ein agierendes, wenn auch artikelloses Subjekt oder Intensivum von Taubheit zu sein scheint, auch ein von Deutschen entwickeltes Militärflugzeug bezeichnet, das der Luftaufklärung diente, also einem Artillerieangriff voran- oder nachging.

18 Ebd., S. 68 f.

19 Vgl. Georg Philipp Rehage: »Wo sind Worte für das Erleben«: Die lyrische Darstellung des Ersten Weltkrieges in der französischen und deutschen Avantgarde (G. Apollinaire, J. Cocteau, A. Stramm, W. Klemm), Heidelberg 2003, S. 176.

20 Stramm 1997 (wie Anm. 1), S. 59.

21 Ebd., S. 67.

22 Ebd., S. 61.

23 Vgl. Petra Jenny Vock: »Der Sturm muss brausen in dieser toten Welt«. Herwarth Waldens »Sturm« und die Lyriker des Sturm-Kreises in der Zeit des Ersten Weltkriegs, Trier 2006, die von »Deutungsaporien« spricht (S. 243). Sheppard (wie Anm. 10) dagegen arbeitet einige sprachliche Aporien heraus, auch wenn sein Ansatz insgesamt im Zeichen der Dekonstruktion steht.

24 Stramm 1997 (wie Anm. 1), S. 72.

25 Eintrag Stramms in einem nicht publizierten Notizbuch im Stramm-Nachlass der UB Münster, zit. n. Elmar Bozzetti: Untersuchungen zu Lyrik und Drama August Stramms. Diss. Köln 1961, S. 278.

»WIR GEWINNEN NEUE MASSSTÄBE« UND »WAS GEHT MICH DAS AN!« FRANZ NÖLKEN IM KRIEG GEGEN SEINE VORBILDER

FRIEDERIKE WEIMAR

Im Alter von 16 Jahren begann Franz Nölken (1884–1918), der aus einem bürgerlichen, musischen Elternhaus stammte, seine künstlerische Laufbahn. Der Hamburger Impressionist Arthur Siebelist führte ihn und einige weitere herausragende Talente der Stadt in die Malerei ein. Als 20-Jähriger begeisterte Nölken sich nach einem Vortrag des Kunstkritikers Julius Meier-Graefe für den französischen Impressionismus. Drei Jahre später war er ein erstes Mal in Paris und tauchte in die Welt des Café du Dôme ein. Im Austausch mit seinen mitgereisten Hamburger Freunden und Kollegen (Friedrich Ahlers-Hestermann und Alfred Rosam) wandte er sich dem französischen Nachimpressionismus zu. 1911 wurde er Schüler in der Académie Matisse, und in der Folge adaptierte er Stilmittel des Fauvismus. Seine Bildmotive waren vor allem weibliche Akte und Landschaften. Franz Nölken fiel in Frankreich in La Capelle auf dem Schlachtfeld des Ersten Weltkrieges im Alter von 34 Jahren.

IN PARIS

»In der Stadt ist es doch immer gräulich, auch hier in Paris. Bis jetzt wurde man den Schnupfen und Halsweh des Staubes wegen nicht los, und heute regnet es den ganzen Tag, woran sich die Nase natürlich ein Beispiel nimmt. Hestermann liegt auch fast im Sterben, erkältungshalber, und ich möchte mich gern mit ihm einsargen lassen, wenn ich vorher eine anständige Zigarre gefunden hätte. Für des Leibes Nahrung und Notdurft ist hier wirklich mangelhaft gesorgt, ein Trost, daß die Kunst umso besser ist. Ich komme gerade eben zurück von einer Reise von allen möglichen Kunsthändlern, die ich belästigt habe, nicht ohne von Monsieur Vollard rausgeschmissen zu sein. Neaumoins [sic] seine Cézanne waren schön, bei Durand Ruel's Renoirs möchte man andächtig in die Knie sinken. Aber trotz allem fühle ich mich wohler in Deutschland und kann wohl sagen, daß ich häufig von Heimwehanfällen schlimmer als ein junges Mädchen befallen werde«[1], schrieb Franz Nölken Anfang April 1907 an seinen Hamburger Freund und Förderer Ernst Rump.

Ein längerer Paris-Aufenthalt galt in den Jahrzehnten um 1900 unter Europäern und US-Amerikanern als Krönung der Künstlerausbildung.[2] Trotz der angespannten politischen Situation zwischen Deutschland und Frankreich war die französische Kunst Vorbild und Maßstab.[3] Die Ziele der jungen Künstler in Paris waren die zahlreichen, renommierten Privatakademien und die Stadt als Kunstzen-

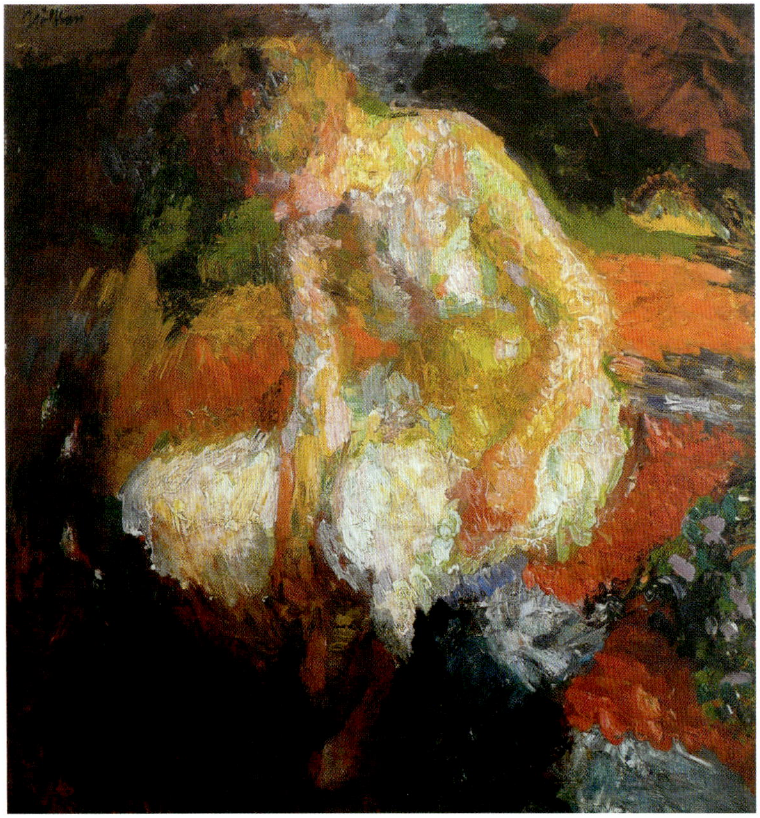

1 Franz Nölken: Sitzender Akt beim Ankleiden, 1908, Öl auf Leinwand, 78,5 × 78,5 cm, Privatbesitz

trum allgemein, ihre Museen, Galerien und Künstlertreffs.[4] Wie aus der Korrespondenz von Franz Nölken, aber auch seiner vielen, internationalen Kollegen, die in Paris studierten, hervorgeht, ging es den Künstlern während ihres Paris-Aufenthaltes in erster Linie um die Verbesserung ihrer Technik und um Inspirationen für das eigene Schaffen. Austausch mit Gleichgesinnten suchte Franz Nölken im Café du Dôme, dem wichtigsten Treffpunkt der deutschen Künstler in Paris.[5] Vermutlich hatte er – wie die meisten seiner deutschen Kollegen – nur sehr spärlichen Kontakt mit französischen Künstlern.[6] Eine intensive Auseinandersetzung mit der französischen Lebenskultur, ein Eindringen in das Land, der Aufbau von Freundschaften mit Franzosen waren offenbar nicht die Gründe seines Paris-Aufenthaltes.

FRANKREICH: DIE INSPIRATION

Der weibliche Akt war für Franz Nölken vielfaches Studien- und Bildmotiv.

Das Gemälde »Sitzender Akt beim Ankleiden« von 1908 (Abb. 1) zeigt seine Schulung am französischen Postimpressionismus. Die Details des Motives wurden stark zusammengefasst. Zwar ist der Akt selbst erkennbar, der Hintergrund jedoch besteht aus verschiedenen, unregelmäßigen Farbfeldern, die mehrdeutig sind: Es ist sowohl eine Landschaft als auch – bei einem sich ankleidenden Akt naheliegender – ein Interieur denkbar. Der Farbauftrag ist unterschiedlich kleinteilig: Für den Akt verwandte Nölken kleine, kurze, teilweise fleckenhafte Pinselstriche. Die Umgebung gestaltete er in einem gröberen, breitflächigeren Duktus, den er mit kleinen, beinahe zufällig gesetzt wirkenden Pinseltupfern akzentuierte. Die Helligkeit der Lokalfarbe spiegelt sich zwar in seinem Bild, nicht jedoch der Farbton. So tritt der Akt mit seiner leuchtenden Farbskala aus dem in kräftigeren Tönen gemalten Hintergrund hervor. Die Palette umfasst jedoch fast das gesamte Farbspektrum mit rötlichen, bläulichen und gelben Tönen. Wichtig für die Gesamtwirkung ist der Kontrast zwischen hellen und kräftigen Farbtönen und zwischen dem Gelb des Aktes sowie dem Rot, Blau und Braun der Umgebung.

Mit dieser zusammenfassenden Darstellung, dem wilden Pinselduktus, der Lösung von der Lokalfarbe und der Herausstellung von Farbkontrasten weist das Bild bereits auf die fauvistische Ausdrucksweise, die Nölken in den kommenden Jahren ausformulierte. Nach seinem ersten Paris-Aufenthalt 1907 reiste Nölken 1909 ein zweites Mal nach Paris, um an der privaten Académie Matisse zu studieren. Im Sommer 1909 verbrachte er einige Zeit in Meulan nahe der Hauptstadt: »Ich habe jetzt das strapazierte Paris hin-

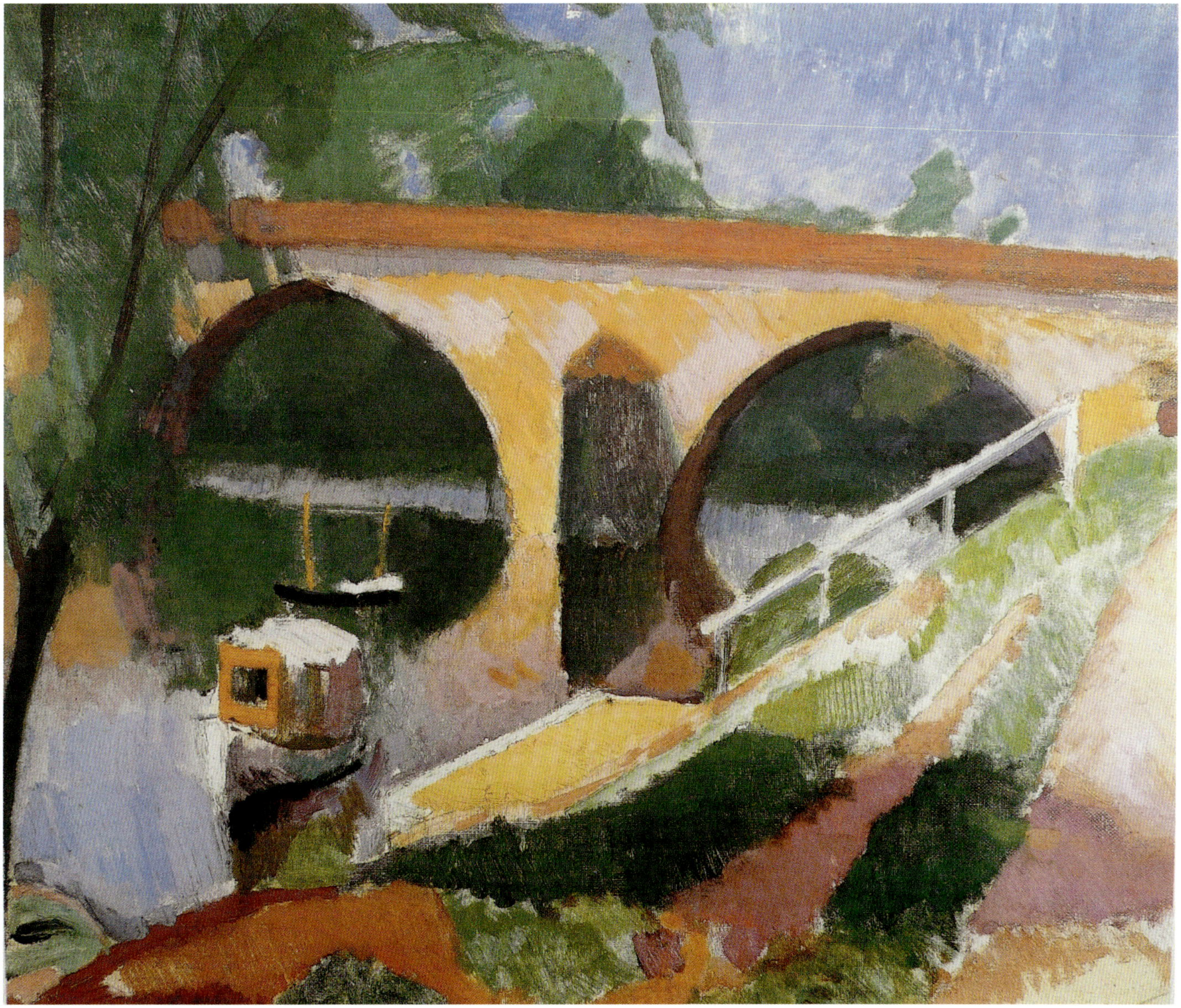

2 Franz Nölken: Flußlandschaft in Frankreich (Brücke bei Meulan), 1909, Öl auf Leinwand auf Karton, 49 × 60 cm, Privatbesitz

ter mir, bilde mir ein, was gelernt zu haben und versuche hier in Meulan, dem schönsten Flecken auf Gottes Erdboden, meine Kenntnisse anzuwenden, indem ich landschaftere.«[7]

Im Gemälde »Flußlandschaft in Frankreich (Brücke bei Meulan)« (Abb. 2) folgte Nölken der von Henri Matisse geforderten Idealkomposition aus wenigen, großen und kontrastierenden Farbflächen. Nölken fühlte sich offenbar nicht nur persönlich unwohl in der Stadt, sondern lehnte sie auch als künstlerisches Motiv ab. Es finden sich in seinem Œuvre so gut wie keine Bilder von Städten. Seine Motive sind weibliche Akte und Landschaften. Um sich zu finanzieren, malte er außerdem Porträts. Diese Ausblendung seiner meist städtischen Umgebung (Hamburg, Berlin, Paris und die Kleinstadt Borgeln waren seine Wohnorte) aus seiner Bildwelt ist vermutlich auf verschiedene Gründe zurückzuführen: Zum einen spielte die Stadt als Motiv weder im deutschen Impressionismus noch im französischen Fauvismus eine große Rolle. Zum anderen fokussierte Nölken sein Interesse auf künstlerische Fragestellungen, das Motiv war offensichtlich zweitrangig. Nölken folgte dem Kanon der Motive seiner fauvistischen Kollegen, der ihm schon aus dem deutschen Impressionismus vertraut war. Ist darin eine bewusste Abkehr von seiner gegenwärtigen Welt zu sehen? Ein Desinteresse an den virulenten Themen seiner Zeit? Auch die überlieferten Briefe der Vorkriegsjahre handeln primär von Kunst, Ausstellungen, Porträtaufträgen und gemeinsamen Bekannten.[8] Eine Auseinandersetzung mit gesellschaftlichen oder politischen Themen kommt nicht vor. Selbst eine Problematisierung des Künstlerberufes und seiner Begleitumstände wie finanzielle Unsicherheit und eine Sonderposition in der Gesellschaft schienen für Nölken – anders als für viele seiner Kollegen und einige seiner Freunde – keine Brief-Themen zu sein.[9] Von den ab 1911 zunehmenden Spannungen zwischen Deutschland und Frankreich[10] blieb Nölken scheinbar unberührt. Er unterstützte seinen 19-jährigen Hamburger Privatschüler 1912 darin, nach Paris zu gehen, um »gleich an die wichtige Quelle zu kommen und im Louvre und bei den Bernheims-Vollards etc. zu studieren«[11].

Und er selbst reiste noch im Frühjahr 1914 zum dritten Mal nach Paris. Sein »Liegender Rückenakt« (Abb. 3), den er in diesem Jahr malte, zeugt von der Auseinandersetzung mit der ornamentalen Malweise von Matisse. Hatte sich Nölken zuvor vor allem auf den Umgang mit der Farbe konzentriert, so richtete er nun seine Aufmerksamkeit auch auf die zeichnerische Abstrahierung des Motivs ins Ornamentale: Er umriss den Rückenakt mit dunklen, halbrunden Linien. Ähnliche halbrunde Linien wiederholte er im Hintergrund zur Konturierung der Büsche, im Raum als Muster der Gardine und vor dem Akt zur Skizzierung der Früchte in der Obstschale. So gelang ihm eine ornamentale Zusammenführung des Gesamtmotivs.

DER KRIEG

Als im August 1914 der Krieg ausbrach (Nölken war bereits wieder nach Deutschland zurückgekehrt), nahm der Künstler in seiner Korrespondenz erstmals – je nach Adressat unterschiedlich deutlich – Stellung zum politischen Geschehen. Von der Sinnhaftigkeit des Krieges zeigte er sich überzeugt. Er konstatierte – genau wie seine Künstlerkollegen Hermann Stenner, Franz Marc und Wilhelm Morgner – eine positive Wirkung nach innen, eine Beförderung verloren gewähnter, vermeintlicher deutscher Tugenden wie Zusammenhalt, Hilfsbreitschaft, Ernsthaftigkeit und Opferbereitschaft. Anlässlich der Wohltätigkeitsveranstaltungen, die die Hamburger Kunstszene organisierte, begeisterte er sich: »Es ist famos, wie sich in Hamburg wirklich alles zusammen tut und sich gegenseitig über Wasser hält. [...] Ob es den französischen Kollegen wohl ähnlich geht? Ich möchte es sehr bezweifeln.«[12]

Und nach einem Gespräch mit drei verwundeten Soldaten, meinte er geradezu euphorisch: »Gestern fuhr ich in der Eisenbahn zusammen mit 3 Verwundeten, die aus Noyon kamen. Es ist zu schön, wie nett und ohne zu renommieren die Leute erzählen. Sie müssen ja fabelhaft aushalten, aber wie rein sachlich und ernst, ohne auch nur im mindesten sich zu beklagen, die Leute berichten, ist wundervoll! Ich war ja schon im Frühjahr, als ich aus Paris kam, sehr patriotisch gesonnen, aber jetzt werden

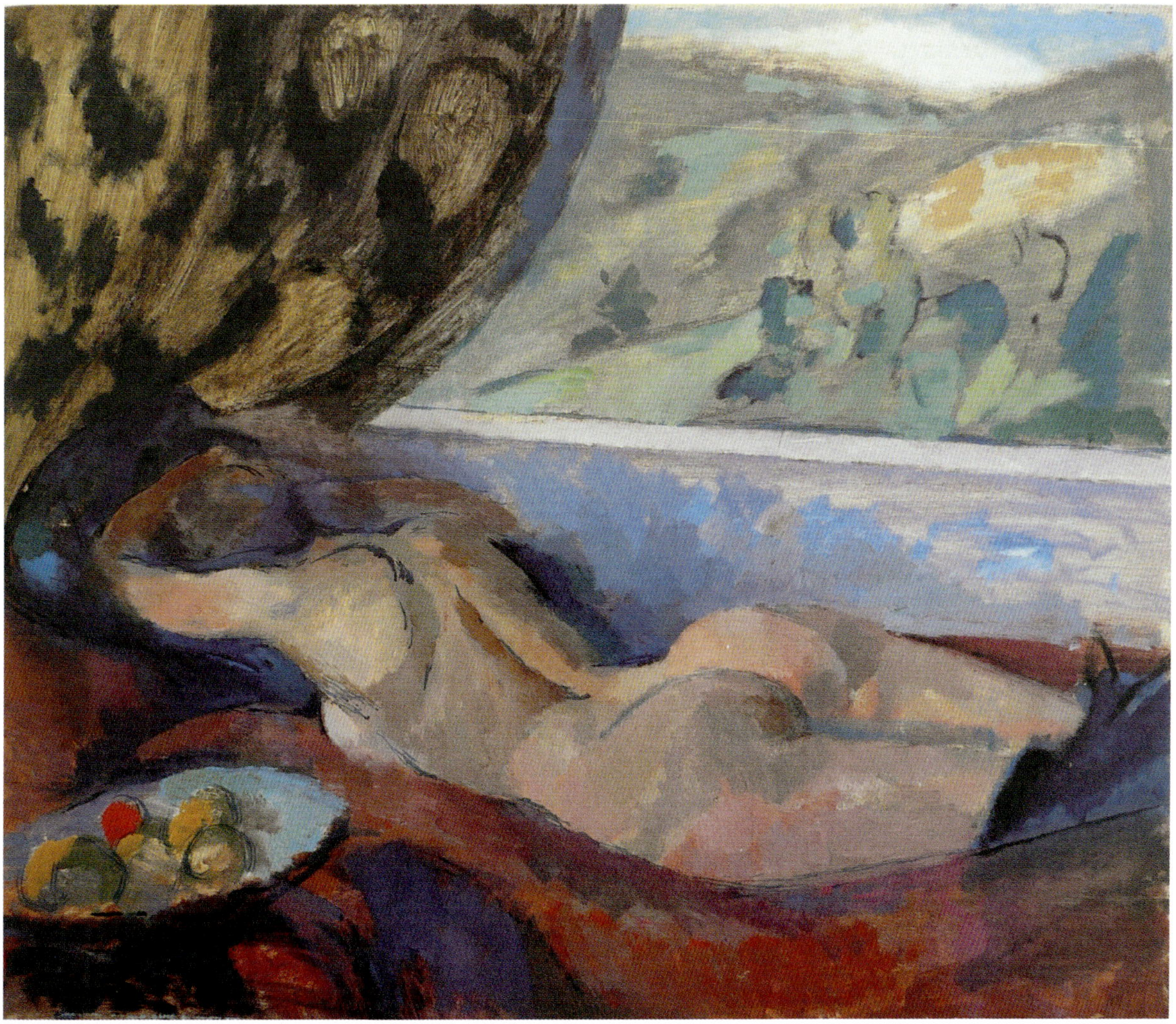

3 Franz Nölken: Liegender Rückenakt, um 1914, Öl auf Leinwand, 46 × 55 cm, Privatbesitz

einem doch wirklich mal die deutschen Qualitäten ganz klar.«[13]

Obwohl er selbst einige Verkäufe zwischen Sammlern französischer Kunst vermittelte, erboste Franz Nölken der Handel mit französischen Galerien, da es sich in seinen Augen um eine »Unterstützung der feindlichen Macht« handelte; in dem von ihm angeklagten Fall floss das Geld zudem an den Kunsthändler Vollard, der ihn vor etlichen Jahren seiner Galerie verwiesen hatte.[14]

Dass er selbst nicht sofort in den Krieg ziehen konnte, weil er aufgrund einer schweren und langwierigen Mandelentzündung zurückgestellt worden war, bedauerte er gegenüber seinem Freund Ernst Rump, der bereits im Krieg diente.[15] Für sich und alle, die nicht im Feld waren, hoffte er auf eine positive Wirkung des Krieges auf die Persönlichkeit und die Arbeit in der Heimat: »Aber das ist andererseits ja auch das Schöne am Kriege: wir gewinnen neue Maßstäbe, d. h. wahrscheinlich finden wir nun die ewig alten und ewig neuen wieder. Die strenge Grenze zwischen Notwendigkeit und Mitläufertum, Aktivität und Schmarotzerei wird uns jetzt neu plausibel.

Auch für die Kunst können wir uns viel hinter die Ohren schreiben in dieser Zeit. Der Umstand, daß ich körperlich in dieser Zeit nicht brauchbar bin, drückt mich mittlerweile am wenigsten, was aber geistig faul war und ist – das Bewußtsein macht keine rosige Laune. Und das gibt eine wohltätige Arbeit für die nächste Zeit und wir wollen schon vom Kriege lernen!«[16]

Zur Kulturgutvernichtung durch den Krieg bezog er widersprüchliche Standpunkte. Zum einen empfand er das »Gepriestere über zerschossene Kathedralen wie Reims etc.« entsetzlich, zum anderen notierte er wenige Zeilen weiter: »Überhaupt ein Jammer ist es, was alles drauf geht, fast jedes Dorf in Frankreich-Nord hat doch Romanisches oder Gothisches, wie wir ja auch im Westen.«[17] Auch über die Vernichtung der gemeinsamen Kultur[18] hinaus, also jenseits der sowohl in Nordfrankreich als auch in Deutschland vertretenen mittelalterlichen Kunst, äußerte er sich zu diesem Thema widersprüchlich: In einer Unterkunft während seines Kriegseinsatzes heizte er mit Eichenbalken aus abgerissenen, beinahe 200 Jahre alten Häusern: »ohne jedes historische Mitgefühl«[19], wie er Ernst Rump schrieb. Einer anderen Freundin gegenüber hatte er wenige Tage zuvor dazu geschrieben: »Augenblicklich heize ich mit Eichenbalken von 1727, 45 cm Durchmesser, ich nehme also an, daß Ludwig der XIV noch unter diesen Eichen spazieren gegangen ist. Es ist ja eine Affenschande und geht ganz gegen meine historische Pietät, aber warum soll man frieren?«[20]

Mit dem Einzug zum Kriegsdienst, 1917, sogar schon mit Drohung des Einzugs, Ende 1914, änderte sich Nölkens Haltung gegenüber seinem eigenen Einsatz radikal. Im Dezember 1914 sorgte er sich: »Mir graut etwas davor, daß es mir auch noch blühen wird, eingezogen zu werden und zwar wie schon 6000 tapfere Hamburger Landstürmer als Erdarbeiter. Soldat würde ich ja ganz gern werden, aber mit einer Schaufel und in Gesellschaft von vielen unsympathischen Civilisten, 4 Tage mit der Eisenbahn nach Stallupönen zu fahren, denke ich mir weniger anmutig. Aber wenns das Vaterland so will, hilft es uns wohl nichts.«[21]

Und im Frühjahr 1917 teilte er mit: »Lieber Herr Rump! Jetzt haben wir das Malheur: seit einer Woche werde ich angeschnauzt in der 2ten G.K.I.E.J.R.76 1. E.B. 76. Schön ist es nicht, aber vielleicht ja sehr gesund. [...] ich werde in ein Rekrutendepot kommen und dann erst mal ganz gründlich geschliffen werden, was mir bei meiner hervorragenden militärischen Begabung wenig Spaß macht. Dabei habe ich, wenn ich alles zusammen rechne, 9 Portraitaufträge hängen, die ich in den Ofen schreiben kann. Das Ekligste ist, daß die Herren Unteroffiziere so kollossal [sic] viel psychologische Instinkte haben, daß sie sofort merken, wer nicht so recht zu ihnen gehört, so daß wir Besseren allemal die Anschnauzopfer [sic] sind.«[22]

Ähnlich wie Hermann Stenner sorgte sich Franz Nölken sehr um die Unterbrechung seiner künstlerischen Laufbahn durch den Krieg. Die Angst ums eigene Leben hingegen stand anscheinend nicht im Vordergrund. Im Jahr vor seinem Einzug in den Krieg entstand das Gemälde »Pfarrgarten in Borgeln« (Abb. 4), das Nölkens fauvistische Ausdrucksweise dieser Zeit repräsentiert. Das Motiv ist die zeitlose Idylle eines privaten Gartens. Die Gegenwart, der Krieg, die Sorgen blieben außerhalb des Bildes. Nölken kombinierte in diesem Gemälde die Lehren von Henri Matisse über große, weitgehend monochrome Farbflächen und die ornamentale Zusammenführung von Einzelmotiven mit einem freien, sehr unterschiedlich gesetzten Pinselstrich: Der Duktus

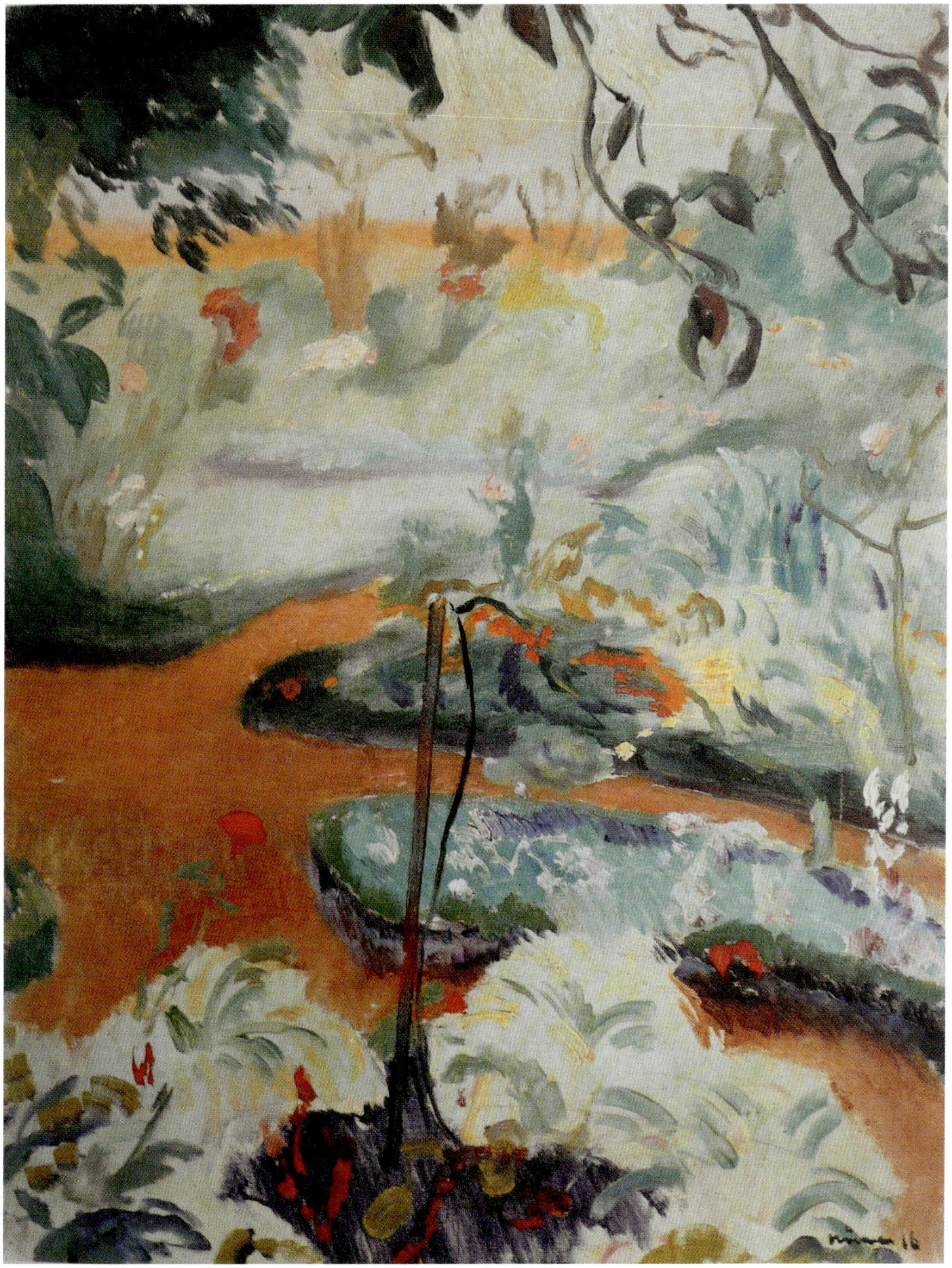

4 Franz Nölken: Pfarrgarten in Borgeln, 1916, Öl auf Leinwand, 56 × 43 cm, Privatbesitz

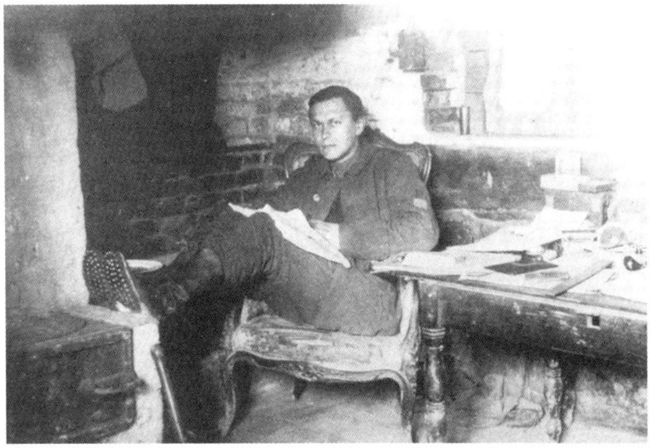

5 Franz Nölken als Soldat, unbekannter Fotograf

wechselt innerhalb des Bildes zwischen dünnflüssig-flächig und pastos-akzentuierend, breit und schmal, fleckenhaft und linear. Damit gelang Nölken eine Lockerung des Schemas von Matisse und eine freiere und lebendigere Bildgestaltung als je zuvor.

Mit Beginn seines eigenen Kriegsdienstes (Abb. 5) empfand er schnell den Krieg als sinnlos, absurd und gefährlich[23] und bezeichnete ihn in seinen Briefen nun nur noch als »Schwindel«[24]. Auch von einer positiven Wirkung auf die Persönlichkeit der Soldaten war nicht mehr die Rede. Die vermeintlich deutschen Tugenden, die er am Anfang des Krieges bei Soldaten konstatierte, wichen einer vollkommen anderen Einschätzung. Über einen gefallenen Kameraden schrieb er: »Hier im Feld sieht man die Leute ja auch anders an, ich hatte den Jungen richtig lieb gewonnen, er war richtig so ein kleiner Held. All die Windhündigkeit und Gaunerei, die wir in der Heimat nicht so sehr schätzen, ist hier ja so am Platze.«[25]

Der Krieg schien in Nölkens Augen nun also eher negative Eigenschaften zu befördern als positive. Er beklagte sich auch über die eigene »geistige Verblödung«[26], und in der Beschreibung seines Aufgabenfeldes zeigt sich deutlich, dass von einer Identifikation mit der politischen Position seines Vaterlandes, von Opferbereitschaft oder von einer willigen Unterordnung in militärische Abläufe bei ihm nichts vorhanden war: »Ich hätte wie die meisten hier nichts dagegen, wenn der Schwindel bald aufhörte, denn was nützt mir die schönste Gegend, wenn ich anstatt darin zu malen, tagelang dahinter herlaufen muß, aus welcher Kompagnie der Spezialist Scholle z. B. zu uns gekommen ist. Ich sehe ein, daß das wegen der Löhnung etc. von hoher Wichtigkeit ist, aber im Grunde, was geht mich das an!«[27]

Was blieb, war – wie bei Georg Trakl – die ästhetische Begeisterung für die französische Landschaft,[28] erschöpfte Soldaten und das Erlebnis von Grenzsituationen[29]: »Aussehen thun unsere Leute begeisternd, der Stahlhelm ist eine Erfindung, um aus dem dümmsten Bauernjungen einen Siegfried aus der Götterdämmerung zu machen. All der Staub und Dreck, das Nichtgeschlafen haben und halbverhungert gehört dazu, zu diesem Ausdruck des Heldenhaften, die glasigen starren Augen in den dunkelbraunen Gesichtern einfach herrlich!«[30]

FRANKREICH: DER FEIND

Als Franz Nölken 1910 für ein Künstlerlexikon um eine Darstellung seines künstlerischen Werdegangs gebeten worden war, hatte er notiert:

Also starke Eindrücke, der Reihenfolge nach:
Kalckreuth, Leibl, Liebermann, Munch, Gauguin, Paris.[31]

Obwohl seine Paris-Aufenthalte – vor allem Henri Matisse – ihn künstlerisch offensichtlich deutlich angeregt hatten und er dies auch selbst so sah, schien Nölken von der Sinnhaftigkeit eines Krieges gegen Frankreich bei Kriegsausbruch überzeugt. Und auch während des Krieges war es ihm offensichtlich möglich, die französische Kunst als Inspiration zu wertschätzen, aber nicht die französische Kultur, das Land als Ganzes. Mit dieser differenzierten Haltung war Nölken nicht allein, sondern kann vermutlich sogar repräsentativ für eine ganze Gruppe von Künstlern und Kunstexperten stehen. Selbst für den Kunstkritiker Julius Meier-Graefe, der die französische Kunst des Impressionismus als Leitstern der europäischen Kultur propagiert und lange in Paris gelebt hatte, schien der Krieg gerechtfertigt, und er bemühte sich trotz seiner 47 Jahre intensiv (und schließlich erfolgreich) darum, selbst teilnehmen zu können.[32] Nölkens Ablehnung Frankreichs verstärkte sich sogar im Laufe des Krieges und bezog 1918 nun auch die dort aktuell entstandene Kunst ein. Anlässlich des Erscheinens eines Zeitschriftenartikels seines Freundes Friedrich Ahlers-Hestermann über ihre Pariser Zeit schrieb Nölken in einem seiner letzten Briefe: »Es war eine schöne Zeit, aber Gott sei Dank, daß wir sie hinter uns haben. Schlimm, daß der nächsten Generation sowas fehlt, aber unsere persönliche Trauer, die bei Hestermann durchklingt, ist ganz unangebracht. Mich brächten jetzt keine 10 Pferde wieder in ähnliche Milieus, das paßt für 23 Jahre, aber nicht für 35. Wenn wir nach dem Kriege nicht mehr hinkönnen nach Paris, ist es auch kein Unglück. Sehr lustig sind so einige Nachrichten, die ich neulich über die Schweiz bekam: Picasso malt jetzt ganz naturalistisch, zeichnerisch wie Ingres und Matisse soll auch sehr viel Wasser in seinen Wein gegossen haben. Es ist ja häßlich zu denken, aber fehlen vielleicht wohl in Paris unsere rührigen Berliner, denen nichts modern oder blödsinnig genug war, und verkauft sich die Theorie wohl nicht mehr so gut? Oder liegt es auch nur an den Jahren? Daß die Leute verkalken und musealer werden? Ich wäre sehr neugierig, das Neueste zu sehen.«[33]

Die Kunst und die Briefe Franz Nölkens vermitteln das Bild eines unpolitischen jungen Mannes, dessen Gedanken vornehmlich um seine Kunst kreisen. Hierin ist er seinem Kollegen Hermann Stenner ähnlich. In der Konzentration auf die formale Schönheit ihrer Werke gibt es weitere Parallelen, ebenso zu Georg Trakl. Während andere Künstler und Autoren mit ihrem Werk Gedanken und Gefühle zu formulieren suchten, bemühte sich Nölken gerade um die Ausblendung derselben aus seinem künstlerischen Schaffen.

Dass er nach Ausbruch des Krieges in seinen Briefen an seinen Freund und Förderer Ernst Rump deutlich Stellung bezieht, verwundert. Zum Teil mögen diese patriotischen und oftmals chauvinistischen Äußerungen zum Gefallen des bereits im Krieg dienenden Freundes geschrieben worden sein – sicher diente es dem moralischen Aufbau des Freundes, wenn dieser die Richtigkeit und Wichtigkeit seines Kampfeinsatzes bestätigt bekam. Doch auch in Briefen an andere Empfänger zeigte sich Nölken sogar noch kurz vor Kriegsende von einer zumindest kulturellen Überlegenheit Deutschlands überzeugt. Die französische Avantgarde – so seine dem oben zitierten Brief über den Zeitschriften-Artikel seines Freundes abzuleitende These – habe nur durch die Berliner Kunsthändler internationale Bedeutung erlangt. Ohne die Anregung und Unterstützung von diesen kehrten Picasso und Matisse zu konventioneller Malerei zurück.

Nölken war durch die Schule von Matisse gegangen und verdankte ihm die Basis seiner eigenen Kunst. In seinen letzten Bildern gelang es ihm zunehmend, sich von dem Vorbild freizuschwimmen und seine Ausdrucksmittel zu erweitern. Doch ohne die Inspiration durch Matisse ist seine Kunst nicht denkbar. Dies musste auch Nölken bewusst sein.

Das mit Kriegsausbruch entstandene Feindbild Frankreich erscheint vor diesem Hintergrund unverständlich. Zeigt sich hier die von August Stramm, Georg Trakl und Ernst Stadler konstatierte Paradoxie als grundsätzliche Lebensstruktur?

1 Franz Nölken: Brief an Ernst Rump, 3.4.1907, zit. n.: Franz Nölken 1884–1918. Briefe 1906–1918, hg. v. Galerie Herold, Hamburg 1996, S. 22.

2 Vgl. Georg Voss: Die Frauen in der Kunst, in: Der Existenzkampf der Frau im modernen Leben. Seine Ziele und Aussichten, Berlin 1895, S. 213–244, zit. n.: Carola Muysers (Hg.): Die bildende Künstlerin. Wertung und Wandel in deutschen Quellentexten 1855–1945, Amsterdam, Dresden 1999, S. 272–282, hier S. 280. Vgl. auch u. a. Renate Berger: Transit. Zur Situation von Künstlerinnen um die Jahrhundertwende, in: Garten der Frauen. Wegbereite-

rinnen der Moderne in Deutschland. 1900–1914, Ausst.-Kat. Sprengel-Museum Hannover u. Von der Heydt-Museum Wuppertal, Berlin 1996, S. 47–60, hier S. 56.

3 Vgl. Martina Padberg: Paris – Laboratorium der Moderne, in: Die Große Inspiration. Deutsche Künstler in der Académie Matisse. Teil 2, hg. v. Burkhard Leismann, Ausst.-Kat. Kunst-Museum, Ahlen u. Edwin Scharff Museum, Neu-Ulm u. Clemens-Sels-Museum, Neuss, Bönen 2000, S. 25–33, hier S. 25.

4 Vgl. u.a. Berger 1996 (wie Anm. 2), S. 56; Nicolas Hewitt: Montmartre. Eine Künstlerische Revolution, in: Paris. Metropole der Kunst 1900–1968, Ausst.-Kat. Royal Academy of Arts, London u. Guggenheim Museum, Bilbao, Köln 2002, S. 28–39, hier S. 31; Peter Kropmanns und Carina Schäfer: Private Akademien und Ateliers im Paris der Jahrhundertwende, in: Die Große Inspiration. Deutsche Künstler in der Académie Matisse. Teil 3, hg. v. Burghard Leismann, Ausst.-Kat. Kunst-Museum, Ahlen, Ahlen 2004, S. 25–39, hier S. 35.

5 Vgl. Padberg 2000 (wie Anm. 3), S. 26.

6 Dies konstatieren Düchting/Sagner-Düchting auch für die vorhergehende deutsche Künstlergeneration, die in Paris studierte. Vgl. Hajo Düchting und Karin Sagner-Düchting: Die Malerei des deutschen Impressionismus, (2. Aufl.) Köln 2004, S. 10.

7 Franz Nölken: Brief an Ernst Rump, 12.6.1909, zit. n. Nölken 1996 (wie Anm. 1), S. 30–31, hier S. 30.

8 Vgl. die Korrespondenz von Franz Nölken mit Ernst Rump und Gertrud Pauly in: Nölken 1996 (wie Anm. 1) sowie mit seinem Freund Friedrich Ahlers-Hestermann im Nachlass Familie Ahlers-Hestermann im Staatsarchiv Hamburg (622-1_163 D 397 Bd. 3 (2)).

9 So empfand beispielsweise sein Freund Friedrich Ahlers-Hestermann seinen Künstlerberuf als Austritt aus der bürgerlichen Gesellschaft, in die er hineingeboren worden war. Wiederholt thematisierte er diese Problematik in seinen Lebenserinnerungen: Friedrich Ahlers-Hestermann: Pause vor dem dritten Akt, Hamburg 1975 (Nachdruck der ersten Ausgabe von 1949). Ein ebenfalls enger Freund und Kollege, Fritz Friedrichs, setzte sich in seiner Korrespondenz immer wieder mit dem wirtschaftlichen Problem auseinander, vor das ihn seine geringen und vor allem unregelmäßigen Einnahmen stellten. (Vgl. Korrespondenz im Nachlass der Familie Rump zwischen Ernst Rump und Fritz Friedrichs, in wesentlichen Auszügen veröffentlicht in: Friederike Weimar: Fritz Friedrichs (in Vorbereitung)).

10 Vgl. Jean-Jacques Becker und Gerd Krumeich: Der Große Krieg. Deutschland und Frankreich 1914–1918, Essen 2010, S. 65. Vgl. auch Christian Geinitz: Kriegsfurcht und Kampfbereitschaft. Das Augusterlebnis in Freiburg. Eine Studie zum Kriegsbeginn 1914, Essen 1998. Geinitz kam in seiner regionalhistorischen Studie zu dem Ergebnis, dass die breite Bevölkerung bis zum Kriegsausbruch an eine diplomatische Lösung geglaubt habe.

11 Vgl. Franz Nölken: Brief an Ernst Rump am 10.3.1912, zit. n. Nölken 1996 (wie Anm. 1), S. 47.

12 Franz Nölken: Brief an Ernst Rump, 30.9.1914, zit. n. Nölken 1996 (wie Anm. 1), S. 66–67, hier S. 66.

13 Ebd. S. 67.

14 Franz Nölken: Brief an Ernst Rump, 6.5.1915, zit. n. Nölken 1996 (wie Anm. 1), S. 83–84, hier S. 83.

15 Vgl. Franz Nölken: Brief an Ernst Rump, 21.10.1914, zit. n. Nölken 1996 (wie Anm. 1), S. 67–68, hier S. 67.

16 Franz Nölken: Brief an Ernst Rump, erhalten am 19.11.1914, zit. n. Nölken 1996 (wie Anm. 1), S. 72–74, hier S. 74.

17 Franz Nölken: Brief an Ernst Rump, 30.9.1914, zit. n. Nölken 1996 (wie Anm. 1), S. 66–67, hier S. 66.

18 Vielfach wurde die mittelalterliche Kunst als originär deutsche Kunst angesehen, nicht als französische. Vgl. dazu Richard Pfeiffer: Deutscher Stil, in: Die Werkstatt der Kunst, Bd. 14, 1914–15, H. 6, S. 64, zit. n. Joes Segal: Krieg als erlösende Perspektive für die Kunst, in: Wolfgang J. Mommsen (Hg.): Kultur und Krieg. Die Rolle der Intellektuellen, Künstler und Schriftsteller im Ersten Weltkrieg, München 1996, S. 165–170, hier S. 80.

19 Franz Nölken: Brief an Ernst Rump, 16.1.1918, zit. n. Nölken 1996 (wie Anm. 1), S. 91–92, hier S. 91.

20 Franz Nölken: Brief an Gertrud Pauly, 8.1.1918, zit. n. Nölken 1996 (wie Anm. 1), S. 106–107, hier S. 106.

21 Franz Nölken: Brief an Ernst Rump, 28.12.1914, zit. n. Nölken 1996 (wie Anm. 1), S. 76–78, hier S. 78.

22 Franz Nölken: Brief an Ernst Rump, 8.3.1917, zit. n. Nölken 1996 (wie Anm. 1), S. 87–88.

23 Vgl. Franz Nölken: Brief an Gertrud Pauly, 28.5.1917, zit. n. Nölken 1996 (wie Anm. 1), S. 100–102; Franz Nölken: Brief an Gertrud Pauly, 31.10.1917, zit. n. Nölken 1996 (wie Anm. 1), S. 104.

24 So u. a. in Franz Nölken: Brief an Ernst Rump, 16.1.1918, zit. n. Nölken 1996 (wie Anm. 1), S. 91–92, hier S. 91; Franz Nölken: Brief an Gertrud Pauly, 31.10.1917, zit. n. Franz Nölken 1996 (wie Anm. 1), S. 104.

25 Franz Nölken: Brief an Gertrud Pauly, 10.6.1917, zit. n. Nölken 1996 (wie Anm. 1), S. 103.

26 Franz Nölken: Brief an Ernst Rump, 16.1.1918, zit. n. Nölken 1996 (wie Anm. 1), S. 91–92, hier S. 92.

27 Franz Nölken: Brief an Gertrud Pauly, 2.6.1917, zit. n. Nölken 1996 (wie Anm. 1), S. 102–103, hier S. 102.

28 Vgl. Franz Nölken: Brief an Ernst Rump, 28.4.1918, zit. n. Nölken 1996 (wie Anm. 1), S. 94; Franz Nölken: Brief an Gertrud Pauly, 2.6.1917, zit. n. Nölken 1996 (wie Anm. 1), S. 102–103, hier S. 102.

29 Vgl. Franz Nölken: Brief an Gertrud Pauly, 24.12.1917, zit. n. Nölken 1996 (wie Anm. 1), S. 104–106, hier S. 104.

30 Franz Nölken: Brief an Gertrud Pauly, 10.6.1917, zit. n. Nölken 1996 (wie Anm. 1), S. 103.

31 Franz Nölken: Brief an Ernst Rump, 18.5.1910, zit. n. Nölken 1996 (wie Anm. 1), S. 38–39, hier S. 39.

32 Vgl. die Tagebucheintragungen von Julius Meier-Graefe ab August 1914, in: Ders.: Tagebuch 1903–1917 und weitere Dokumente, hg. u. komm. v. Catherine Krahmer, Göttingen 2009, S. 253–263. In einem der Briefe, in denen er um seinen Einsatz im Krieg bittet, schrieb er: »Ich habe fast 20 Jahre in Paris gelebt, kenne Frankreich, nicht nur die Kunstschätze genau, bin mit der Psychologie und den Gewohnheiten der Leute eng vertraut und spreche französisch wie deutsch, habe einige meiner Bücher selbst ins Französische übersetzt. Es bedarf nicht der Versicherung, daß ich jede Funktion mit größter Gewissenhaftigkeit erfüllen würde. Der wenig beneidenswerte Zustand eines Zurückbleibenden in dieser Zeit entschuldigt vielleicht meine große Dreistigkeit. Ich appelliere nur an Ihre Güte für den Fall, daß Ihnen zufällig irgend eine Gelegenheit für meine Verwendung gelegen käme.« Den Brief notierte er in seinem Tagebuch, Eintrag vom 12.8.1914, zit. n. Meier-Graefe 2009, S. 256.

33 Franz Nölken: Brief an Gertrud Pauly, 5.10.1918, zit. n. Nölken 1996 (wie Anm. 1), S. 107–108, hier S. 107.

KURZBIOGRAFIEN DER AUTORINNEN UND AUTOREN

STEFFEN BRUENDEL, Dr. phil., ist seit 1999 als Wissenschafts- und Kulturmanager für verschiedene Stiftungen und Unternehmen tätig. Zudem war er Lehrbeauftragter der Universitäten Bielefeld (2003–2006) und Bochum (2010–2012). Studium der Neueren und Neuesten Geschichte sowie des Öffentlichen Rechts in Freiburg, London (Queen Mary College) und Bielefeld. 1997–1999 Promotionsstipendiat der Studienstiftung des deutschen Volkes. 2001 Promotion. Publikationen: Zwei Strategien intellektueller Einmischung – Heinrich und Thomas Mann im Ersten Weltkrieg, in: Ingrid Gilcher-Holtey (Hg.): Zwischen den Fronten. Positionskämpfe europäischer Intellektueller im 20. Jahrhundert, Berlin 2006, S. 87–115; Volksgemeinschaft oder Volksstaat. Die »Ideen von 1914« und die Neuordnung Deutschlands im Ersten Weltkrieg, Berlin 2003; Zeitenwende 1914. Künstler, Dichter und Denker im Ersten Weltkrieg. München 2014.

LAURA CHEIE, Dr. phil., lehrt an der West-Universität Temeswar. Studium der Rumänistik und Germanistik in Temeswar. 2000 Promotion. 1993–1994 DAAD-Stipendium. 1995–1997 Franz-Werfel-Stipendium. 2002–2006 Gastlektorin (Romanistik/Wien). 2007–2009 Kulturattaché (Botschaft von Rumänien/Wien). 2011/2012 Gastprofessorin (Romanistik/Wien). Forschungen zur kreativen Psychologie des Symbolismus und Expressionismus; Rhetorik und Psychologie des lyrischen Lakonismus. Publikationen: Harte Lyrik. Zur Psychologie und Rhetorik lakonischer Dichtung in Texten von Günter Eich, Erich Fried und Reiner Kunze, Innsbruck 2010; Die Poetik des Obsessiven bei Georg Trakl und George Bacovia, Salzburg/Wien 2004.

BURCU DOGRAMACI, Prof. Dr. phil., lehrt am Institut für Kunstgeschichte der LMU München. Studium der Kunstgeschichte in Hamburg. 2000 Promotion. 2003–2006 Forschungsstipendiatin der DFG. 2005 Stipendium des Aby M. Warburg-Preises. 2007 Habilitation. 2008 Kurt-Hartwig-Siemers-Wissenschaftspreis. 2011/12 Fellow am Center for Advanced Studies (CAS) der LMU. Forschungen zu Exil und Migration, Stadtkultur und Fotografie, Mode und Moderne. Publikationen: (Hg.) Migration und künstlerische Produktion. Aktuelle Perspektiven, Bielefeld 2013; Fotografieren und Forschen. Wissenschaftliche Expeditionen mit der Kamera im türkischen Exil nach 1933, Marburg 2013; (Hg.) Großstadt. Motor der Künste in der Moderne, Berlin 2010.

CATHRIN KLINGSÖHR-LEROY, Dr. phil., ist Direktorin des Franz Marc Museums in Kochel a. See. Nach dem Studium der Kunstgeschichte, Archäologie und Deutschen Literaturwissenschaft in Regensburg, Bonn und Paris promovierte sie 1987 in Bonn. Anschließend war sie Forschungsstipendiatin der DFG in Paris und ab 1989 Volontärin und wissenschaftliche Mitarbeiterin bei den Bayerischen Staatsgemäldesammlungen in München. Dort leitete sie seit 1994 als Kuratorin die Fritz Winter Stiftung. Ihre Publikationen und Ausstellungen sind der Kunst des 20. Jahrhunderts, insbesondere der Klassischen Moderne gewidmet, darunter: Der große Widerspruch. Franz Marc zwischen Delaunay und Rousseau, München 2009, Ausstellung vom 21. Juni bis 13. September 2009, Kochel am See, Franz Marc Museum, Franz Marc – Paul Klee. Dialog in Bildern, Wädenswil 2010, Ausstellung vom 27. Juni bis 3. Oktober 2010, Kochel am See, Franz Marc Museum, Ausstellung vom 28.01. 2011 bis 01.05.2011 im Paul Klee Zentrum Bern.

ANDREAS KRAMER, Dr. phil., Reader am Department of English and Comparative Literature, Goldsmiths, University of London. 1991 Promotion mit einer Arbeit über Gertrude Stein und die deutsche Avantgarde, danach DAAD-Lektor in Oxford und seitdem als Germanist und Komparatist in London tätig. Zahlreiche Veröffentlichungen zur deutschen Literatur der Moderne, bes. zum Expressionismus (v. a. Carl Einstein, Yvan Goll, August Stramm), zur historischen Avantgarde im europäischen Kontext, außerdem zur Literatur seit den 1960er-Jahren (u. a. Rolf Dieter Brinkmann). Buchpublikationen u. a.: Regionalismus und Moderne. Studien zur deutschen Literatur 1900–1933, Berlin 2006; (Mithg.) Die endlose Ausdehnung von Zelluloid: 100 Jahre Film und Kino im Gedicht, Dresden 2009; (Mithg.) Carl Einstein und die europäische Avantgarde, Creighton 2012.

FRANK KRAUSE, Dr. phil., Reader am Department of English and Comparative Literature, Goldsmiths, University of London. 1999 Promotion. Forschungsgebiete: Literatur des 18. Jahrhunderts, literarischer Expressionismus, Werk und Wirkung Georg Kaisers, Literatur über den Ersten Weltkrieg. Publikationen u. a.: (Hg.) Expressionism and Gender / Expressionismus und Geschlecht, Göttingen 2010; Literarischer Expressionismus, Paderborn 2008; (Hg.) Frankreich und der deutsche Expressionismus / France and German Expressionism, Göttingen, 2008; Klangbewußter Expressionismus, Berlin 2006; (Hg.) Georg Kaiser and Modernity, Göttingen 2005.

NICOLE PETERLEIN, Dr. phil., Studium der Kunstgeschichte, Germanistik und Publizistik an der Westfälischen Wilhelms-Universität Münster, Magisterabschluss 1996, Promotion 2001, selbstständige Kunsthistorikerin, Forschungen u. a. über die Brücke, den Blauen Reiter und den westfälischen Expressionismus, Erstellung des Werkverzeichnisses der Papierarbeiten Hermann Stenners. Publikationen (Auswahl): Ursprünge und Traditionen des Badenden-Sujets, in: Jutta Hülsewig-Johnen und Thomas Kellein (Hg.), Die Badenden – Mensch und Natur im deutschen Expressionismus, Bielefeld 2000, S. 88–97; Die Hinterglasbilder in der Sammlung Hertha Koenig, in: Der Blaue Reiter – Avantgarde und Volkskunst – Sammlung Hertha Koenig, Bielefeld 2003, S. 59–82; (mit Jutta Hülsewig-Johnen): Hermann Stenner – Aquarelle und Zeichnungen – Werkverzeichnis, München 2010.

DAVID RIEDEL, M.A., studierte Kunstgeschichte und Dänische Philologie in Münster und Paris. Dem studentischen Volontariat von 2005–2007 bei »skulptur projekte münster 07« folgte 2008–2010 ein wissenschaftliches Volontariat an der Staatlichen Kunsthalle Baden-Baden mit Ausstellungsprojekten zur Beziehung von Kunst und Design sowie zum Selbstportrait im 20. Jahrhundert. Danach Wissenschaftlicher Mitarbeiter an der Kunsthalle Bielefeld, u. a. Co-Kurator der Ausstellung »Picasso 1905 in Paris«, seit Mai 2012 Künstlerischer Leiter des Peter-August-Böckstiegel-Hauses in Werther bei Bielefeld.

RÜDIGER SCHÜTT, Dr. phil., Literaturwissenschaftler und Wissenschaftlicher Bibliothekar in Kiel. Studium der Germanistik in Hamburg und Hannover. 2001 Promotion. Publikationen zur Literatur des 18. bis 21. Jahrhunderts, zuletzt zu Kurt Hiller, Klaus Mann, Peter Rühmkorf, Feridun Zaimoğlu. Forschungen zum literarischen Feld in Hamburg (Mithg. »Hamburger Kulturbilderbogen«, 1998, Mitarbeiter des Aufsatzbandes »Das literarische Feld in Hamburg 1933–1945«, 2012) und zu den Hamburger Künstlerfesten, als Mitarbeiter des Begleitbuches zur Darmstädter Ausstellung »Gesamtkunstwerk Expressionismus – Kunst, Film, Literatur, Theater, Tanz und Architektur 1905 bis 1925 / The Total Artwork in Expressionism«, Ostfildern 2010.

FRIEDERIKE WEIMAR, Dr. phil., selbstständige Kunsthistorikerin in Hamburg. Studium der Kunstgeschichte und Germanistik in Hamburg. Fünfjährige Tätigkeit im Kunsthandel (Galerie Herold, Hamburg u. Kampen/Sylt). 2009 Promotion. Forschungsschwerpunkt ist die Norddeutsche Moderne. Publikationen und Vorträge über Emil Nolde, die Künstler der Hamburgischen Sezession sowie über weitere norddeutsche Künstler des 19. bis 21. Jahrhunderts. Zuletzt (Auswahl): Fritz Friedrichs (1882–1928), Hamburg 2013; Alma del Banco 1862–1943. Eine Hamburger Malerin, Neumünster 2011; (Hg. mit Dirk Hempel) »Himmel auf Zeit«. Die Hamburger Kultur der 1920er Jahre, Neumünster 2010.

ABBILDUNGSNACHWEIS

BILDNACHWEIS EINLEITUNG

Abb. 1: Leon Kolb (Hg.): The Woodcuts of Jakob Steinhardt. Chronologically arranged and fully reproduced, San Francisco 1959, Nr. 18; Abb. 2: Die Pathetiker: Janthur, Meidner, Steinhardt, Ausst.-Kat. Galleria del Levante, Mailand 1969, o. S.; Abb. 3: Der Sturm. Zentrum der Avantgarde, hg. v. Antje Birthälmer und Gerhard Finckh, Ausst.-Kat. Von der Heydt-Museum Wuppertal 2012, S. 174; Abb. 4: Archiv Burcu Dogramaci.

BILDNACHWEIS BRUENDEL

Abb. 1: Franz Marc. Die Retrospektive, Ausst.-Kat. Städtische Galerie im Lenbachhaus und Kunstbau München, hg. v. Annegret Hoberg u. Helmut Friedel, München 2005, S. 168/Abb. 79; Abb. 2: Hajo Düchting und Margarethe Jochimsen (Hg.): August Macke, München 2012, S. 19/Abb. 5; Abb. 3: Hans-Joachim Bartsch, Berlin; Abb. 4: © Ludwig Meidner-Archiv, Jüdisches Museum der Stadt Frankfurt am Main; Abb. 5: Kunstmuseum Stuttgart und ©VG Bild-Kunst, Bonn 2013; Abb. 6: Jutta Hülsewig-Johnen u. Vita v. Wedel (Hg.): Peter August Böckstiegel. Menschen und Landschaften. Monographie und Werkverzeichnis, Köln 1997, S. 218/Abb. 44 und ©VG Bild-Kunst, Bonn 2013; Abb. 7: Naomi Jackson Groves (Hg.): Ernst Barlach. Leben im Werk. Plastiken, Zeichnungen und Graphiken. Dramen, Prosawerke und Briefe, Königstein 1972, S. 66/Abb. 60; Abb. 8: Kriegszeit. Künstlerflugblätter, Bd. 1, H. 6, 30. Berlin September 1914.

BILDNACHWEIS KLINGSÖHR-LEROY

Abb. 1: Kunstmuseum Basel; Abb. 2: Staatliche Graphische Sammlung München; Abb. 3: Bayerische Staatsgemäldesammlungen, Neue Pinakothek, München; Abb. 4: Solomon R. Guggenheim Museum, New York; Abb. 5: Bayerische Staatsgemäldesammlungen, Neue Pinakothek, München, Foto: Martin Holzapfel, München; Abb. 6, 7: Franz Marc Museum, Foto Bayer & Mitko, München; Abb. 8, 9: © Bern, Zentrum Paul Klee, Repro: Peter Lauri, Bern; Abteilung für Medientechnologie, Universität Basel; Abb. 10: E.W.K., Bern.

BILDNACHWEIS CHEIE

Abb. 1, 2, 3: Nina Schneider (Hg.): Ernst Stadler und seine Freundeskreise. Geistiges Europäertum zu Beginn des Zwanzigsten Jahrhunderts, Hamburg 1993, S. 74, 104, 208.

BILDNACHWEIS RIEDEL

Abb. 1–3: Freundeskreis Hermann Stenner e.V.; Abb. 4, 5: Kunsthalle Bielefeld; Abb. 6: Kunstmuseum Stuttgart; Abb. 7: Hermann-Josef Bunte und ©VG Bild-Kunst, Bonn 2013; Abb. 8: Freundeskreis Hermann Stenner e.V.; Abb. 9: Freundeskreis Hermann Stenner e.V.; Abb. 10: LWL-Landesmuseum für Kunst und Kulturgeschichte, Münster/Sabine Ahlbrand-Dornseif.

BILDNACHWEIS KRAUSE

Abb. 1–3: Hans Weichselbaum: Georg Trakl. Eine Biographie mit Bildern, Texten und Dokumenten, Salzburg 1994, S. 123, 111, 173.

BILDNACHWEIS SCHÜTT

Abb. 1, 7: Nachlass Johann Kinau, Staats- und Universitätsbibliothek Hamburg Carl von Ossietzky; 2–6: Privatbesitz d. Verf.

BILDNACHWEIS PETERLEIN

Abb. 1, 7–9: Ich und die anderen – Wilhelm Morgner: Zeichnungen des Expressionismus, Ausst.-Kat. Westfalen-Lippe Museumsamt in Münster, Kunstmuseum Wilhelm-Morgner-Haus, Soest, Kolvenburg in Billerbeck, Stadtmuseum Beckum, Münster 2005, S. 175, 129, 136, 181; Abb. 2, 4: Kunstmuseum Wilhelm-Morgner-Haus, Soest; Abb. 3: Der Westfälische Expressionismus, hg. v. Jutta Hülsewig-Johnen und Thomas Kellein, München 2010, S. 139; Abb. 5, 6: Andrea Witte: Wilhelm Morgner: 1891–1917, Zeichnungen und Aquarelle, Münster 1998, Nr. 1269, 1361; Abb. 10: Burkhard Richter: Wilhelm Morgner zum hundertsten Geburtstag: Zeichnungen und Druckgraphik im Besitz des Gustav-Lübcke-Museums, hg. v. Städtisches Gustav-Lübcke-Museum Hamm, Hamm 1991, Kat. Nr. 52.

BILDNACHWEIS KRAMER

Abb. 1: August Stramm: Gedichte, Dramen, Prosa, Briefe, hg. v. Jörg Drews, Stuttgart 1997, S. 215; Abb. 2–6: August Stramm: Alles ist Gedicht. Briefe, Gedichte, Bilder, Dokumente, hg. v. Jeremy Adler, Zürich 1990, S. 117, 113, 119, 126, 2.

BILDNACHWEIS WEIMAR

Abb. 1: Die Große Inspiration. Deutsche Künstler in der Académie Matisse, Teil 2, hg. v. Burkhard Leismann, Ausst.-Kat. Kunst-Museum Ahlen u. Edwin Scharff Museum Neu-Ulm u. Clemens-Sels-Museum Neuss, Bönen 2000, S. 85; Abb. 2, 4: Franz Nölken 1884–1918. Ein Künstler der »Brücke«, Ausst.-Kat. Brücke-Museum Berlin, Berlin 1987, Tafel 11, 31; Abb. 3, 5: Franz Nölken 1984–1918. Mit Werkverzeichnis der Gemälde und Graphik, hg. v. Galerie Herold, Soest 1984, S. 51, 19.

PERSONENREGISTER

Verweise auf Abbildungen sind *kursiv* gesetzt.